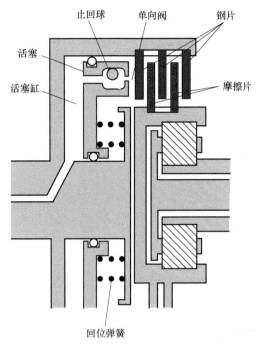

图 2-14 离合器未接合时的状态

U0361210

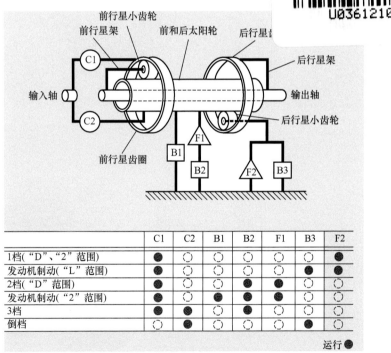

| | C1 | C2 | B1 | B2 | F1 | B3 | F2 |
|---|---|---|---|---|---|---|---|
| 1档("D"、"2"范围) | ● | ○ | ○ | ○ | ○ | ○ | ● |
| 发动机制动("L"范围) | ● | ○ | ○ | ○ | ○ | ● | ● |
| 2档("D"范围) | ● | ○ | ○ | ● | ● | ○ | ○ |
| 发动机制动("2"范围) | ● | ○ | ● | ● | ○ | ○ | ○ |
| 3档 | ● | ● | ○ | ● | ○ | ○ | ○ |
| 倒档 | ○ | ● | ○ | ○ | ○ | ● | ○ |

运行●

图 2-21　辛普森行星齿轮机构的连接方式与档位原理

（C 为离合器，B 为制动器，F 为单向离合器）

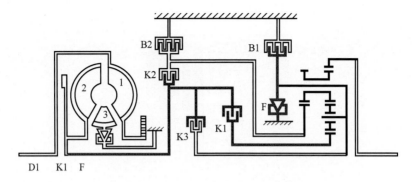

图 2-27　01M 变速器拉维纳结构 D1 档

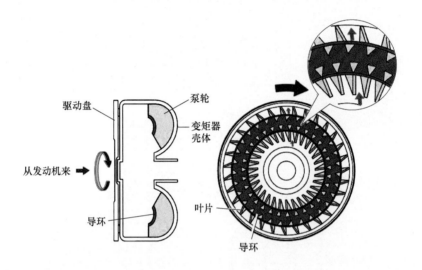

图 2-46　泵轮的结构

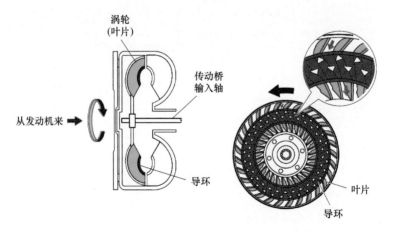

图 2-47　涡轮的结构

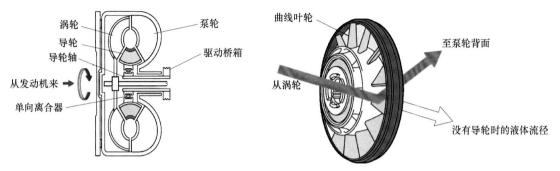

图 2-48　导轮的结构

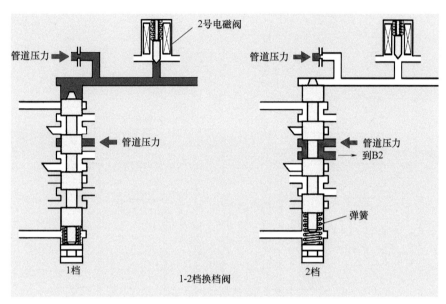

图 2-67　1-2 档换档阀的工作原理图

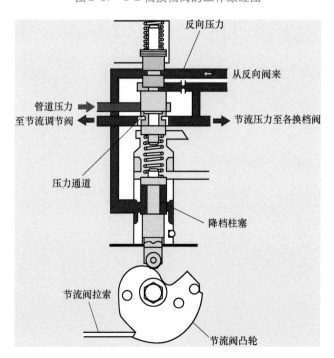

图 2-68　节气门阀的工作原理图

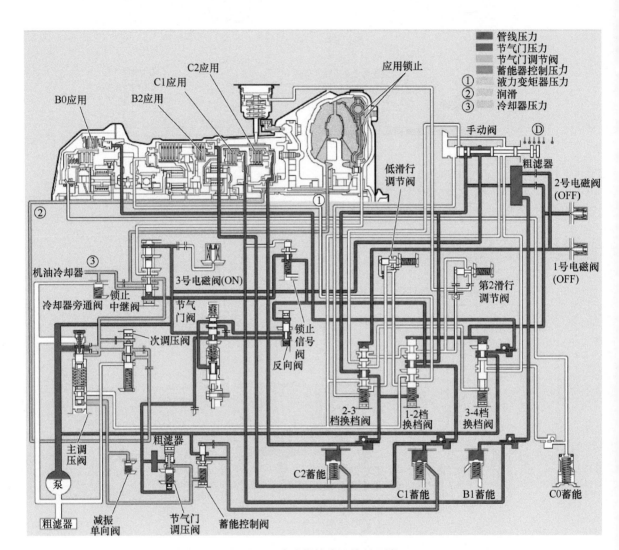

图 2-72　变速器的液压控制系统

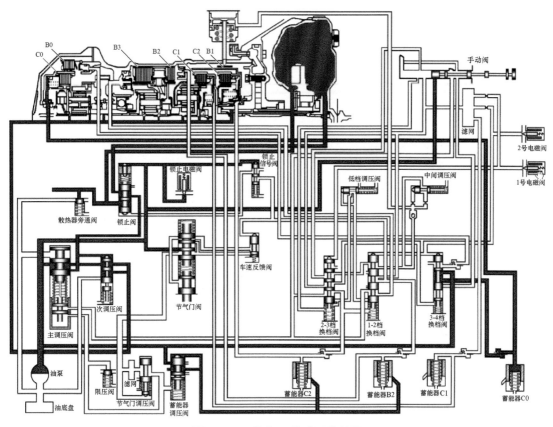

图 2-73 P 位和 N 位液压控制图

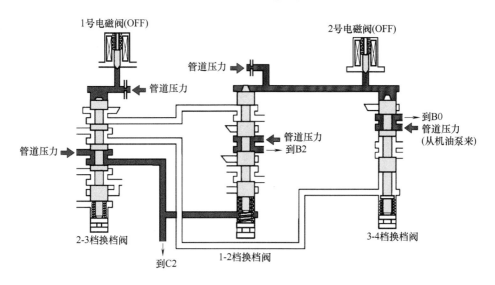

| | 电磁阀 | | 行星齿轮装置 | | | | | | | | |
|---|---|---|---|---|---|---|---|---|---|---|---|
| | 1号 | 2号 | C1 | C2 | B1 | B2 | F1 | B3 | F2 | C0 | F0 | B0 |
| 1档 | ON | OFF | ● | | | | | △ | ● | ● | ● | |
| 2档 | ON | ON | ● | | ▲ | ● | ● | | | ● | ● | |
| 3档 | OFF | ON | ● | ● | | ● | | | | ● | ● | |
| O/D位 | OFF | OFF | ● | ● | | ● | | | | | | ● |

操作 ●　　　　△ 只有"L"范围
　　　　　　　▲ 只有"2"范围

图 2-77　O/D 位液压控制图

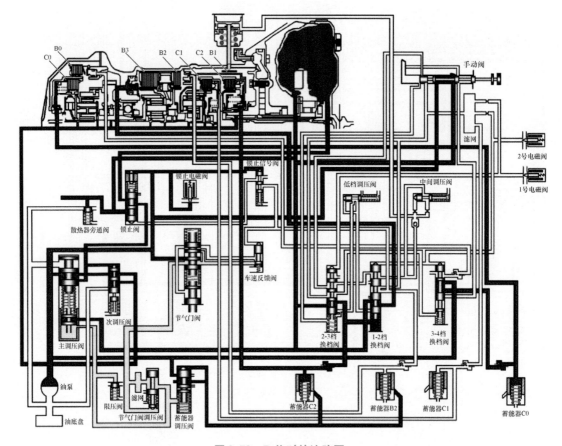

图 2-78　R 位时的油路图

4速CR-CR型(FF汽车)：U340系列

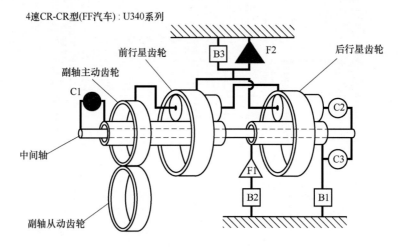

图 2-114　1 档工作执行元件动力传递路线

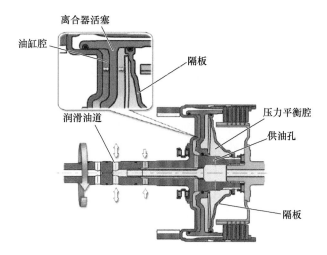

图 2-120 动态压力平衡

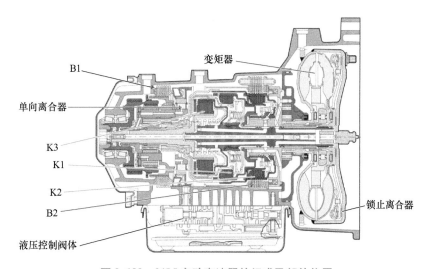

图 2-132 01M 自动变速器的组成及部件位置

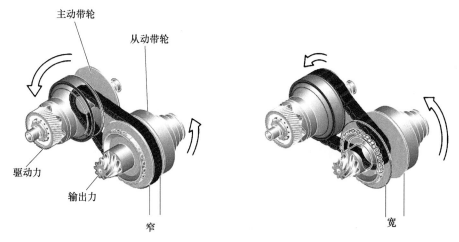

图 3-1 链轮传动机构

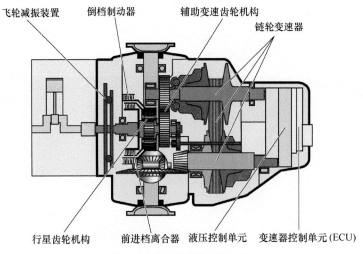

飞轮减振装置　倒档制动器　辅助变速齿轮机构

链轮变速器

行星齿轮机构　前进档离合器　液压控制单元　变速器控制单元(ECU)

图 3-8　无级变速器的组成

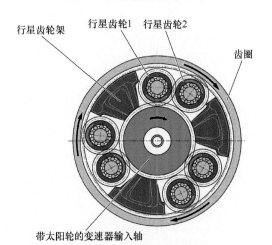

行星齿轮架　行星齿轮1　行星齿轮2

齿圈

带太阳轮的变速器输入轴

图 3-11　行星齿轮组

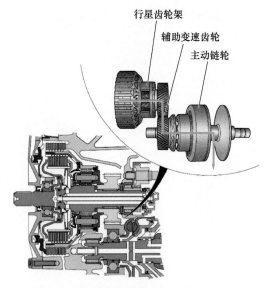

行星齿轮架

辅助变速齿轮

主动链轮

图 3-12　辅助变速齿轮

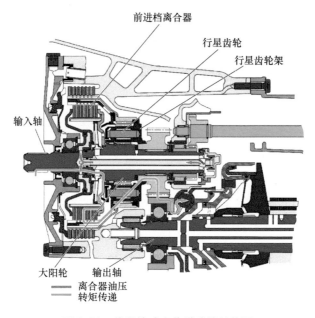

前进档离合器

行星齿轮

行星齿轮架

输入轴

大阳轮    输出轮

离合器油压
转矩传递

图 3-14    前进档动力传递路线结构图

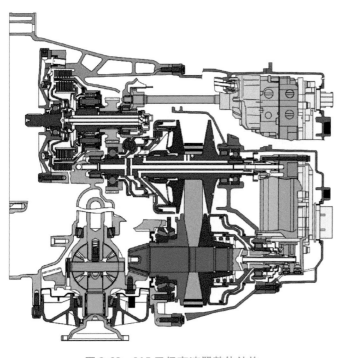

图 3-29    01J 无级变速器整体结构

壳体、螺钉、螺栓

液压部分/控制机构

变速器电子控制部分

轴、齿轮

钢片离合器

活塞、转矩传感器

轴承、垫片、弹性挡圈

塑料件、密封件、橡胶件

图 3-30    图中各颜色的定义

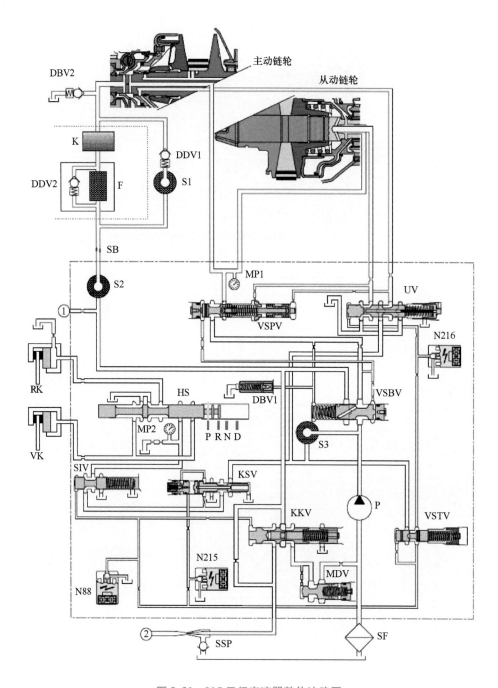

**图 3-31　01J 无级变速器整体油路图**

DBV1—限压阀 1　DBV2—限压阀 2　DDV1—差压阀 1　DDV2—差压阀 2　F—ATF 滤清器　HS—手动换档阀　K—ATF 冷却器　KKV—前进档离合器冷却阀　KSV—前进档离合器控制阀　MDV—最小压力阀　MP1—接触压力测试点（由 G194 监测）　MP2—前进档离合器压力测试点（由 G193 监测）　N88—电磁阀 1（前进档离合器冷却/安全切断电磁阀）　N215—自动变速器控制阀 1（前进档离合器）　N216—自动变速器控制阀 2（变速比）　P—油泵　PRND—变速杆位置　RK—倒档制动器　VK—前进档离合器　S1—ATF 滤清器 1　S2—ATF 滤清器 2　S3—ATF 滤清器 3　SB—链轮润滑/冷却 4 喷孔　SF—ATF 进油滤清器　SIV—安全阀　SSP—吸气喷射泵　UV—减压阀　VSBV—体积改变率限制阀　VSPV—施压阀　VSTV—输导压力阀　①—飞溅润滑油罩盖　②—到前进档离合器

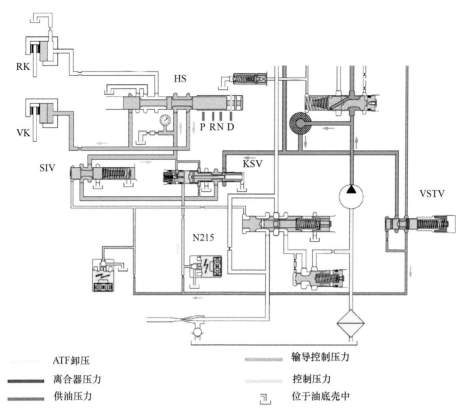

图 3-32　前进档离合器液压控制油路

SIV—安全阀　KSV—前进档离合器控制阀　VSTV—输导压力阀　HS—手动换档阀

N215—前进档离合器压力调节阀　RK—倒档制动器　VK—前进档离合器

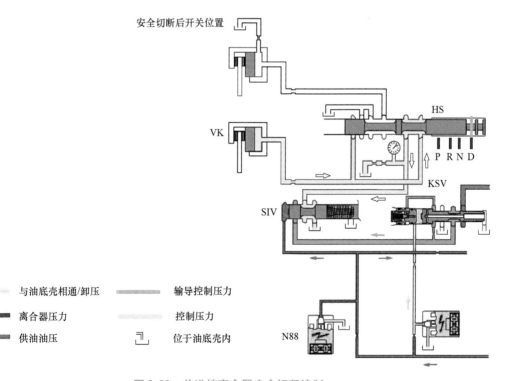

图 3-33　前进档离合器安全切断控制

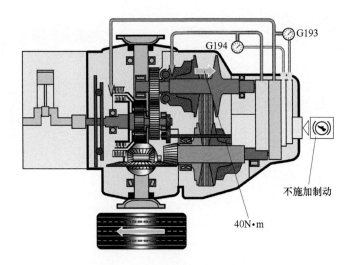

G193

G194

不施加制动

40N·m

**图 3-34 不施加制动时链轮压紧力控制**

G194—主动链轮缸压紧力信号 G193—前进档离合器压紧力信号

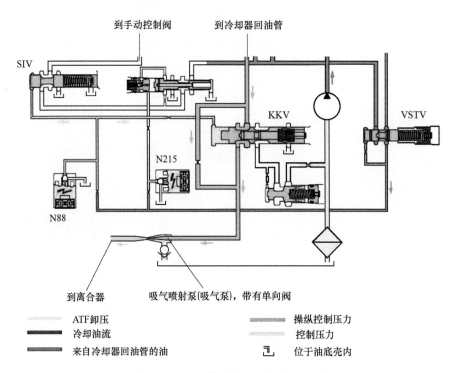

到手动控制阀 到冷却器回油管

SIV

KKV

VSTV

N215

N88

到离合器 吸气喷射泵(吸气泵)，带有单向阀

| | | |
|---|---|---|
| ATF卸压 | | 操纵控制压力 |
| 冷却油流 | | 控制压力 |
| 来自冷却器回油管的油 | | 位于油底壳内 |

**图 3-36 液压前进档离合器冷却控制**

SIV—安全阀 KKV—前进档离合器冷却阀 VSTV—输导压力阀

N88—前进档离合器冷却/安全切断电磁阀 N215—前进档离合器压力调节阀

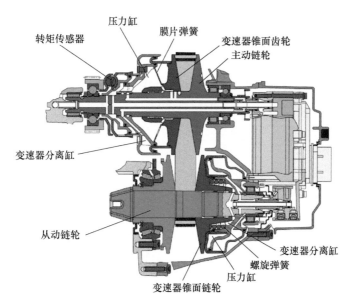

图 3-39　超速档状态结构图

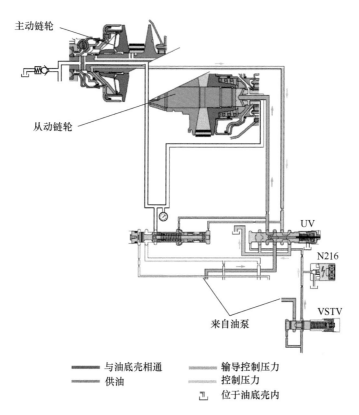

| 与油底壳相通 | 输导控制压力 |
| 供油 | 控制压力 |
| 位于油底壳内 | |

图 3-41　液压变速系统减速档状态

VSTV—输导压力阀　UV—减压阀　N216—压力调节阀

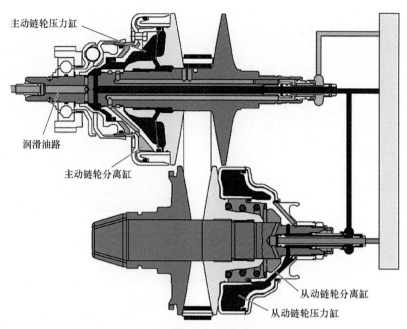

图 3-42　减速档时分离缸与压力缸油路

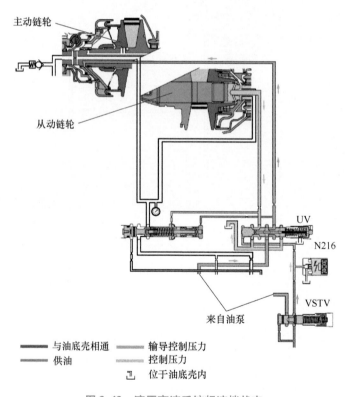

图 3-43　液压变速系统超速档状态

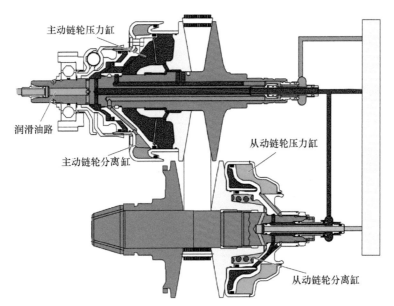

主动链轮压力缸

润滑油路

主动链轮分离缸

从动链轮压力缸

从动链轮分离缸

图 3-44　超速档时压力缸与分离缸油路

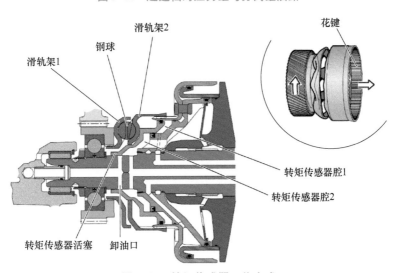

滑轨架2

钢球

花键

滑轨架1

转矩传感器腔1

转矩传感器腔2

转矩传感器活塞

卸油口

图 3-46　转矩传感器工作方式

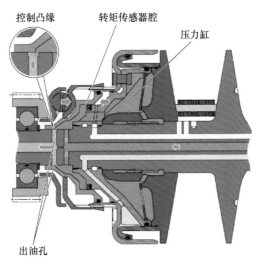

控制凸缘

转矩传感器腔

压力缸

出油孔

图 3-47　稳定工况下转矩传感器的状态

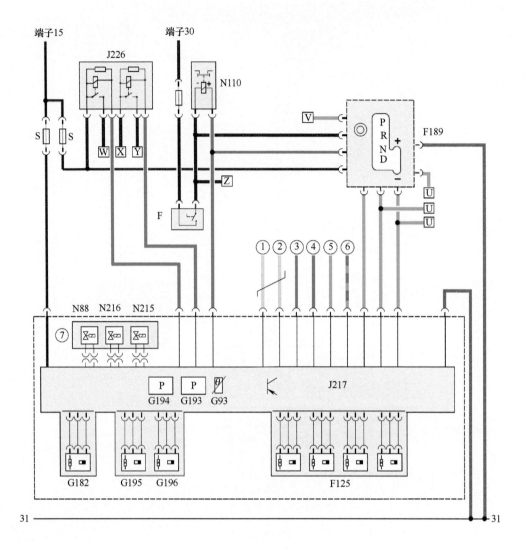

**图 3-77　01J 无级变速器电路图**

F—制动灯开关　F125—多功能开关　F189—Tiptronic 开关　G93—变速器油温传感器　G182—变速器输入转速传感器　G193—离合器压力传感器　G194—链轮接触压力传感器　G195—变速器输出转速传感器 1　G196—变速器输出转速传感器 2　N88—离合器冷却/安全切断电磁阀　N110—变速杆锁止电磁阀　N215—离合器压力控制电磁阀　N216—变速控制电磁阀　J217—无级变速器 ECU　J226—起动锁止和倒车灯继电器　S—熔丝　U—到 Tiptronic 转向盘　V—来自接线柱 58d　W—到倒车灯　X—来自点火开关　到接线柱 50　Z—到制动灯　1—传动系统 CAN 总线（低）　2—传动系统 CAN 总线（高）　3—换档指示信号　4—车速信号　5—发动机转速信号　6—诊断插头

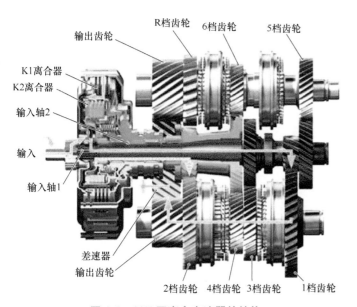

图 4-2  02E 双离合变速器的结构

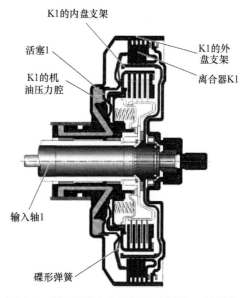

图 4-4  02E 双离合变速器双离合器 K1 的结构

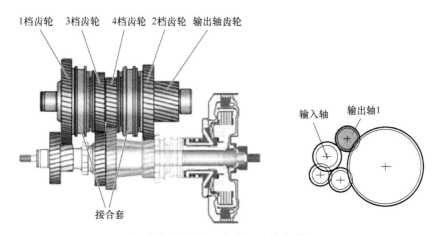

图 4-9  02E 双离合变速器输出轴 1

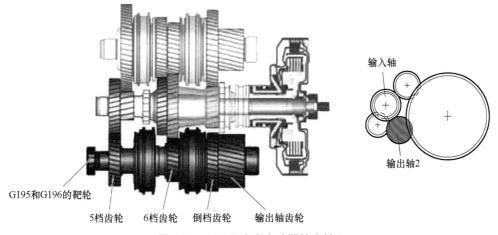

图 4-10  02E 双离合变速器输出轴 2

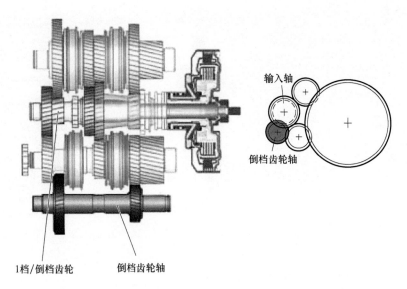

图 4-11　02E 双离合变速器倒档齿轮轴

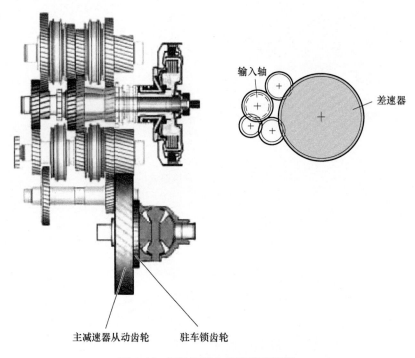

图 4-12　02E 双离合变速器差速器

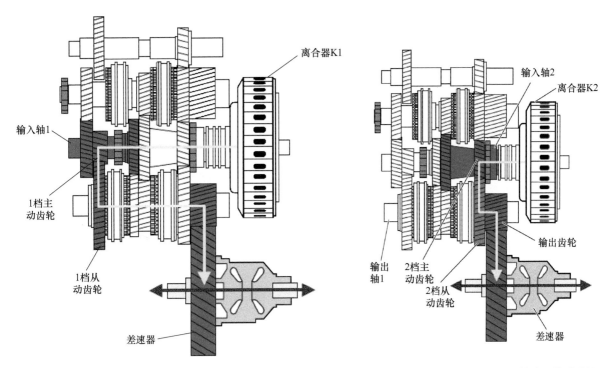

图 4-13　02E 双离合变速器 1 档动力传递路线　　　　　图 4-14　02E 双离合变速器 2 档动力传递路线

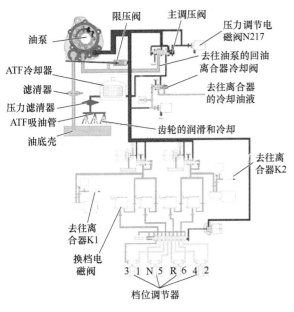

图 4-33　02E 双离合变速器主调压油路

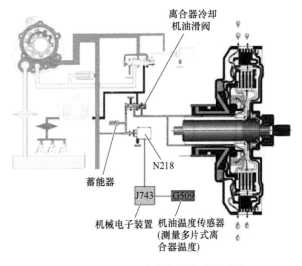

图 4-37　02E 双离合变速器冷却系统

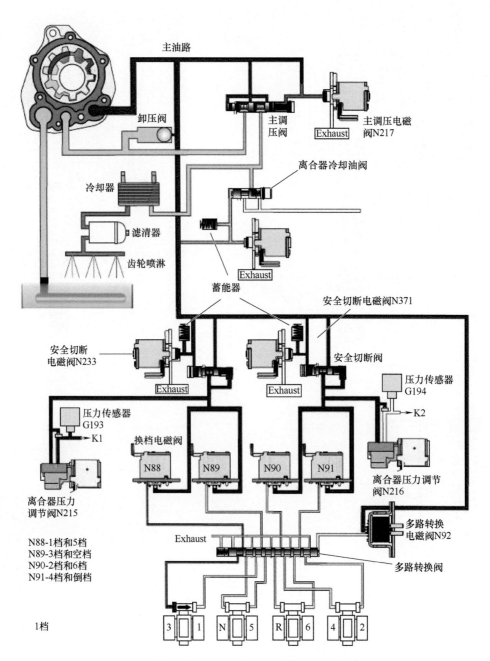

图 4-39 02E 双离合变速器 1 档油路

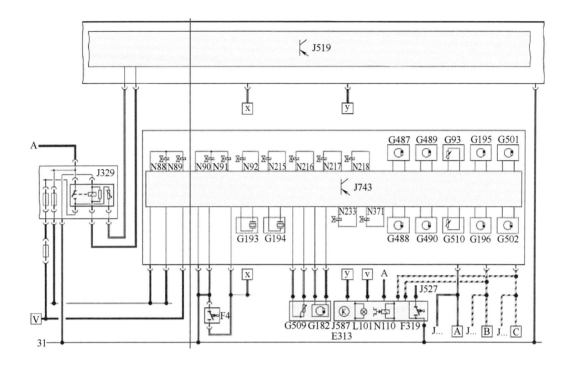

**图 4-81　02E 双离合变速器电控系统电路图**

A—蓄电池　E313—变速杆　F4—倒车灯开关　F319—变速杆 P 位锁止开关　G93—变速器油液温度传感器　G182—变速器输入转速传感器　G193—离合器油缸油压传感器 1　G194—离合器油缸油压传感器 2　G195—变速器输出转速传感器 1　G196—变速器输出转速传感器 2　G487—档位调节器位移传感器 1　G488—档位调节器位移传感器 2　G489—档位调节器位移传感器 3　G490—档位调节器位移传感器 4　G501—输入轴转速传感器 1　G502—输入轴转速传感器 2　G509—离合器油液温度传感器　G510—控制单元温度传感器　J329—15 号接线柱供电继电器　J527—转向柱 ECU　J587—变速杆传感器控制单元　J743—变速器 ECU　N88—换档电磁阀 1　N89—换档电磁阀 2　N90—换档电磁阀 3　N91—换档电磁阀 4　N92—多路转换电磁阀　N110—变速杆锁止电磁铁　N215—离合器油压调节电磁阀 1　N216—离合器油压调节电磁阀 2　N217—主油压调节电磁阀　N218—离合器冷却压力控制阀　N233—安全切断电磁阀 1　N371—安全切断电磁阀 2

**图 5-2　强制锁止差速器**

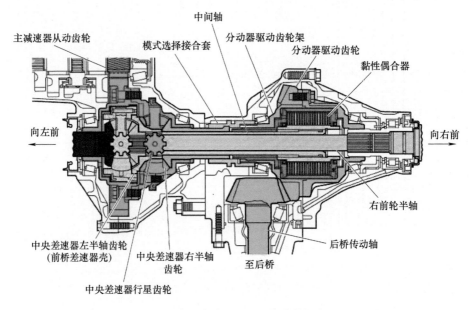

图 5-3　丰田汽车 E150F2 的黏性偶合器

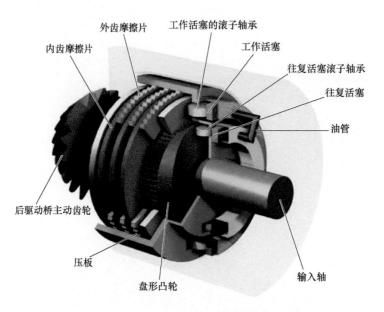

图 5-7　Haldex 电子防滑差速器摩擦片组的结构

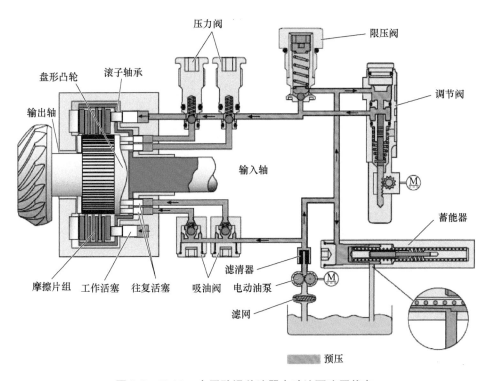

压力阀　　　限压阀

盘形凸轮　　滚子轴承　　　　　　　　　　　　　　　调节阀

输出轴

输入轴

蓄能器

摩擦片组　工作活塞　往复活塞　　吸油阀　　　　　电动油泵

滤清器

滤网

预压

图 5-8　Haldex 电子防滑差速器电动油泵建压状态

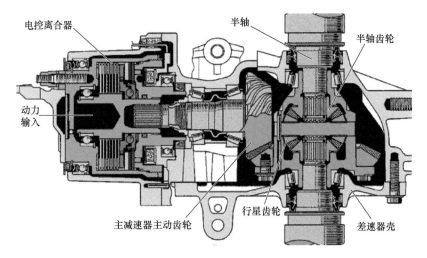

电控离合器　　　　　　　　　　半轴

半轴齿轮

动力
输入

主减速器主动齿轮　　　　行星齿轮　　　　差速器壳

图 5-27　丰田 RAV4 汽车四驱系统后桥差速器的结构

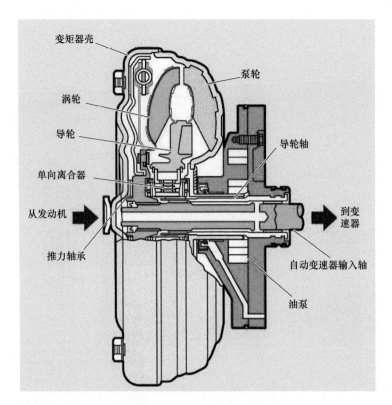

图 6-2　变矩器推力轴承的位置

现代职业教育汽车类专业精品教材

# 汽车传动系统检修

天津职业技术师范大学汽车职业教育研究所　组编

主　编　周　毅
副主编　李　源
参　编　范怡锋　林云峰　王慧丽
　　　　王鹤臻　尤建超

机械工业出版社

本书是天津职业技术师范大学汽车职业教育研究所组织编写，基于工作过程开发的，内容以典型工作任务为载体进行组织，主要包括离合器/手动变速器故障检修、AT 故障检修、CVT 故障检修、DCT 故障检修、半轴/主减速器/差速器故障检修、传动系统异响与漏油故障检修六个学习情境。每个学习情境下还包含若干个学习单元，每个学习单元以实际工作任务进行导入，理论知识包含共性知识和个性知识，实践技能部分以丰田和大众车型为例。

本书适合于开设汽车维修类专业的职业院校作为教材使用，也可以供汽车技术培训机构作为培训教材使用，还可作为汽车维修从业人员的学习参考书。

**图书在版编目（CIP）数据**

汽车传动系统检修/周毅主编. —北京：机械工业出版社，2020.8
（2024.8 重印）

现代职业教育汽车类专业精品教材

ISBN 978-7-111-65774-3

Ⅰ.①汽…　Ⅱ.①周…　Ⅲ.①汽车-传动系-车辆检修-职业教育-教材　Ⅳ.①U472.41

中国版本图书馆 CIP 数据核字（2020）第 094517 号

机械工业出版社（北京市百万庄大街 22 号　邮政编码 100037）
策划编辑：于志伟　责任编辑：于志伟
责任校对：李　杉　封面设计：陈　沛
责任印制：刘　媛
北京中科印刷有限公司印刷
2024 年 8 月第 1 版第 4 次印刷
184mm×260mm·18.25 印张·12 插页·470 千字
标准书号：ISBN 978-7-111-65774-3
定价：49.80 元

电话服务　　　　　　　　　网络服务
客服电话：010-88361066　　机　工　官　网：www.cmpbook.com
　　　　　010-88379833　　机　工　官　博：weibo.com/cmp1952
　　　　　010-68326294　　金　书　网：www.golden-book.com
**封底无防伪标均为盗版**　机工教育服务网：www.cmpedu.com

# Preface

  "汽车传动系统检修"是汽车维修类专业针对机电维修工进行能力培养的一门专业核心课程，主要培养学生利用现代诊断和检测设备进行汽车传动系统故障诊断、故障分析、零部件检测及维修更换等的专业能力，同时培养学生的社会能力和方法能力。

  本书采用"以行动为导向、基于工作过程"的课程开发方法进行开发，以汽车机电维修工诊断和维修汽车传动系统的典型工作任务为载体，梳理和序化理论知识，根据学生的认知规律设计了相应学习情境和学习单元。

  本书主要特点如下：以典型工作任务为载体，每个学习单元都有明确的学习目标；典型工作任务来源于汽车机电维修工实际工作岗位，并进行了适当的教学化加工；理论知识按照典型工作任务的需求进行重新序化，理论和实践以典型工作任务为主线进行了有机融合；学习车型以丰田和大众车型为主，其他车型为辅，本书全部内容均在实车上进行了验证。

  为了方便职业院校开展一体化教学和信息化教学，为系列教材配套开发了"汽车专业课程及教学资源库平台"，为每一个学习单元配套开发了教学设计、教学课件、任务工单、教学录像、操作录像和教学动画等丰富教学资源。

  本书适合于开设汽车维修类专业的职业院校使用，建议采用理实一体化的教学方式开展教学，也适用于各类培训机构。

  本书采用"校企双元"模式开发，由天津职业技术师范大学周毅担任主编，潍坊市技师学院李源担任副主编，浙江公路技师学院范怡锋、天津职业技术师范大学林云峰、深圳市宝安职业技术学校王慧丽、芜湖高级职业技术学校王鹤臻、天津职业技术师范大学尤建超参编。

  本书在编写过程中得到了天津闻达天下科技有限责任公司、上海景格科技股份有限公司提供的设备及技术支持，在此表示衷心的感谢。在本书编写过程中，编者参考了相关著作和文献资料，在此一并向有关作者表示感谢。

  由于编者水平有限，书中难免有错漏之处，敬请读者批评指正。

天津职业技术师范大学汽车职业教育研究所

# 目录

# Contents

# 学习情境一

# 离合器/手动变速器
# 故障检修

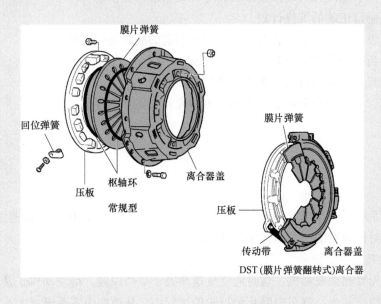

常规型

DST（膜片弹簧翻转式）离合器

**学习单元一　离合器分离不彻底故障检修**

 情境导入

一辆丰田卡罗拉轿车，装备 C50 手动传动桥。发动机怠速运转时，踩下离合器踏板，挂档感到困难，变速器齿轮发出撞击声，如果强行挂上档后，不抬离合器踏板，汽车就行走或发动机熄火。经检查，离合器分离叉工作位移较小，将液压系统排气后，上述故障现象消失。

 学习目标

1. 能通过与客户交流、查阅相关维修技术资料等方式获取车辆信息。
2. 能根据故障现象制订正确的维修计划。
3. 能正确选择诊断设备、工具对离合器分离不彻底引起的故障进行诊断。
4. 能正确记录、分析各种检测结果并做出故障判断。
5. 能按照正确操作规范进行离合器分离不彻底的故障排除。
6. 能根据环保要求，正确处理对环境和人体有害的废料和损坏的零部件。

理论知识

## 一、离合器的功用

离合器是汽车传动系统中直接与发动机相连的部件，通常安装在发动机与变速器之间，用来切断和实现发动机对传动系统的动力传递，其功用如下。

**1. 使发动机与传动系统逐渐接合，保证汽车平稳起步**

在汽车起步前，首先要起动发动机，这时应使变速器处于空档位置，待发动机正常怠速运转后，才可挂入一定档位起步。汽车由静止到行驶的过程中，其速度由零逐渐增大，如果发动机与变速器之间没有离合器，变速器一旦挂上档位，汽车将因突然接收动力而猛烈向前冲，产生很大的惯性力，对发动机造成很大的阻力矩，随之发动机熄火。

在传动系统中装设了离合器后，在发动机起步后汽车起步前，驾驶人先踩下离合器踏板，将离合器分离，使发动机与传动系统脱开，再将变速器挂上档，然后逐步松开离合器踏板，使离合器逐渐接合。在离合器逐渐接合过程中，发动机所受的阻力矩逐渐增大，故应同时逐渐踩下加速踏板，逐步增加对发动机的燃油供应量，使发动机转速始终稳定在最低稳定转速之上。由于离合器的接合紧度逐渐增大，发动机经过传动系统传给驱动车轮的转矩逐渐增加，到驱动力足以克服起步阻力时，汽车即从静止开始逐渐加速，从而保证了汽车能平稳起步。

**2. 保证传动系统换档时工作平顺**

汽车在行驶过程中，为了适应行驶条件不断变化，变速器常需要换用不同的档位工作。

实现齿轮式变速器的换档，一般是拨动齿轮或其他挂档机构，使原用档位的某一齿轮副退出传动，再使另一档位的齿轮副进入工作。在换档前必须踩下离合器踏板，中断动力传递，便于原用档位的齿轮副脱开，同时有可能使新档位啮合轮啮合部位的速度逐渐趋于相等，这样，进入啮合时的冲击可以大为减轻，使换档平顺。

**3. 限制所传递的转矩，防止传动系统过载**

当汽车进行紧急制动时，若没有离合器，发动机将因和传动系统刚性连接而急剧降低转速，对传动系统造成超出其承载能力的载荷，使其机件损坏。有了离合器，便可依靠离合器主动部分和从动部分之间可能产生的相对运动消除这一危险。因此，离合器的功用是限制传动系统所承受的最大转矩，防止传动系统过载。

## 二、对离合器的要求

根据离合器的功用，它应满足下列基本性能要求：

1）在离合器具体结构上，在保证传递发动机最大转矩的前提下，应满足分离彻底和接合柔顺。

2）离合器从动部分的转动惯量要尽可能小。离合器的作用之一是在变速器换档时，中断动力传递，以减轻轮齿间冲击。如果与变速器主动轴相连的变速器从动部分的转动惯量大，由于离合器从动部分较大的惯性力矩仍然输入给变速器，其效果相当于分离不彻底，不能很好地减轻轮齿间的冲击。

3）离合器散热良好。在汽车行驶中，驾驶人对离合器的操作次数是很多的，这使摩擦面间频繁滑摩产生大量的热，对离合器工作产生严重影响。

4）操作轻便，以减轻驾驶人的疲劳。

5）接合柔顺，以保证汽车平稳起步，减少冲击。

## 三、离合器液压操纵机构的原理

离合器液压操纵机构是驾驶人借以使离合器分离，而后又使之柔和接合的一套机构。它起始于离合器踏板，终止于飞轮壳内的分离轴承。它由位于离合器壳内的分离机构和位于离合器壳外的离合器踏板及传动机构、助力机构等组成。离合器壳内的分离机构包括分离杠杆、分离轴承、分离套筒、分离叉和回位弹簧等机件。

液压操纵机构主要由主缸、工作缸及管路系统组成。图1-1所示为丰田卡罗拉轿车离合器液压操纵机构。液压操纵机构具有摩擦阻力小、质量小、布置方便和接合柔和等特点，并且不受车身、车架变形的影响，因此应用较为广泛。

在离合器主缸中，通过活塞的滑动产生液压力。通过踏板回位弹簧的作用，离合器推杆始终被推向离合器踏板，如图1-2所示。

当踩下离合器踏板时，活塞通过推杆移到左侧，缸中的制动液通过进油阀流到储液罐并且同时流到离合器工作缸。当活塞进一步移到左侧时，连杆和弹簧座分开，进油阀通过锥形弹簧垫（该橡胶垫位于连杆最左侧，可在锥形弹簧的作用下移至主缸的最左侧，关闭B室与主缸的液流通道）关闭进入储液罐的通道，结果在A室中便出现聚集的液压力，该液压力被传送到离合器工作缸活塞，如图1-3所示。

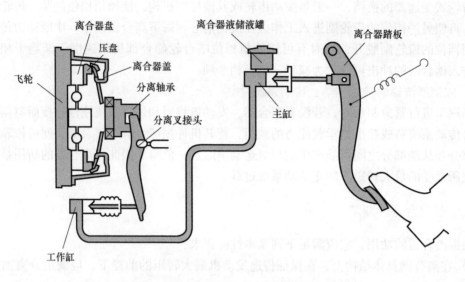

图1-1　丰田卡罗拉轿车离合器液压操纵机构

松开离合器踏板时，压缩弹簧将活塞推回到右侧，并且液压力减小。当活塞完全返回时，连杆通过弹簧座被拉到右侧，进油阀打开至储油罐的通道，A室和B室被接通（A室与B室位置如图1-2所示），如图1-3所示。如果空气进入液流管线，由于空气可压缩，产生不了足够量的油压，从而导致离合器分离不彻底，引起挂档困难。

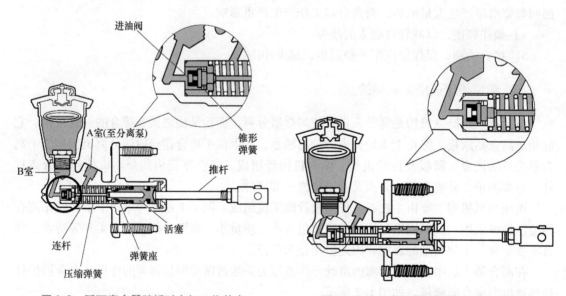

图1-2　踩下离合器踏板时主缸工作状态　　　　图1-3　松开离合器踏板时主缸工作状态

离合器工作缸用来自主缸的液压力移动活塞并通过推杆操作分离叉。丰田卡罗拉轿车使用的是自调式工作缸，离合器工作缸中的锥形弹簧用弹簧力不断地将推杆紧压住分离叉，从而使离合器踏板的自由行程保持不变。有些车型使用的是可调式工作缸，当膜片弹簧末端位置由于离合器盘的磨损发生变动时，需用推杆调节自由行程，如

图 1-4 所示。

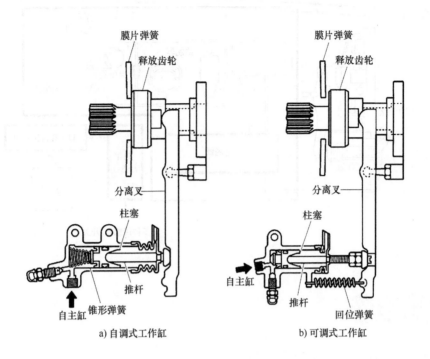

a) 自调式工作缸　　　　　　b) 可调式工作缸

图 1-4　离合器工作缸

### 电控离合器

随着电子技术在汽车上的应用，一种自动离合器系统进入了汽车领域，这种由电控单元（ECU）控制的离合器已经在一些轿车上应用，使手动变速器换档的一个重要步骤——离合器的分离与接合能够自动地适时完成，简化了驾驶人的操纵动作。

自动离合器分为两种：机械电机式自动离合器和液压式自动离合器。机械电机式自动离合器的 ECU 采集加速踏板位置传感器、发动机转速传感器、车速传感器等发出的信号，经处理后发送指令驱动伺服电动机，通过拉杆等机械形式驱使离合器动作。液压式自动离合器由 ECU 发送信号驱动电动液压系统，通过液压操纵离合器动作。

液压式自动离合器是目前应用较多的自动离合器，它在目前通用的膜片式离合器的基础上增加了 ECU 和液压执行系统，将踏板操纵离合器油缸活塞改为由开关装置控制电动油泵操纵离合器油缸活塞。

图 1-5 所示为 TFT（丰田电控手动离合器）示意图，它没有离合器踏板，并且除了常规离合器结构外，由图中的部件构成。在进行换档操作时，TFT ECU 根据传感器的信号控制液压执行器并进行转换，以将液压力传送到离合器工作缸，自动操作离合器。由于配备保护控制装置，它用蜂鸣器和指示灯警告驾驶人以防止错误的离合。

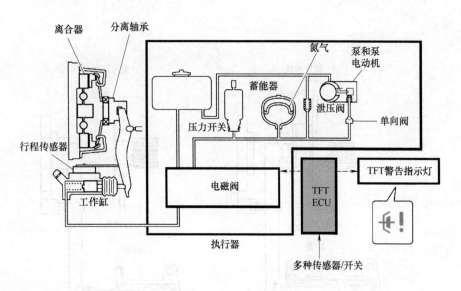

图 1-5　TFT 示意图

## 一、离合器分离不彻底的故障分析

### 1. 故障分析

当离合器分离不彻底时，可能的故障原因如图 1-6 所示。故障原因有离合器操纵机构中的踏板自由行程失调、液压管路进气、离合器主缸工作不良、工作缸工作不良，离合器本体中的离合器盘总成与从动盘总成不在一条直线上、径向圆跳动过大、离合器片破裂或烧蚀、缺少花键润滑脂等。

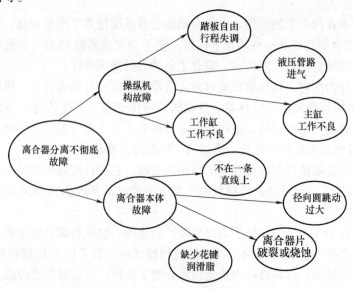

图 1-6　离合器分离不彻底故障原因

**2. 故障现象**

出现离合器分离不彻底的故障后，由于发动机无法与传动系统完全脱开，将使发动机动力不间断地传输给传动系统，会出现图1-7所示的故障现象。

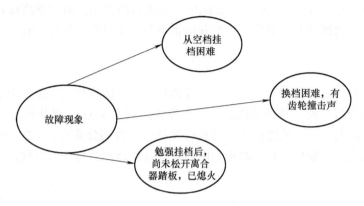

图1-7 离合器分离不彻底常见的故障现象

### 二、离合器分离不彻底故障检修

下面以丰田卡罗拉轿车C50手动驱动桥采用的离合器为例，讲述离合器分离不彻底的故障诊断过程。

**1. 离合器踏板高度的检查**

图1-8所示为检查并调整离合器踏板高度示意图。掀起地垫，检查并确认踏板高度是否正确。踏板距离地板高度正常应为143.6～153.6mm。如果实际测量值超出范围，应松开锁紧螺母并转动限位螺栓直至获得正确高度，再以16N·m的力矩锁紧螺母。

**2. 离合器踏板自由行程和推杆行程的检查**（图1-9）

离合器踏板自由行程是指从踩压离合器踏板直到分离轴承压紧膜片弹簧的距离。

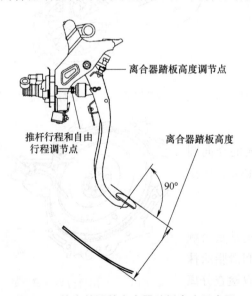

图1-8 检查并调整离合器踏板高度示意图

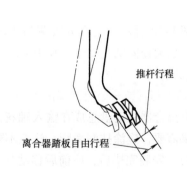

图1-9 离合器踏板自由行程和推杆行程

推杆行程指工作缸推杆开始移动至分离轴承压紧膜片弹簧的距离。

检查并确认踏板自由行程和推杆行程是否正确。踩下踏板直至开始感觉到离合器有阻力，此时的踏板自由行程应在 5.0~15.0mm 范围内。轻轻踩下踏板直至阻力开始增大。踏板顶端处的推杆行程应在 1.0~5.0mm 范围内。如果超出范围，需调整踏板自由行程和推杆自由行程，松开锁紧螺母并转动推杆直至获得正确的自由行程和推杆行程，再以 12N·m 的力矩锁紧螺母。

**3. 离合器分离点的检查**

起动发动机并使其怠速运转。未踩下离合器踏板时，缓慢移动变速杆至倒档直至齿轮接触。逐渐踩下离合器踏板，并测量从齿轮噪声停止点（分离点）到踏板行程终点位置的行程距离。标准距离为 25mm 或更长（从踏板行程终点位置到分离点）。如果该距离不符合规定，则检查踏板高度、推杆行程和踏板自由行程。对离合器管路进行放气，再检查离合器盖和离合器盘。

**4. 离合器盘总成的检查**

如图 1-10 所示，用游标卡尺测量铆钉头深度，最小铆钉深度为 0.3mm。如果超出范围，或离合器片破裂、烧蚀，则更换离合器盘总成。

用百分表测量离合器盘总成的径向圆跳动量，最大径向圆跳动量为 0.8mm。如有必要，更换离合器总成。

**5. 离合器盖总成的检查**

如图 1-11 所示，用游标卡尺测量膜片弹簧磨损的深度和宽度，$A$ 最大为 0.5mm，$B$ 最大为 6.0mm。

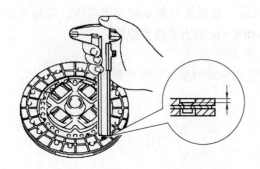

图 1-10　用游标卡尺测量铆钉头深度

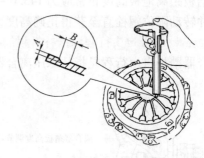

图 1-11　用游标卡尺测量膜片弹簧磨损的深度和宽度

**6. 飞轮总成的检查**

如图 1-12 所示，用百分表测量飞轮总成的径向圆跳动量，最大径向圆跳动量为 0.1mm。如有必要，更换飞轮分总成。

**7. 输入轴花键与分离叉润滑的检查**

检查离合器从动盘总成在输入轴花键上运动是否顺畅。如果需要，应涂抹润滑脂，注意不要将润滑脂涂抹到 $A$ 部位。安装完毕后，应前后移动分离叉以检查分离轴承是否滑动平稳，如图 1-13 和图 1-14 所示。

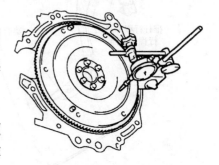

图 1-12　用百分表测量飞轮总成的径向圆跳动量

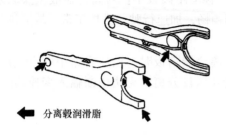

离合器花键
润滑脂

分离毂润滑脂

图 1-13　分离叉润滑的检查　　　图 1-14　输入轴花键润滑的检查

**8. 离合器主缸和工作缸的检查**

主缸和工作缸是离合器液压操纵系统的主要部件，其工作性能好坏直接影响离合器的工作性能。检查缸筒内壁是否有明显的磨损划伤痕迹，如果内壁磨损超过 0.125mm，则为失效。检查活塞与缸筒的间隙，如果超出 0.20mm，则为失效。若发现皮碗老化以及回位弹簧失效等情况，应更换相应零件。

**9. 离合器液压操纵系统空气排除**

离合器液压操纵系统进气会导致在离合器主缸工作行程一定的情况下，离合器工作缸工作行程减小，造成离合器分离不彻底的现象。在上述检查与修理调整之后，若离合器仍然分离不彻底，就要排除液压系统中的空气。排除方法如下：

1）用举升机抬起汽车，将主缸储液罐中的制动液加至规定高度。

2）在工作缸的放气阀上安装一软管，接到一个盛有制动液的容器内。

3）排空气需要两个人配合工作，一人慢慢踩离合器踏板数次，感到有阻力时踩住不动，另一人拧松放气阀直至制动液开始流出，然后拧紧放气阀。

4）连续按上述方法操作几次，直到流出的制动液中不见气泡为止。

5）空气排除干净之后，再次检查及调整离合器踏板自由行程。

 情境分析

**1. 故障现象**

一辆丰田卡罗拉轿车，装备 C50 手动驱动桥，起步挂档时，入档困难，行驶中换档困难，并伴有齿轮撞击声。

**2. 故障诊断与排除**

1）检查离合器踏板距离地板高度是否在 143.6～153.6mm 范围内，检查结果为高度正常。

2）继续检查离合器踏板自由行程和推杆行程是否正常，踏板自由行程应在 5.0～15.0mm 范围内，推杆行程应在 1.0～5.0mm 范围内，检查结果为推杆行程正常，踏板自由行程偏大，将其调整至正常范围。

3）起动发动机，进行入档试验，仍然存在挂档困难的现象，勉强可以挂上。

4）拆解离合器盖，检查离合器片是否烧蚀，离合器主、从动部分是否存在轴线偏离，经检查在正常范围内。

5）检查发现当离合器踏板踩到底时，分离叉移动距离较小。对离合器液压操纵系统进行排气，重新注入制动液，发动机起动后，挂档顺畅，加速行驶，升档正常，故障排除。

3. 故障原因分析

离合器液压操纵系统中混入空气后，当踩下离合器踏板时，液压管路中的空气被压缩，导致工作缸位移较小，不能完全将从动盘与飞轮和压盘分离，无法中断输入变速器的动力，出现入档与换档困难的现象。

1）离合器是汽车传动系统中直接与发动机相连的部件，通常安装在发动机与变速器之间，用来切断和实现发动机对传动系统的动力传递。

2）离合器从动部分的转动惯量要尽可能小。离合器的作用之一是在变速器换档时，中断动力传递，以减轻轮齿间冲击。如果与变速器主动轴相连的变速器从动部分的转动惯量大，由于离合器从动部分较大的惯性力矩仍然输入给变速器，其效果相当于分离不彻底，不能很好地减轻轮齿间的冲击。

3）出现离合器分离不彻底的故障后，由于发动机无法与传动系统完全脱开，将使发动机动力不间断地传输给传动系统。

 学习单元二　手动变速器挂档困难故障检修

 情境导入

　　一辆丰田卡罗拉轿车，装备 C50 手动传动桥。车辆起步后由 1 档换入 2 档的过程中，变速器有齿轮打齿的声音，挂档困难。经检查，该 2 档同步器锁环磨损过度，导致 2 档接合套与 2 档输出轴齿轮接合困难。更换同步器锁环后，上述故障现象消失。

 学习目标

1. 能通过与客户交流、查阅相关维修技术资料等方式获取车辆信息。
2. 能根据故障现象制订正确的维修计划。
3. 能正确选择诊断设备、工具对手动变速器挂档困难的故障进行诊断。
4. 能正确记录、分析各种检测结果并做出故障判断。
5. 能按照正确操作规范进行手动变速器挂档困难的故障排除。
6. 能根据环保要求，正确处理对环境和人体有害的废料和损坏的零部件。

理论知识

### 一、变速器的功用

　　现代汽车上广泛采用活塞式内燃机作为动力源，其转矩和转速变化范围较小，而复杂的使用条件要求汽车的驱动力和车速能在相当大的范围内变化。为了解决这一矛盾，在传动系统中设置了变速器，它的功用如下：

　　① 改变传动比，扩大驱动轮转矩和转速的变化范围，以适应经常变化的行驶条件，如起步、加速和上坡等，同时使发动机在有利的工况下工作；

　　② 在发动机旋转方向不变的前提下，使汽车能倒退行驶；

　　③ 利用空档中断动力传递，以使发动机能够起动、怠速，并便于变速器换档或进行动力输出。

### 二、两轴式变速器各档位动力传递路线

　　两轴式变速器的动力传递主要依靠两根互相平行的轴（输入轴与输出轴）完成。此外有一根比较短的倒档轴以帮助汽车实现倒向行驶。它的变速原理以丰田卡罗拉轿车的手动变速器为例来说明，如图 1-15 所示。

　　与三轴式变速器齿轮啮合原理类似，3 个接合套两侧的齿轮空套在轴上，其他传动齿轮与轴固定连接，各档接合套与内部的花键毂利用花键连接，花键毂与轴通过花键连接。

　　1. 空档

　　来自发动机的动力传递到输入轴，输入轴上与轴固定的 1 档和 2 档齿轮沿箭头方向旋

**11**

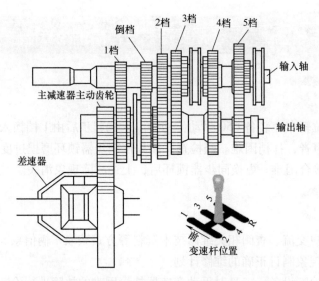

图1-15　丰田卡罗拉轿车手动变速器档位示意图

转，与1档和2档齿轮啮合的输出轴上的齿轮空套在输出轴上，因"1-2-R"档接合套位于中间位置，所以输出轴不会转动，如图1-16所示。

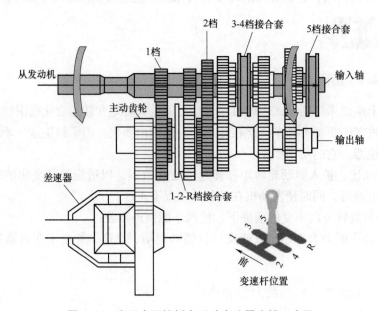

图1-16　丰田卡罗拉轿车手动变速器空档示意图

### 2. 1档

发动机动力通过输入轴传到1档齿轮上，输出轴上的1档齿轮随之转动，1-2-R档接合套移动到左侧，与输出轴上的1档齿轮接合，动力随之传递到1-2-R档接合套及其内部的花键毂，并通过花键毂传递到输出轴上，再通过输出轴上的主减速器主动齿轮传递至主减速器，从而传递到车轮，如图1-17所示。

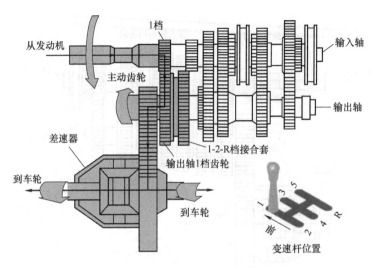

图 1-17 丰田卡罗拉轿车手动变速器 1 档示意图

### 3. 3 档

发动机动力通过输入轴传到输入轴 3-4 档接合套上，3-4 档接合套移动到左侧，使空套在输入轴上的 3 档齿轮跟随接合套转动，从而驱动固定在输出轴上的 3 档齿轮，输出轴随之被驱动，将动力通过输出轴左侧的主减速器主动齿轮传递至主减速器，再传递到轮胎，如图 1-18 所示。

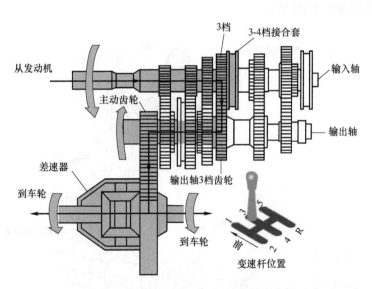

图 1-18 丰田卡罗拉轿车手动变速器 3 档示意图

### 4. 倒档

倒档中间齿轮移动到输入轴倒档齿轮与输出轴倒档齿轮（1-2-R 档接合套）之间。发动机动力通过固定在输入轴上的倒档齿轮传递到倒档中间齿轮，再由倒档中间齿轮传递到输出轴上的倒档齿轮，从而通过其内部的花键毂将动力传递到输出轴上，再由主减速器主动齿轮传递至主减速器和轮胎，如图 1-19 所示。

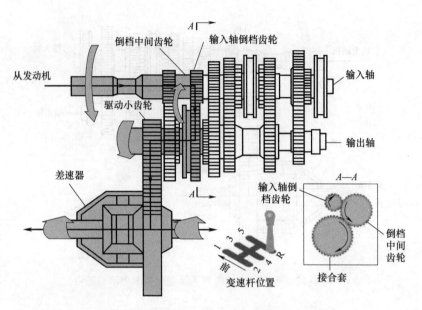

图1-19 丰田卡罗拉轿车手动变速器倒档示意图

## 三、防止误换档机构

为了保证变速器在任何情况下都能防止同时挂入两个档位，其操纵机构必须设置互锁机构，其位置与结构如图1-20所示。

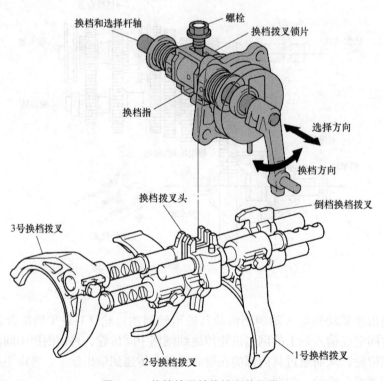

图1-20 换档拨叉锁片的安装位置

　　换档拨叉锁片中间的缺口只能容纳下一个换档指。换档拨叉锁片随换档指一起左右移动，但是换档拨叉锁片不能随换档指一起转动。当换档指位于任何一个选档位置时，换档拨叉锁片都伴随其左右，同时将另两个选档位置固定在空档位置。所以换档指在任一个选档位置换档时，一次只能拨动一个换档拨叉头部，只能换一个档位，如图 1-21 所示。

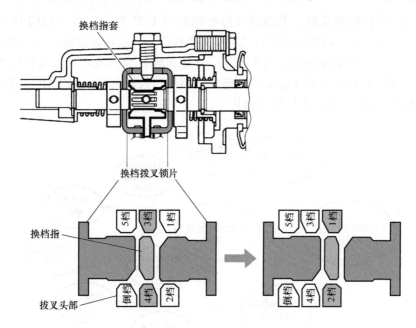

图 1-21　换档拨叉锁片工作状态

### 三锥式同步器

　　为了改善同步器的同步效果，最新型号的手动变速器已有采用特别适用于 2 档和 3 档的三锥式同步器，该同步器分为外环、中环和内环。当移动接合套换档时，接合套滑块推动外环，外环和中环形成一个单锥，中环和内环变为一个单键，内环和齿轮锥面形成一个单锥，所以摩擦是由 3 个锥面产生的。三锥式同步器吸收转速差的能力强，同步速度快，优于普通锁环式同步器，如图 1-22 所示。

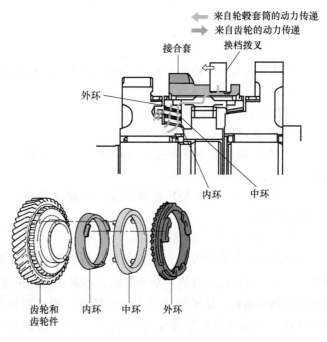

图 1-22　三锥式同步器的结构

实践技能

## 一、手动变速器挂档困难故障分析

当手动变速器挂档困难时，可能的故障原因如图 1-23 所示。故障原因有 ATF 使用错误、离合器分离不彻底、换档和选档杆总成磨损或损坏、控制拉索故障、换档拨叉磨损、同步器锁环（输入轴）磨损或损坏、同步器锁环（输出轴）磨损或损坏、换档键弹簧（输入轴）磨损或损坏、换档键弹簧（输出轴）磨损或损坏、齿轮（输入轴）磨损或损坏、齿轮（输出轴）磨损或损坏、接合套磨损或损坏等。

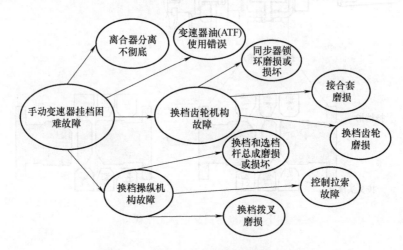

图 1-23　手动变速器挂档困难故障原因

## 二、手动变速器换档困难故障检修

下面以丰田卡罗拉轿车 C50 手动驱动桥为例，讲述手动变速器换档困难故障诊断过程。

**1. 检查变速器油（ATF）**

1）将车辆停放在平坦路面或者将车辆平稳举升。

2）拆下变速器注油螺塞和衬垫。

3）检查并确认油面在变速器注油螺塞开口最低点以下 5mm 范围内，如图 1-24 所示。

4）油位低时，检查 ATF 是否泄漏，油液过多或过少都可能引起故障。

**2. 检查离合器是否分离不彻底**

完全踩下离合器踏板后，检查分离叉是否能将离合器从

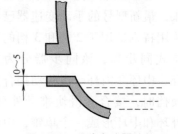

图 1-24　手动变速器油位

动盘从压盘和飞轮彻底分离。举升车辆，不起动发动机挂入 1 档，完全踩下离合器，用手同向转动两侧驱动轮，如果阻力过大无法转动，则可判断为离合器分离不彻底。若离合器分离不彻底，发动机动力不能完全中断，手动变速器会出现换档困难的故障，如图 1-25 所示。

**3. 检查齿轮磨损情况以及轴向间隙**

1）检查齿轮磨损情况。

2）用百分表测量齿轮轴向间隙。以丰田卡罗拉轿车 2 档齿轮为例，轴向标准间隙为 0.10～0.55mm。如果间隙超过最大值，更换变速器 1 号离合器毂、2 档齿轮或 3 档从动齿轮，如图 1-26 所示。

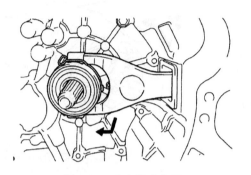

图 1-25　离合器分离叉

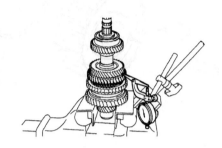

图 1-26　检查齿轮轴向间隙

**4. 检查变速器接合套**

1）检查变速器接合套和离合器毂之间的滑动情况。

2）检查并确认变速器接合套的花键齿边缘未磨掉，如图 1-27 所示。

3）用游标卡尺测量接合套凹槽宽度（$A$）和换档拨叉卡爪部分的厚度（$B$），并计算间隙。以丰田卡罗拉轿车的 3 号接合套为例，标准间隙（$A-B$）为 0.3～0.5mm。如果间隙超过标准值，更换变速器 3 号接合套和 3 号换档拨叉，如图 1-28 所示。

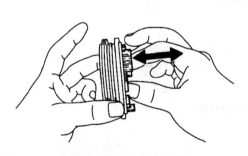

图 1-27　检查接合套花键齿

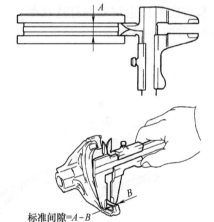

标准间隙＝$A-B$

图 1-28　检查接合套凹槽宽度和换档拨叉卡爪厚度

**5. 检查换档键弹簧**

检查换档键弹簧是否有弹性不足或其他形式的损坏，如图 1-29 所示。

**6. 检查同步器锁环**

1）检查同步器锁环的磨损和损坏情况。

2）在啮合齿轮的锥面上涂抹 ATF。

3）将同步器锁环推向啮合齿轮锥面，同时使其沿一个方向转动。

4）检查并确认锁环是否锁止。

5）如果同步器锁环未锁止，更换同步器锁环，如图1-30所示。

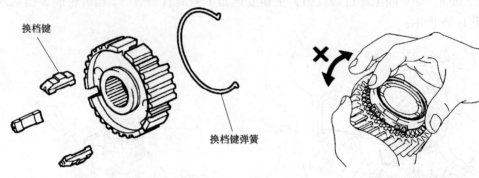

图1-29　检查换档键弹簧　　　　　图1-30　检查同步器锁环锁止情况

6）用塞尺测量同步器锁环和啮合齿轮端部之间的间隙。以丰田卡罗拉轿车5档齿轮为例，标准间隙为0.75~1.65mm。如果间隙小于最小值，更换同步器锁环，如图1-31所示。

**7. 检查换档拉索**

1）检查换档时换档拉索能否操纵变速器换档到位，换档拉索长度是否合适，换档拉索是否有严重磨损和其他形式的损坏，如图1-32所示。

2）检查换档拉索与变速杆连接处是否产生较大的配合间隙，如图1-33所示。

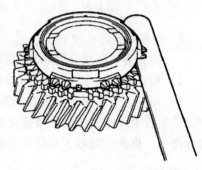

图1-31　检查锁环与齿轮端部侧隙

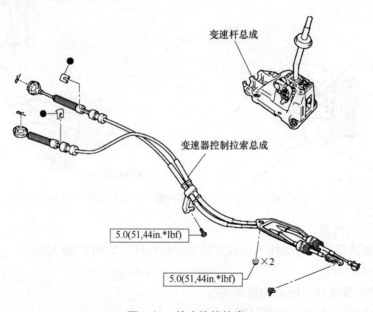

变速杆总成

变速器控制拉索总成

5.0(51,44in.*lbf)

×2

5.0(51,44in.*lbf)

图1-32　检查换档拉索

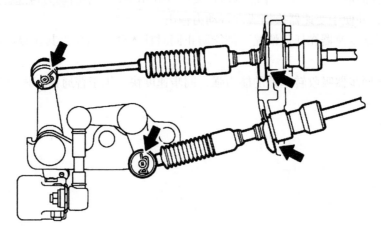

图 1-33　检查换档拉索与变速杆的间隙

**1. 故障现象**

一辆丰田卡罗拉轿车，装备 C50 手动传动桥。车辆起步后由 1 档换入 2 档的过程中，变速器有齿轮打齿的声音，挂档困难。

**2. 故障诊断与排除**

1）检查换档拉索与变速杆的连接处是否配合间隙过大，检查换档拉索与变速杆下部操纵机构是否配合间隙过大。经检查换档拉索的各个连接处未出现较大间隙。

2）拆卸手动变速器，检查 1-2 档接合套花键齿倒角磨损情况。经检查花键齿倒角并未过度磨损。接合套在花键毂上移动自如。

3）拆卸手动变速器，检查换档拨叉卡爪的厚度与 1-2 档接合套的凹槽宽度。经检查换档拨叉的厚度与 1-2 档接合套凹槽宽度的差在允许范围内。

4）检查换档键弹簧。经检查换档键弹簧弹性良好，可以保证正常工作。

5）检查同步器锁环锁止情况。经检查该档位同步器锁环与齿轮锥面之间的摩擦力不够，锁环磨损较严重。

更换该档位同步器锁环后，1 档可顺利换入 2 档，故障排除。

**3. 故障原因分析**

在换档时，如果同步器锁环磨损过度，锁环与待啮合齿轮的摩擦锥面间的摩擦力不够。待啮合齿轮与接合套及花键毂的转速在很短的时间内难以达到同步，导致换档时接合套的花键齿迟迟不能进入与待啮合齿轮的接合齿圈的啮合，造成换档困难。

1）变速器的功用如下：①改变传动比，扩大驱动轮转矩和转速的变化范围，以适应经常变化的行驶条件，如起步、加速和上坡等，同时使发动机在有利的工况下工作；②在发动

机旋转方向不变的前提下，使汽车能倒退行驶；③利用空档，中断动力传递，以使发动机能够起动、怠速，并便于变速器换档或进行动力输出。

2）为了保证变速器在任何情况下都能防止同时挂入两个档位，其操纵机构必须设置互锁机构。

3）三锥式同步器吸收转速差的能力强，同步速度快，优于普通锁环式同步器。

**学习单元三　手动变速器跳档故障检修**

**情境导入**

　　一辆丰田卡罗拉轿车，装备 C50 手动传动桥。以 5 档行驶时，当急加速或者遇到坑洼不平、颠簸剧烈路面时，有时档位会从 5 档跳到空档。经检查，该档位自锁装置磨损较严重，弹簧弹力不足造成锁止力量不足，使换档拨叉不能可靠定位。更换该档位自锁装置后，上述故障现象消失。

**学习目标**

1. 能通过与客户交流、查阅相关维修技术资料等方式获取车辆信息。
2. 能根据故障现象制订正确的维修计划。
3. 能正确选择诊断设备、工具对手动变速器跳档故障进行诊断。
4. 能正确记录、分析各种检测结果并做出故障判断。
5. 能按照正确操作规范进行手动变速器跳档的故障排除。
6. 能根据环保要求，正确处理对环境和人体有害的废料和损坏的零部件。

**理论知识**

### 一、选档换档机构

　　选档换档机构的作用是选档和换档。选档是在垂直拨叉轴的方向上，将换档指移动到需要换档的拨叉轴的换档拨块凹槽中。换档是在沿着拨叉轴的方向上，移动换档指使拨叉轴及拨叉带动接合套轴向移动换档。

　　如图 1-34 所示，5 档手动变速器有 3 根拨叉轴，1 号换档拨叉安装在 1 号换档拨叉轴上，2 号换档拨叉安装在 2 号换档拨叉轴上，3 号换档拨叉和倒档拨叉安装在 3 号换档拨叉轴上。每个拨叉可沿拨叉轴前后移动，产生两个档位，分别是 1、2 档，3、4 档，5 档和倒档。每个拨叉轴上安装 1 个档块，3 个拨叉轴的

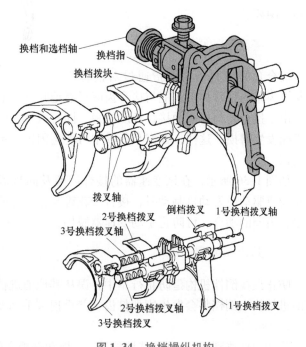

图 1-34　换档操纵机构

21

3 个档块并行排列，档块的宽度和换档指相同。选档换档轴与拨叉轴空间垂直安装，换档指随选档换档轴轴向移动进行选档，随选档换档轴转动进行换档。

## 二、换档自锁机构

换档自锁机构的作用是在换档后，将手动变速器锁定在既定档位上，除非人为换档，否则手动变速器不能从既定档位跳出到其他档位。

如图 1-35 所示，自锁装置由凹槽、弹簧和自锁钢珠组成。每根拨叉轴上表面沿轴向分布 3 个凹槽。当任一根拨叉轴连同拨叉一起移动到空档或某一工作档位时，必有一个凹槽正好对准该拨叉轴的自锁钢珠。于是，钢珠在弹簧压力下嵌入该凹槽中，拨叉轴的轴向位置即被固定，从而拨叉连同接合套被固定在空档或工作档位的位置上，不能自行脱出。当需要换档时，驾驶人必须通过变速杆对拨叉和拨叉轴施加一定的轴向力，克服弹簧的压力将钢珠由拨叉轴的凹槽中挤出推回孔中，拨叉轴和拨叉才能进行轴向移动。拨叉轴上表面相邻凹槽之间的距离等于为保证在全齿宽上啮合或完全退出啮合所必须的拨叉或其拨叉轴的移动距离。

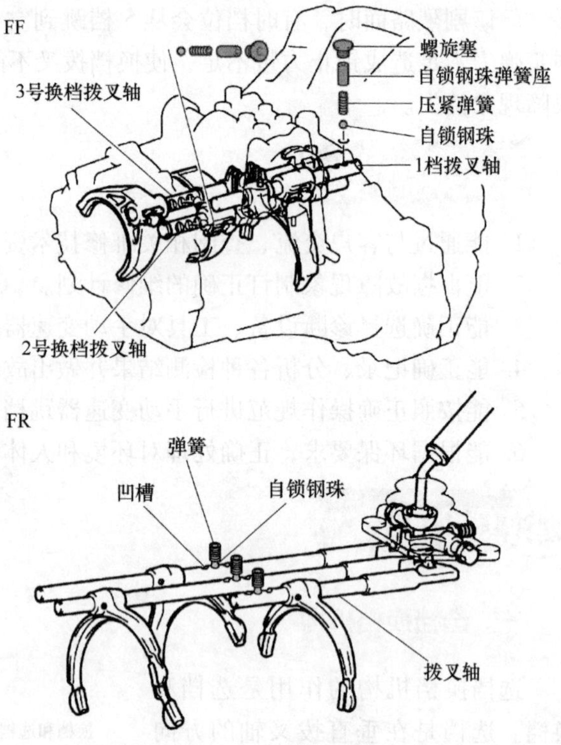

图 1-35 手动变速器自锁装置

## 三、接合套的防脱档功能

接合套的防脱档功能指通过对接合套花键齿条的特殊加工，能与接合齿圈可靠地啮合，非人为换档不会脱出啮合。

由于接合套与齿圈的接合长度较短，同时汽车行驶时需要经常换档，频繁拨动接合套将使齿端发生磨损。这样，在汽车行驶中可能会因振动造成接合套与齿圈脱离啮合，即发生自动跳档。

如图 1-36 所示，在该变速器的接合齿圈及同步器接合套齿的端部两侧都制有倒斜面，当发动机驱动或发动机制动时，接合套花键与接合齿圈齿轮轮齿紧压在一起，以增进接合套和接合齿圈的啮合，可防止手动变速器脱档。

## 四、防止误换倒档机构

防止误换倒档机构是防止行车中，误从其他前进档直接换入倒档的机构。若行驶中从其他前进档换入倒档将会发生剧烈打齿，严重损害手动变速器，如图 1-37 所示。

### 1. 换档时

将变速杆移到 5 档/倒档选档位置（5 档和倒档之间的空档位置）时，换档指向"5 档/

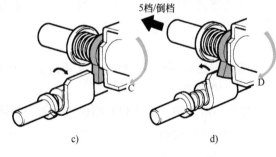

图 1-36 接合套防脱档花键倒角

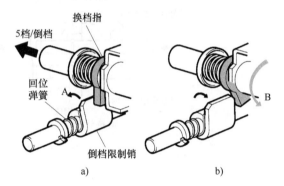

倒档"方向移动,从而按箭头 A 所示的方向移动倒档限制销。

**2. 换至 5 档**

当变速器已换至 5 档时,换档指按箭头 B 所示的方向旋转,从而分离倒档限制销。倒档限制销通过回位弹簧返回到原先位置。

**3. 试图从 5 档换至倒档**

如果试图直接从 5 档换至倒档(如箭头 C 所示),换档指碰到倒档限制销,从而防止变速器从 5 档换至倒档。

**4. 换至倒档**

在变速杆返回到 3 档和 4 档之间的空档位置,再移到 5 档/倒档选档位置后,换档指和倒档限制销的相对位置如图 1-37 所示。此时,按箭头 D 所示的方向旋转换档指,换至倒档将不会受到倒档限制销的干扰。

1)向 5 档/倒档方向换档时,倒档限制销不起作用。

2)换入 5 档后倒档限制销回弹。

3)此时只能从 5 档换入空档,而不能换入倒档。

4)换档时,可将换档指向左移动直接换入倒档。

图 1-37 防止误换倒档机构

### 五、倒档单向机构

倒档单向机构是通过自锁钢珠将倒档惰轮锁定在空档位置，防止在挂其他档位时将倒档惰轮移动而挂入倒档。

倒档惰轮仅在变速器换至倒档时才移动。当换至5档时，倒档惰轮保持在空档位置，如图1-38所示。

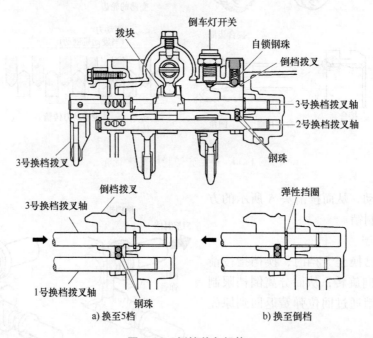

图 1-38　倒档单向机构

**1. 换至 5 档**

当变速器换至 5 档时，3 号换档拨叉轴移到右侧，从而使钢珠被推入 2 号换档拨叉轴的凹槽。

**2. 换至倒档**

当变速器换至倒档时，倒档拨叉通过安装在 3 号换档拨叉轴上的卡环移至左侧。

**3. 从倒档换至空档**

3 号换档拨叉轴、钢珠和倒档换档拨叉均整体移至右侧。

### 倒档预阻机构

倒档预阻机构的作用是降低输入轴转速，更顺畅地换入倒档。

如图 1-39 所示，齿轮被换至倒档齿轮上时，换档指与 1 号换档拨叉轴的销接触，并由 1 号换档拨叉轴朝着 2 档齿轮方向移动距离 $A$。这导致 2 档锁环动作，以便减小输入轴的转速。当换档指和 1 号换档拨叉轴的销分开时，倒档齿轮换档结束。

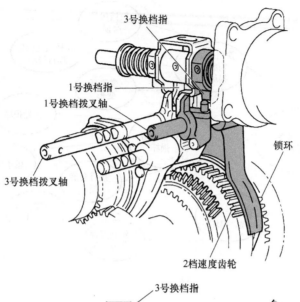

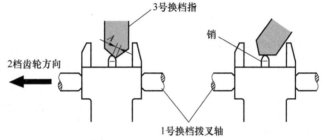

图 1-39　倒档预阻机构

## 一、手动变速器跳档故障分析

当手动变速器跳档时，可能的故障原因如图 1-40 所示。故障原因有换档拨叉磨损、换档拨叉固定螺钉松动、变速杆变形、齿轮损坏、轴承损坏、接合套磨损、自锁装置磨损、自锁装置弹簧弹力不足等。

## 二、手动变速器跳档故障检修

下面以丰田卡罗拉轿车 C50 手动驱动桥为例，讲述手动变速器跳档故障诊断过程。

**1. 检查变速杆及拉索**

拆卸变速杆总成，检查变速杆是否变形或严重磨损。检查变速器控制拉索与变速杆连接处是否变形或松旷而导致换档不到位，如图 1-41 所示。

**2. 检查换档拨叉锁止螺栓**

检查换档拨叉锁止螺栓是否松动，如果有松动，有可能导致接合套在换档时移动不到位，在振动剧烈或急加速情况下容易跳档，如图 1-42 所示。

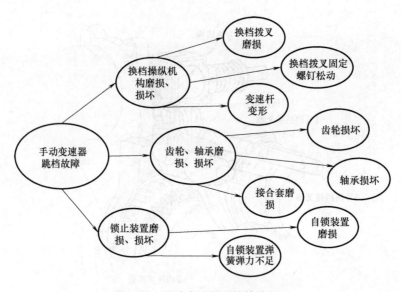

图 1-40  手动变速器跳档故障原因

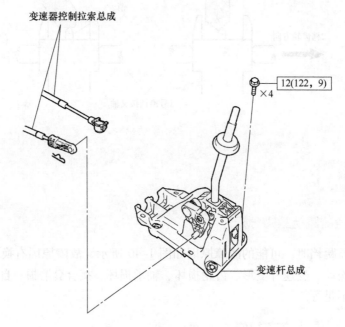

图 1-41  检查变速杆及拉索

**3. 检查齿轮磨损情况以及轴向间隙**

1）检查齿轮磨损情况。

2）用百分表测量齿轮轴向间隙，如图 1-43 所示。以丰田卡罗拉轿车 2 档齿轮为例，轴向标准间隙为 0.10～0.55mm。如果间隙超过最大值，更换变速器 1 号离合器毂、2 档齿轮或 3 档从动齿轮。

**4. 检查变速器接合套**

1）检查变速器接合套和离合器毂之间的滑动情况。

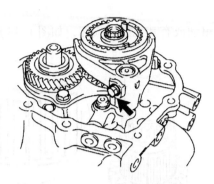

图1-42 检查换档拨叉锁止螺栓

图1-43 用百分表测量齿轮轴向间隙

2）检查并确认变速器接合套的花键齿沿齿长方向的倒角是否磨平，如图1-44所示。

**5. 检查变速器换档拨叉**

用游标卡尺测量接合套凹槽宽度（$A$）和换档拨叉卡爪厚度（$B$），如图1-45所示，计算间隙。以丰田卡罗拉轿车的3号接合套为例，标准间隙（$A-B$）为0.3～0.5mm。如果间隙超过标准值，更换变速器3号接合套和3号换档拨叉。

**6. 检查锁止钢珠及弹簧**

以丰田卡罗拉轿车为例，用六角扳手从手动变速器壳上拆下2号换档锁止钢珠螺栓，如图1-46所示。

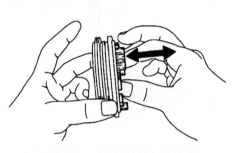

图1-44 检查接合套花键齿倒角

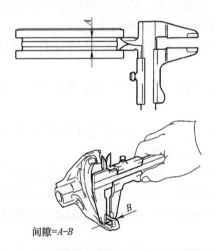

间隙=$A-B$

图1-45 用游标卡尺测量接合套凹槽宽度（$A$）
和换档拨叉卡爪厚度（$B$）

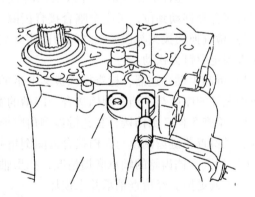

图1-46 拆卸锁止钢珠螺栓

用磁吸工具从手动变速器壳上拆下换档锁止钢珠1号弹簧座、换档锁止钢珠弹簧和换档锁止钢珠。检查钢珠是否严重磨损，弹簧是否弹力不足或有其他形式损坏，如图1-47所示。

**7. 检查啮合齿轮滚针轴承**

检查啮合齿轮滚针轴承是否过度磨损、松旷窜动或有其他形式损坏，如图 1-48 所示。

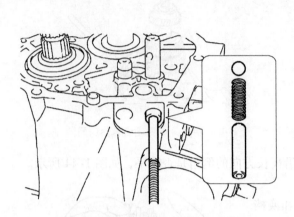

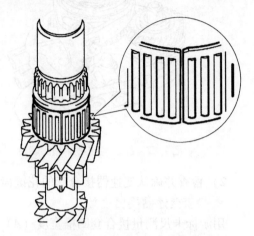

图 1-47　检查换档锁止钢珠及弹簧　　　　　图 1-48　检查啮合齿轮滚针轴承

**1. 故障现象**

一辆丰田卡罗拉轿车，装备 C50 手动传动桥。以 5 档行驶，当急加速或者遇到坑洼不平、颠簸剧烈路面时，有时档位会从 5 档跳到空档。

**2. 故障诊断与排除**

1）检查换档拉索与变速杆的连接处是否配合间隙过大，检查换档拉索与变速杆下部操纵机构是否配合间隙过大。经检查换档拉索的各个连接处未出现较大间隙。

2）检查变速杆是否变形，导致换档时接合套移动不到位。经检查变速杆无较大变形，换档时接合套移动到位，可完全啮合接合齿圈。

3）检查换档拨叉与拨叉轴之间的固定螺钉是否松动，导致接合套换档时移动不到位。经检查固定螺钉无松动。

4）拆卸手动变速器，检查换档拨叉卡爪的厚度与 5 档、倒档接合套的凹槽宽度。经检查换档拨叉的厚度与 5 档、倒档接合套凹槽的宽度的差在允许范围内。

5）检查 5 档、倒档接合套花键齿倒角磨损情况，检查 5 档啮合齿轮接合齿圈倒角磨损情况。经检查花键齿倒角与 5 档接合齿圈倒角并未磨平，接合套在花键毂上移动自如。

6）检查 5 档齿轮的轴承磨损情况，如果轴承磨损严重、轴承松旷或轴沿轴向窜动，应拆下修理或更换。经检查轴承并未损坏。

7）检查自锁装置磨损情况，若自锁钢珠磨损严重，自锁钢珠回位弹簧弹力不足则应更换。经检查自锁钢珠弹簧弹性很小。

更换 5 档自锁钢珠后，在 5 档行驶时未再出现跳档现象，故障排除。

**3. 故障原因分析**

在 5 档行驶时，突然猛踩加速踏板会使 5 档齿轮接合齿圈的齿与接合套的花键齿之间的正压力突然增大，因车辆长时间使用损耗，接合齿圈和接合套的齿的倒角几乎磨平，倒角较小，加之车辆的颠簸振动，接合套有可能从 5 档齿轮的接合齿圈上脱出啮合，造成跳档现象。

1）自锁装置由凹槽、弹簧和自锁钢珠组成。

2）由于接合套与齿圈的接合长度较短，同时汽车行驶时需要经常换档，频繁拨动接合套将使齿端发生磨损。这样，在汽车行驶中可能会因振动造成接合套与齿圈脱离啮合，即发生自动跳档。

3）接合齿圈及同步器接合套齿的端部两侧都制有倒斜面，以增进接合套和接合齿圈的啮合，可防止手动变速器脱档。

# AT 故障检修

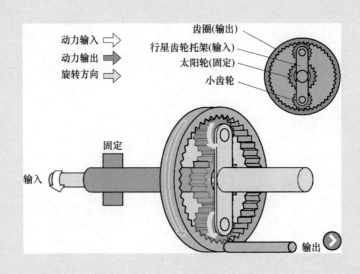

动力输入 ⇨
动力输出 ⇨
旋转方向 ⇨

齿圈(输出)
行星齿轮托架(输入)
太阳轮(固定)
小齿轮

固定

输入

输出

 学习单元一　行星齿轮变速机构故障检修

### 情境导入

一辆丰田卡罗拉轿车，装备自动传动桥。发动机起动后，变速杆由 N 位挂入 D 位时滞较长，换档速度慢，舒适度差。经检查，2 号单向离合器磨损过度而打滑，导致前进档离合器从开始接合到完全接合并能够传递所需转矩的时间过长，换档动力迟滞明显。更换 2 号单向离合器后，上述故障现象消失。

 学习目标

1. 能通过与客户交流、查阅相关维修技术资料等方式获取车辆信息。
2. 能根据故障现象制订正确的维修计划。
3. 能正确选择诊断设备、工具对自动变速器行星齿轮机构故障进行诊断。
4. 能正确记录、分析各种检测结果并做出故障判断。
5. 能按照正确操作规范进行自动变速器行星齿轮变速机构的故障排除。
6. 能根据环保要求，正确处理对环境和人体有害的废料和损坏的零部件。

 理论知识

#### 一、综述

采用自动变速器的汽车，换高档和低档时，驾驶人不需要踩下离合器并换档，而是根据汽车的速度和踩下加速踏板的量自动换档。用 ECU（电控单元）控制的自动换档装置称为 ECT（电子控制变速器），不使用 ECU 的自动变速器称为全液压自动变速器。目前，几乎所有的自动档汽车都是使用 ECT。在某些 ECT 中，还可根据驾驶人的偏爱和路况选择动力模式或正常模式（图 2-1），这改进了燃油经济性、加速性能与驾驶乐趣。

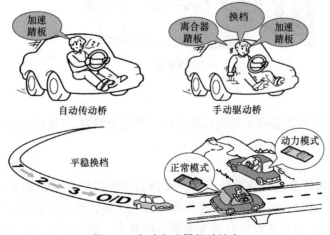

图 2-1　自动变速器驾驶特点

### 二、自动变速器的类型

**1. 按变速方式分类**

汽车自动变速器按变速方式的不同，可分为有级变速器和无级变速器两种。有级变速器是具有有限几个定值传动比（一般有4~6个前进档和一个倒档）的变速器。无级变速器是能使传动比在一定范围内连续变化的变速器，已逐步装备大排量豪华乘用车。

**2. 按驱动方式的不同分类**

自动变速器基本可以分为两种类型，用于FF（前置发动机，前轮驱动）的自动传动桥和用于FR（前置发动机，后轮驱动）的后驱自动变速器，如图2-2所示。

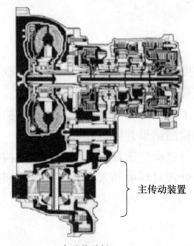

主传动装置

a) 自动传动桥

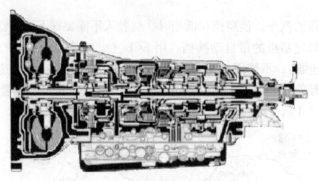

b) 自动变速器

图2-2　自动变速器按驱动方式分类

FF汽车的传动桥内部装有主减速器和差速器等传动装置，FR汽车的主减速器和差速器装在后驱动桥处。

**3. 按变速齿轮的类型分类**

自动变速器按齿轮变速器的类型不同，可分为普通齿轮式（定轴轮系）和行星齿轮式（动轴轮系）两种。普通齿轮式自动变速器体积较大，最大传动比较小，只有少数几种车型使用（如本田雅阁）。行星齿轮式自动变速器结构紧凑，能获得较大的传动比，被绝大多数轿车采用。

**4. 按控制方式分类**

自动变速器按控制方式的不同，可分为液压控制自动变速器和电控自动变速器两种。

液压控制自动变速器是通过机械的手段，将汽车行驶时的车速和节气门开度这两个参数转换成液压控制信号，阀板中的各个控制阀根据这些液压信号的大小，按照设定的换档规律，通过控制换档执行元件的动作实现自动换档，如图2-3所示。

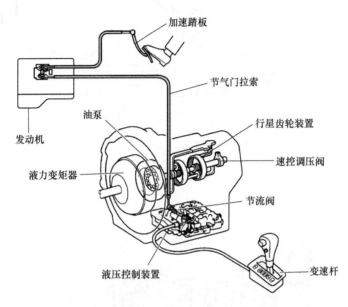

图 2-3 液压控制自动变速器

电控自动变速器装有ECU，通过各种传感器将发动机转速、节气门开度、车速、发动机冷却液温度、ATF温度等参数转变为电信号，并输入ECU，ECU根据这些信号，按照设定的换档规律，向换档电磁阀、油压电磁阀等发出电子控制信号，换档电磁阀、油压电磁阀将ECU的电子控制信号转变为液压控制信号，阀板中的各个控制阀根据这些液压信号，控制换档执行元件的动作，从而实现自动换档，如图2-4所示。

### 三、自动变速器的组成（图2-5）

大多数汽车自动变速器由以下几部分组成。

**1. 液力变矩器**

汽车上广泛采用的是三元件综合式液力变矩器。它由带叶片的泵轮、涡轮和导轮组成，形成一个封闭的液力循环系统，通过工作过程中内部油液循环流动时能量的变化，在发动机曲轴和自动变速器的行星齿轮之间传递功率或转矩。这种由液力作用进行偶合传动的装置，能根据汽车的行驶阻力在一定范围内自动而且无级地改变其传动比和转矩比。与此同时，液力变矩器能衰减传动系统中的扭转振动，防止传动系统过载，并起到使发动机运转平稳的飞轮作用。

**2. 齿轮变速器及液压执行机构**

虽然液力变矩器能在一定范围内自动而且无级地改变转矩比和传动比，但它尚存在着变

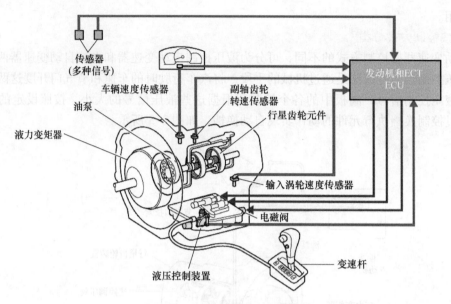

图 2-4　电控自动变速器

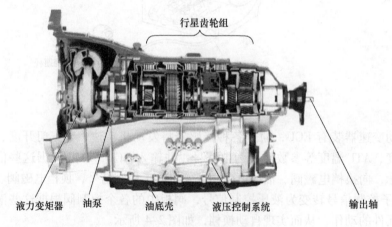

图 2-5　自动变速器的组成

矩能力与传动效率之间的矛盾，而且无倒档，难以满足汽车的使用要求。所以，在汽车自动变速器中，需增设一齿轮式变速器。目前与液力变矩器配合使用的多为行星齿轮式变速器。为了使行星齿轮变速器完成既定的工作，还需要有由离合器、制动器等组成的液压执行机构与其一起工作。

**3. 液压控制系统**

液压控制系统由油泵、主油路压力调节阀、手控阀、换档阀及其他一系列辅助阀和控制油路等组成，在全液压自动变速器中还包括节气门阀和调速器阀。它根据发动机的负荷和汽车行驶速度，产生不同的液压信号，借助于液压执行机构控制行星齿轮变速器，自动地进行换档。

**4. 电控装置**

电控装置由传感器、ECU 以及执行器三部分组成。传感器包括节气门位置传感器、车速传感器、冷却液温度传感器、ATF 传感器等以及空档开关、制动开关、强制降档开关、超速档开关、模式开关等。执行器主要由各种作用的电磁阀组成。在换档控制方面，用电信号代替了油压信号。用微机处理代替换档阀进行换档控制，可实现对换档规律的最佳控制，使换档及时、准确，更好地适应汽车的行驶要求，有利于改善发动机的工作状况，获得最佳的动力性、经济性以及较好地降低排放污染。

**5. ATF 滤清器及散热系统**

ATF 滤清器有滤网、毛毡和纸质的 3 种，装在液压阀板的下面。散热系统由和发动机散热器装置在一起的 ATF 散热器以及与变速器连接的输油管和回油管组成。ATF 温度以保持在 80 ~ 90℃为最佳，但 ATF 在传力过程中，因冲击和摩擦生热（离合器、制动器接合时表面工作温度通常为 200℃），温度会不断升高。温度的升高会降低传动效率。利用散热系统使 ATF 在发动机散热器内部或外部与冷却液或空气进行热量交换，使 ATF 保持在正常的温度范围内。ATF 滤清器可以保持工作中产生的金属或非金属屑磨料及时分离出来。

## 四、变速杆的使用

驾驶人通过操作变速杆操纵自动变速器，使车辆停止、前进或倒退。变速杆一般设有 P 位、N 位、D 位、R 位、S 和 L 前进低档和 O/D 超速档开关。有的自动变速器换档开关设有 P 位、R 位、N 位、D 位、3 档、2 档、1 档，其 O/D 为超速档开关，3 档、2 档、1 档为低速档。变速杆的档位与自动变速器本身所处的档位不同，变速杆只能改变自动变速器阀体总成中手动阀的位置，而自动变速器本身的档位由换档执行机构的动作决定。换档执行机构由自动变速器控制 ECU 根据车速、节气门开度等因素进行控制工作。

**1. P 位**

自动变速器停车档位于变速杆的前方。当变速杆处于 P 位时，自动变速器的停车锁定机构将变速器的输出轴卡住，使驱动轮不能转动，可防止车辆移动，这时换档执行机构使自动变速器处于空档状态。当变速杆置入其他档位时，停车锁定机构解除锁定。

**2. N 位**

当变速杆处于 N 位时，换档执行机构的动作和停车档相同，自动变速器处于空档状态。这时，发动机的动力经输入轴传入自动变速器，只能使各齿轮空转，输出轴没有动力输出。

**3. D 位**

变速杆在 D 位时，对于 4 档自动变速器可以实现 4 个不同传动比的档位，即 1 档、2 档、3 档和超速档。其中，1 档传动比最大；2 档次之；3 档为直接档，传动比为 1；超速档传动比小于 1。汽车在行驶时，变速杆在前进档位置时，自动变速器的控制系统根据车速、节气门开度等的信号，按照预先设定的换档规律自动进行换档。

**4. S 和 L 位**

当自动变速器变速杆处于 S 位和 L 位时，控制系统将限制前进档的变化范围。变速杆在 S 位时，4 档自动变速器只能在 1 档、2 档和 3 档之间自动变换；当变速杆在 L 位时，自动变速器只能在 1 档或只能在 1 档、2 档之间变换。有些车型标有 O/D、3、2、1 档位，O/D 为超速档。当变速杆在 O/D 位置时，自动变速器可在 1 ~ 4 档之间自动变换；变速杆在 3 位置时，自动变速器可在 1 ~ 3 档之间自动变换；变速杆在 2 位置时，自动变速器可在 1 与 2 档自动变换；变速杆在 1 位置时，自动变速器只能在 1 档。

**5. R 位**

变速杆在 R 位置时，自动变速器处在倒档，可以使车辆倒退。

### 五、行星齿轮变速机构

液力变矩器虽能在一定范围内自动地、无级地改变转矩比，但由于液力变矩器存在着变矩能力与效率之间的矛盾，其转矩比在 1～3 范围内，难以满足汽车使用要求，故在汽车上广泛采用了液力变矩器与齿轮式变速器组成的液力机械变速器。液力变矩器使汽车起步平稳，减缓冲击，靠齿轮变速器实现变速，可使转矩增大 3～4 倍。与液力变矩器配合使用的齿轮变速器大部分是行星齿轮式，也可以是固定轴线式，行星齿轮变速器具有体积小、结构简单、操作容易、变速比大等优点，故应用较为广泛。

行星齿轮变速器由行星齿轮机构和换档执行机构两部分组成。行星齿轮机构的作用是改变传动比和传动方向，即构成不同的档位。换档执行机构的作用是实现档位的变换。

简单行星齿轮机构有 3 种类型的齿轮或齿圈。位于行星齿轮机构中心的是太阳轮，在太阳轮周围的是行星齿轮，这些行星齿轮由行星架定位支撑，而且每个行星齿轮在各自独立的轴上转动。行星齿轮与太阳轮和齿圈是常啮合的，齿圈位于行星齿轮机构的外层，行星齿轮与太阳轮是外齿轮啮合，行星齿轮与齿圈是外齿轮与内齿轮啮合。行星齿轮的个数取决于变速器的设计负荷，负荷大时，可以用多个行星齿轮来承担，如图 2-6 所示。

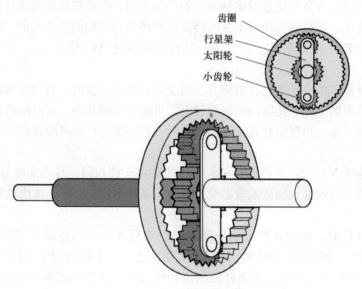

图 2-6 单排行星齿轮机构

单排行星齿轮机构有两个自由度，因此没有固定的传动比，不能直接用于变速传动。为了组成一定的传动比，必须将太阳轮、齿圈和行星架这 3 个基本元件中的一个进行一定约束，也可将某两个元件互相连接在一起。

### 六、行星齿轮变速机构传动原理

根据能量守恒定律，3 个元件上输入和输出的功率的代数和应等于零，从而得到单排行星齿轮机构一般运动规律的特性方程。

特性方程： $$n_1 + an_2 - (1 + a)\ n_3 = 0 \qquad (2\text{-}1)$$

式中　$n_1$——太阳轮转速；

　　　$n_2$——齿圈转速；

　　　$n_3$——行星架转速；

　　　$a$——齿圈与太阳轮齿数比。

由特征方程可以看出，由于单排行星齿轮机构具有两个自由度，在太阳轮、齿圈和行星架 3 个机构中，任选两个分别作为主动件和从动件，而使另一个元件固定不动，或使其运动受到一定约束（即该元件的转速为某定值），则机构只有一个自由度，整个轮系以一定的传动比传递动力。

行星齿轮系统传动规律如下：

1）在一个单排行星齿轮系统中，行星架的当量齿数最大，齿圈其次，太阳轮最小。

2）小齿轮驱动大齿轮时，输出的转矩增大，转速降低。

3）大齿轮驱动小齿轮时，输出的转矩减小，转速升高。

4）两个外齿轮啮合时，转动的方向相反。

5）一个外齿轮与一个内齿轮啮合时，转动方向相同。

行星齿轮机构可以提供减速档、超速档、直接档、倒档和空档。由于其齿轮是常啮合的，所以不像一般的手动变速器那样通过齿轮的接合和分离实现换档，而是通过离合器和制动器的固定或释放行星齿轮机构中的不同元件来改变行驶方向和传动比。

**1. 减速档：行星架输出**

可通过固定行星齿轮机构中的两种元件实现减速档，一种是固定太阳轮，另一种是固定齿圈。固定太阳轮时，齿圈为主动件，行星架为从动件。当动力输入给齿圈时，齿圈将使行星齿轮在行星架上自转，由于太阳轮被固定，则自转着的行星齿轮与行星架将一起绕着太阳轮公转。因为齿圈转动一圈不能使行星架也转动一圈，所以实现了减速转动。因为行星架以较低的转速转动，所以输出转矩增大。另外，由于太阳轮固定，行星架和齿圈同向转动。如图 2-7 所示，箭头的长度表示转速，箭头的宽度表示转矩，箭头越长，转速越大；箭头越宽，转矩越大。

齿圈固定时，太阳轮为主动件，行星架为从动件。太阳轮转动时，带动行星轮随着转动，由于齿圈固定，所以行星齿轮与行星架绕着太阳轮转动。与上述情况相比，行星架的转速更小，这样就使减速和转矩增加更多。

**2. 超速档：行星架输入**

实现超速档，只要将上述两种情况中的主动件与从动件互换即可。一种就是固定太阳轮时，行星架为主动件，齿圈为从动件。当行星架转动时，迫使行星齿轮围绕着固定的太阳轮公转，同时行星齿轮驱动齿圈以更快的速度转动。由于行星架转动一圈，引起齿圈以相同方向转一圈多，这样就提高转速降低转矩，即为一种超速档，如图 2-8 所示，箭头长度表示转速，其宽度表示转矩，箭头越长，转速越快；箭头越宽，转矩越大。

另一种是固定齿圈时，行星架为主动件，太阳轮为从动件。行星架转动时迫使行星齿轮环绕着齿圈内边缘转动，则驱动太阳轮与行星架同向转动，使太阳轮转动一圈而行星架相对转动很小的角度，这样也是提高转速降低转矩，为另一种超速档。

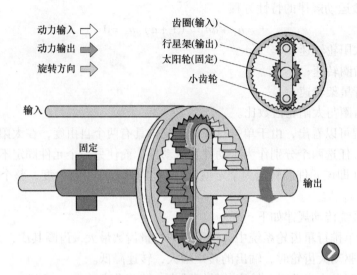

动力输入
动力输出
旋转方向

齿圈(输入)
行星架(输出)
太阳轮(固定)
小齿轮

输入

固定

输出

图 2-7　单排行星齿轮机构减速状态

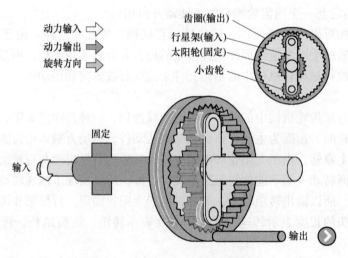

动力输入
动力输出
旋转方向

齿圈(输出)
行星架(输入)
太阳轮(固定)
小齿轮

固定

输入

输出

图 2-8　单排行星齿轮机构超速状态

**3. 直接档：太阳轮、行星架、齿圈任意两部件固连在一起**

若行星齿轮机构的任意两个元件为主动件同向同速转动时，则第 3 个元件的转速必然与前两者转速相等。当齿圈和太阳轮为主动件同向同速转动时，齿圈的内齿试图以同一旋转方向转动行星齿轮，结果把行星齿轮锁住在齿圈与太阳轮之间。此时，行星齿轮机构像一个整体。主动件与从动件被锁在一起从而形成直接档传动，输入转速等于输出转速。如图 2-9 所示，箭头长度表示转速，其宽度表示转矩，箭头越长，转速越高；箭头越宽，力矩越大。

**4. 倒档**

将行星架固定，无论太阳轮为主动件或从动件，齿圈作为从动件或主动件，太阳轮的转动方向与齿圈的转动方向始终相反。这时因为行星齿轮此时起惰轮作用，所以以与主动件相反的方向驱动从动件。太阳轮为主动件时，由于行星架被固定，行星齿轮只能在行星架上自

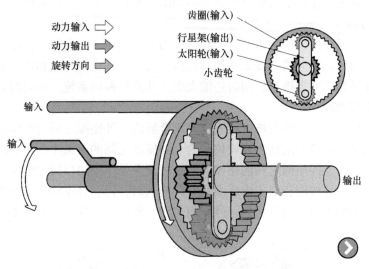

图 2-9　单排行星齿轮机构直接档状态

转而不能绕着太阳轮公转。因此当太阳轮驱动行星齿轮时，一对外齿轮啮合转动方向相反，行星齿轮驱动齿圈，一对内啮合齿轮转动方向相同，所以太阳轮的转动方向与齿圈的转动方向相反。这样行星齿轮机构提供了减速倒档。同样以齿圈为主动件、太阳轮为从动件，可以实现加速转动的倒档。如图 2-10 所示，箭头长度表示转速，箭头宽度表示转矩，箭头越长，转速越快；箭头越宽，转矩越大。

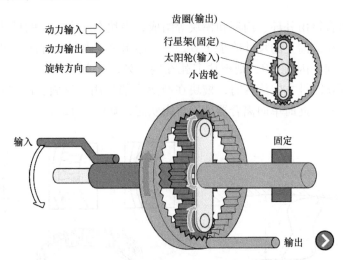

图 2-10　单排行星齿轮机构倒档状态

**5. 空档**

当行星齿轮机构的所有元件都不受约束，可以自由转动时，行星齿轮机构无论从哪一个元件输入动力都不会有动力输出，此时行星齿轮机构处于空档状态。

### 七、行星齿轮变速器换档执行元件

行星齿轮变速器的换档执行元件主要有单向离合器、离合器和制动器 3 种，其基本作用是连接、固定和锁止，让行星齿轮机构获得不同的传动比，从而实现各档位的变换。

**1. 单向离合器**

单向离合器广泛应用于行星齿轮变速器及液力变矩器中，它是依靠其单向锁止原理来实现固定或连接作用的。单向离合器无须控制机构，其工作完全由与之相连接元件的受力方向来控制，可保证平顺无冲击换档，同时还能大大简化液压控制系统。单向离合器常见的类型有滚柱式和楔块式两种。

滚柱式单向离合器利用弹簧把滚柱固定在离合器内、外座圈之间适当位置，外座圈的内表面有若干个凸轮形缺口，滚柱和弹簧位于内、外座圈之间的滚道中。当外座圈相对于内座圈逆时针转动时，内、外座圈之间的摩擦力使滚柱滚向外座圈缺口较大的区域，内、外座圈之间可正常转动。当外座圈相对于内座圈顺时针转动时，内、外座圈之间的摩擦力使滚柱滚向外座圈缺口较小的区域，最终将内、外座圈卡住，使之不能旋转，如图 2-11 所示。

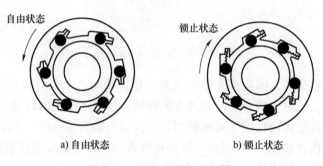

a) 自由状态        b) 锁止状态

图 2-11 滚柱式单向离合器

楔块式单向离合器由外环、内环和楔块等组成，楔块在 $A$ 方向上的尺寸略大于内、外环之间的距离 $B$，而 $C$ 方向上的尺寸略小于 $B$。当外环相对于内环顺时针方向旋转时，楔块在摩擦力的作用下立起，因 $A > B$，则楔块卡死在内、外环之间，单向离合器处于锁止状态。当外环相对于内环逆时针方向旋转时，楔块在摩擦力的作用下倾斜，因 $C < B$，则内环相对于外环可以自由旋转，此时单向离合器处于自由状态，如图 2-12 所示。

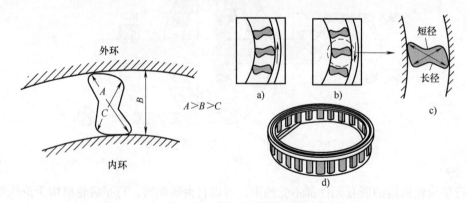

图 2-12 楔块式单向离合器

**2. 离合器**（图 2-13）

离合器起到连接作用，即将行星齿轮变速器的输入轴和行星排的某个基本元件连接，使该元件成为主动元件。离合器还可以起到连锁作用，即将行星排的某两个基本元件连接在一起，使之成为一个整体，实现同速直接传动。

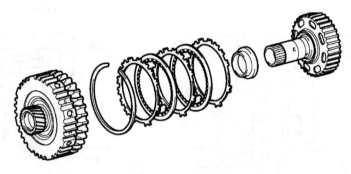

图 2-13  离合器的结构

在自动变速器的换档执行元件中，采用的是湿式多片离合器，其由离合器鼓、离合器活塞、回位弹簧、钢片、摩擦片和离合器毂等组成。离合器活塞安装在离合器鼓内，是一种中空环状活塞，由内、外圈的密封圈保证密封，与离合器鼓一起形成一个密封的环状液压缸，并通过离合器鼓内圆轴颈上的进油孔和控制油道相通。

钢片和摩擦片交错排列，两者统称为离合器片。钢片的外花键齿安装在离合器鼓的内花键齿圈上，可沿齿圈键槽进行轴向移动。摩擦片由其内花键齿和离合器毂的外花键齿连接，也可沿键槽进行轴向移动，摩擦片两面均有摩擦因数较大的铜基粉末冶金层或合成纤维层，受压力和温度变化影响很小，并且在摩擦衬面表面上都带有油槽，其作用是：一是接合时使油液能迅速由两片间挤出，减小接合时的油液阻力，达到接合反应快的目的；二是保证液流通过，以冷却摩擦表面。

离合器未接合时（图 2-14），活塞缸内没有油压，在回位弹簧的作用下，活塞推回到左侧，蓝色的钢片与红色的摩擦片之间因没有压力，互相间不产生摩擦力，离合器摩擦片与钢片脱开，不传递动力。单向阀内的止回球因左侧通道没有油压，而坐落在单向阀的球碗内，单向阀打开，钢片与摩擦片处的变速器油可通过单向阀向活塞缸卸出。

离合器接合时（图 2-15），变速器油注入活塞缸，推动单向阀止回球使该球封闭单向阀。这使活塞在缸内向右移动，迫使离合器钢片与摩擦片压紧接触，在摩擦力的作用下，钢片与摩擦片以相同速度旋转，即离合器接合，输入轴的动力通过钢片传递给摩擦片及齿圈。

离合器脱开时，活塞缸内的液压油被释放，缸内液压降低，这使止回球因失去压力而在离心力的作用下离开单向阀，同时缸内油液继续

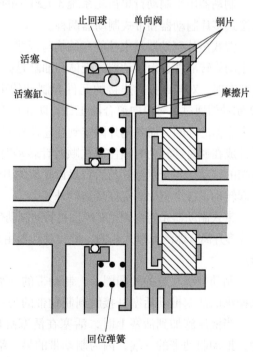

止回球　单向阀　钢片

活塞

活塞缸　　　　　　　　　　摩擦片

回位弹簧

图 2-14  离合器未接合时的状态（见彩插）

通过单向阀排出。活塞在回位弹簧的作用下回到原来的位置，使离合器脱开，如图 2-16 所示。

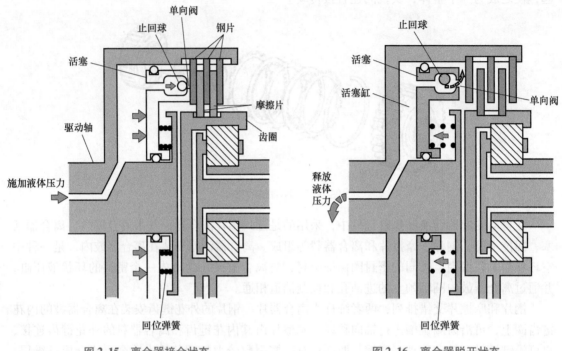

图 2-15　离合器接合状态　　　　　　　　　图 2-16　离合器脱开状态

### 3. 制动器

制动器用来制动行星齿轮系统 3 元件中的任意一个元件，以改变齿轮的组合。常用制动器有湿式多片制动器和带式制动器两种。

湿式多片制动器基本功能和结构与湿式多片离合器相似，其区别就在于离合器的壳体是一个主动旋转部件，而制动器的壳体和油缸是固定不动的，当多片制动器的钢片和摩擦片处于接合状态时，对与摩擦片连接的元件起制动约束作用。湿式多片制动器的结构如图 2-17 所示，B2 制动器通过 1 号单向离合器工作，防止前和后太阳轮逆时针转动，各摩擦片连接到 1 号单向离合器的外圈，而各钢片固定到变速器外壳上。1 号单向离合器的内圈（前和后太阳轮）被设计成在逆时针转动时锁住而在顺时针转动时能自由转动。B3 制动器的目的是防止后行星齿轮架的转动，各个摩擦片与后行星齿轮架的 B3 毂啮合，B3 毂和后行星齿轮架组成一个装置并一起转动，各个钢片固定在变速器外壳上。

带式制动器是将内侧粘有摩擦材料的制动带围绕在制动鼓上，又称为制动带。其摩擦材料与湿式多片离合器的摩擦片相同。带式制动器由制动鼓、制动带、液压缸和活塞组成，如图 2-18 所示。

制动带绕在鼓的外圆圈上，制动带的一端用销固定到自动变速器外壳上，另一端通过液压操纵的活塞推动活塞杆接触到制动带的另一端。

当液压施加到活塞上时，活塞在活塞缸内向左移动，压缩弹簧，活塞杆随活塞向左移动，推动制动带的一端，因为制动带的另一端是固定在自动变速器外壳上的，所以制动带的直径减小，使制动带夹紧在鼓上，从而使鼓不能转动。此时在制动带与鼓之间产生大的摩擦

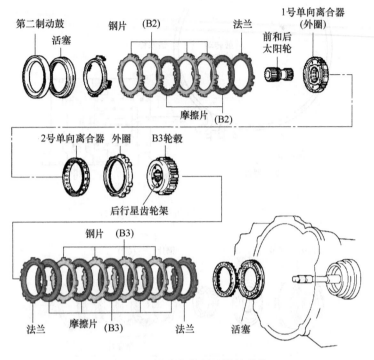

图 2-17 湿式多片制动器的结构

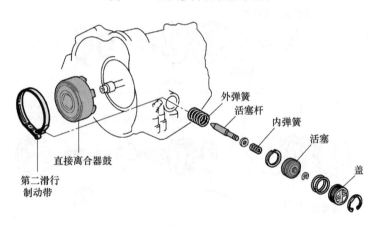

图 2-18 带式制动器的组成

力使鼓或一部分行星齿轮元件不能转动。当液压油从缸内排出时，活塞和活塞杆被外弹簧的力推回，使鼓被制动带拉开，同样，内弹簧有两个功能：吸收鼓的反作用力和减少制动带夹紧时产生的振动，如图 2-19 所示。

丰田 A140 离合器的结构如图 2-20 所示，连接和断开动力的离合器是 C1 和 C2，离合器 C1 的作用是将来自液力变矩器的动力传递到前齿圈（通过输入轴）。摩擦片与钢片交错排成直线。前齿圈用花键连接齿圈凸缘，前进档离合器鼓用花键连接直接档离合器毂。离合器 C2 将输入轴的动力传递到直接档离合器鼓（太阳轮）。摩擦片用花键连接到直接档离合器毂，钢片用花键连接到直接离合器鼓。直接离合器鼓与太阳轮输入鼓啮合，太阳轮输入鼓用花键连接到前和后太阳轮。离合器片、钢片和鼓 3 个装置一起转动。

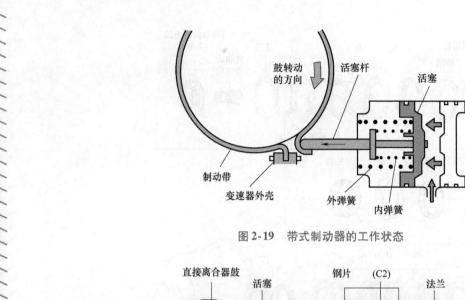

图 2-19　带式制动器的工作状态

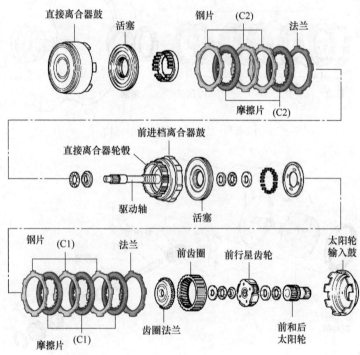

图 2-20　丰田 A140 离合器的结构

## 八、辛普森式行星齿轮变速器

辛普森式行星齿轮机构的特点是前、后两个行星齿轮排共用一个太阳轮，后排的齿圈和前排的行星架相连。它普遍应用于丰田汽车公司 A340、A140 系列、U240 系列变速器。图 2-21 所示为辛普森行星齿轮机构的连接方式和档位原理。

**1. 1 档**

1）输入轴通过 C1 使前排行星齿轮顺时针自转，如图 2-22 所示。

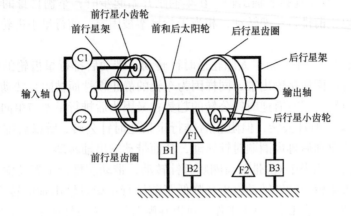

| | C1 | C2 | B1 | B2 | F1 | B3 | F2 |
|---|---|---|---|---|---|---|---|
| 1档("D"、"2"范围) | ● | ○ | ○ | ○ | ○ | ○ | ● |
| 发动机制动("L"范围) | ● | ○ | ○ | ○ | ○ | ● | ● |
| 2档("D"范围) | ● | ○ | ○ | ● | ● | ○ | ○ |
| 发动机制动("2"范围) | ● | ○ | ● | ● | ● | ○ | ○ |
| 3档 | ● | ● | ○ | ● | ○ | ○ | ○ |
| 倒档 | ○ | ● | ○ | ○ | ○ | ● | ○ |

运行 ●

图 2-21　辛普森行星齿轮机构的连接方式与档位原理（见彩插）

（C 为离合器，B 为制动器，F 为单向离合器）

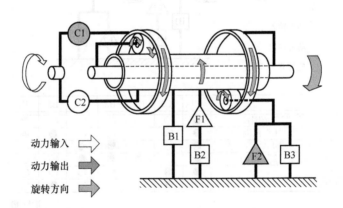

动力输入 ⇨
动力输出 ⇨
旋转方向 ⇨

| | C1 | C2 | B1 | B2 | F1 | B3 | F2 |
|---|---|---|---|---|---|---|---|
| 1档("D"、"2"范围) | ● | ○ | ○ | ○ | ○ | ○ | ● |
| 发动机制动("L"范围) | ● | ○ | ○ | ○ | ○ | ● | ● |
| 2档("D"范围) | ● | ○ | ○ | ● | ● | ○ | ○ |
| 发动机制动("2"范围) | ● | ○ | ● | ● | ● | ○ | ○ |
| 3档 | ● | ● | ○ | ● | ○ | ○ | ○ |
| 倒档 | ○ | ● | ○ | ○ | ○ | ● | ○ |

运行 ●

图 2-22　辛普森行星齿轮机构 1 档工作状态

2）由于前排行星架连接着输出轴，在车辆刚开始起步时，车辆自身的静止惯性是很大的，所以输出轴阻止前排行星架转动，相当于行星架被固定，前行星小齿轮自转使太阳轮逆时针转动。

3）在后排行星齿轮中，由于太阳轮逆时针转动，带动后排行星齿轮的行星小齿轮顺时针自转，因为后排齿圈连接输出轴，同样因为车辆的静止惯性而被阻止转动，所以后排行星小齿轮在顺时针自转的同时有逆时针公转的趋势；又因为后排行星架与单向离合器 F2 连接，F2 允许后排行星架顺时针公转，但阻止后排行星架逆时针公转，所以后排行星小齿轮只能顺时针自转，最终驱动后排齿圈顺时针转动，从而带动输出轴转动。

在车辆移动后，相当于 C1 带前齿圈顺时针转动，带动前排行星架及输出轴顺时针减速增矩转动，同时太阳轮逆时针转动，更加降低了前排行星架及输出轴的转速，增大了转矩，产生了更大的减速比。在 L 位，B3 工作，可以在顺时针、逆时针两个方向上固定后行星架，当车辆的速度可以反拖发动机的转速，起到发动机制动的作用。箭头长度表示转速，箭头宽度表示转矩，箭头越长，转速越快；箭头越宽，转矩越大。

**2. 2 档**

1）输入轴通过 C1 使前排齿圈顺时针转动，如图 2-23 所示。

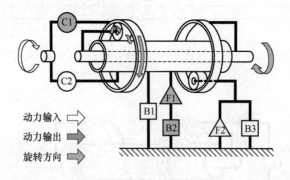

| | C1 | C2 | B1 | B2 | F1 | B3 | F2 |
|---|---|---|---|---|---|---|---|
| 1档（"D"、"2"范围） | ● | ○ | ○ | ○ | ○ | ○ | ● |
| 发动机制动（"L"范围） | ● | ○ | ○ | ○ | ○ | ● | ● |
| 2档（"D"范围） | ● | ○ | ○ | ● | ● | ○ | ○ |
| 发动机制动（"2"范围） | ● | ○ | ● | ● | ○ | ○ | ○ |
| 3档 | ● | ● | ○ | ○ | ○ | ○ | ○ |
| 倒档 | ○ | ● | ○ | ○ | ○ | ● | ○ |

运行 ●

图 2-23　辛普森行星齿轮机构 2 档工作状态

2）太阳轮被 B2 和 F1 固定。

3）在前排中，齿圈顺时针旋转，太阳轮固定，前排行星架将顺时针减速转动。

4）其减速比小于 1 档。因为在 1 档中，太阳轮逆时针转动，增大了减速比，而在 2 档中，太阳轮是固定的。

5）在 2 档时，B1 开始工作。在 B2 和 F1 工作时，太阳轮不能逆时针转动，但是可以顺时针转动。B1 工作时，太阳轮顺时针、逆时针都不能转动，所以输出轴的速度可以反拖发动机的转速，起到发动机制动的作用。

箭头长度表示转速，箭头宽度表示转矩，箭头越长，转速越快；箭头越宽，转矩越大。

## 3. 3 档

C1 和 C2 接合，输入轴的动力同时传到前排齿圈和太阳轮，前排的齿圈、行星架和太阳轮被连接成一个整体，转速都与输入轴相同，前排行星架与输出轴连接，输出轴转速等于输入轴，如图 2-24 所示。

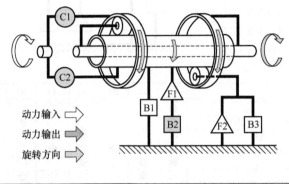

| | C1 | C2 | B1 | B2 | F1 | B3 | F2 |
|---|---|---|---|---|---|---|---|
| 1档("D"、"2"范围) | ● | ○ | ○ | ○ | ○ | ○ | ● |
| 发动机制动("L"范围) | ● | ○ | ○ | ○ | ○ | ● | ● |
| 2档("D"范围) | ● | ○ | ○ | ● | ● | ○ | ○ |
| 发动机制动("2"范围) | ● | ○ | ● | ● | ● | ○ | ○ |
| 3档 | ● | ● | ○ | ● | ○ | ○ | ○ |
| 倒档 | ○ | ● | ○ | ○ | ○ | ● | ○ |

运行 ●

图 2-24 辛普森行星齿轮机构 3 档工作状态

## 4. 倒档

1）输入轴通过 C2 将动力传给太阳轮。

2）太阳轮顺时针转动，后排行星架被 B3 固定，后排齿圈进行减速逆时针转动，为减速的倒档。

因倒档中没有使用单向离合器，当自动变速器在倒档时会产生发动机制动现象。

如图 2-25 所示，箭头长度表示转速，箭头宽度表示转矩，箭头越长，转速越快；箭头越宽，转矩越大。

### 九、拉维纳式行星齿轮变速器

大众汽车的 01M、01V，奔驰汽车的 722.5，三菱汽车的 F4A42，现代汽车的 KM175 等很多自动变速器以拉维纳结构作为基础。

大众汽车的 01M 拉维纳式自动变速器结构与档位图如图 2-26 所示。

拉维纳结构是一种行星齿轮组合形式，它的结构特点是：只有一个行星齿轮排，有一前一后两个太阳轮，有一长一短两种行星齿轮，两种行星齿轮共用一个行星架，只有一个齿圈，齿圈与长行星齿轮啮合，长行星齿轮与短行星齿轮啮合，短行星齿轮与小太阳轮啮合。拉维纳结构中的大太阳轮、长行星齿轮及齿圈可以看成普通的行星齿轮排是单级的一排，小太阳轮、短行星齿轮、长行星齿轮及齿圈可以看成是双级的一排，太阳轮通过两组行星齿轮

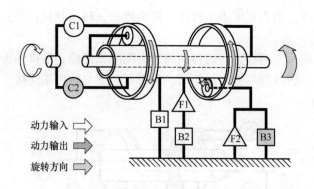

| | C1 | C2 | B1 | B2 | F1 | B3 | F2 |
|---|---|---|---|---|---|---|---|
| 1档（"D"、"2"范围） | ● | ○ | ○ | ○ | ○ | ○ | ● |
| 发动机制动（"L"范围） | ● | ○ | ○ | ○ | ○ | ● | ● |
| 2档（"D"范围） | ● | ○ | ● | ● | ● | ○ | ○ |
| 发动机制动（"2"范围） | ● | ○ | ● | ● | ○ | ○ | ○ |
| 3档 | ● | ● | ○ | ● | ○ | ○ | ○ |
| 倒档 | ○ | ● | ○ | ○ | ○ | ● | ○ |

运行 ●

图 2-25　辛普森行星齿轮机构倒档工作状态

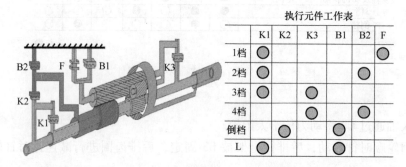

执行元件工作表

| | K1 | K2 | K3 | B1 | B2 | F |
|---|---|---|---|---|---|---|
| 1档 | ● | | | | | ● |
| 2档 | ● | | | | ● | |
| 3档 | ● | | ● | | | |
| 4档 | | | ● | | ● | |
| 倒档 | | ● | | ● | | |
| L | ● | | | ● | | |

图 2-26　大众汽车的 01M 拉维纳式自动变速器结构与档位图
（K 为离合器，B 为制动器，F 为单向离合器）

最终与齿圈啮合。在双级单排中，齿圈的当量齿数最大，行星架其次，小太阳轮当量齿数最小。在拉维纳单级单排中，仍然是普通的行星排的结构。它们之间同样遵守小齿数带动大齿数是减速、增矩输出的原理。

**1. D1 档**

1）如图 2-27 所示，D1 档时，K1 与 F 工作。涡轮的动力通过 K1 传到小太阳轮，使小太阳轮顺时针旋转。

2）短行星齿轮逆时针旋转，长行星齿轮顺时针旋转。

3）因为齿圈连接输出轴，车辆静止时有很大的惯性，所以齿圈暂时不转。

4）因为齿圈不转，所以长行星齿轮顺时针自转，随着行星架绕齿圈逆时针公转。此时单向离合器 F 起作用，阻止行星架逆时针转动。长行星齿轮只能顺时针自转，最终驱动齿圈顺时针转动。

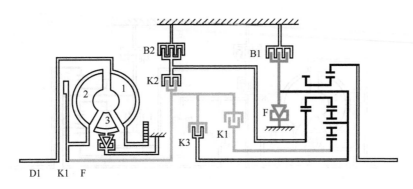

图 2-27　01M 变速器拉维纳结构 D1 档（见彩插）

5）齿数最小的小太阳轮驱动齿数最大的齿圈，所以 D1 档是减速比最大的档位。

**2. D2 档**

1）如图 2-28 所示，K1 与 B2 工作，输入轴连接小太阳轮，大太阳轮被 B2 固定。

2）小太阳轮顺时针旋转，短行星齿轮逆时针旋转，长行星齿轮顺时针旋转。

3）因为大太阳轮被固定，所以长行星齿轮顺时针自转时，必须绕大太阳轮公转。

4）D2 档的速度在 D1 档速度的基础上增加了长行星齿轮绕大太阳轮公转的速度，同样是减速档，但是比 D1 档快。

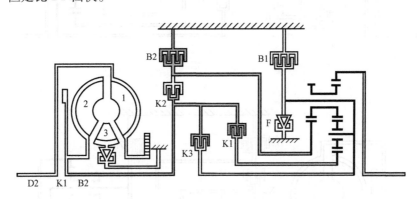

图 2-28　01M 变速器拉维纳结构 D2 档

**3. D3 档**

1）如图 2-29 所示，K1 与 K3 工作，输入轴连接小太阳轮与行星架。

2）在拉维纳的后半部分中，有小太阳轮、行星架与齿圈 3 个元件，其中任意两个元件速度相同，则整个行星排将连成一个整体。

3）整个行星排成为一个整体，转速与输入轴相同，所以是直接档。

**4. D4 档**

1）如图 2-30 所示，K3 与 B2 工作，输入轴将动力传入行星架，大太阳轮被固定。

2）从拉维纳结构的前排分析，行星架主动，大太阳轮固定，齿圈将做增速输出，为超速档。

**5. R 档**

1）如图 2-31 所示，K2 与 B1 工作。输入轴将动力通过 K2 传入大太阳轮，行星架被 B1 固定。

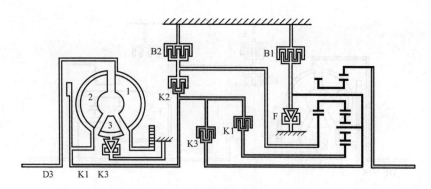

图 2-29　01M 变速器拉维纳结构 D3 档

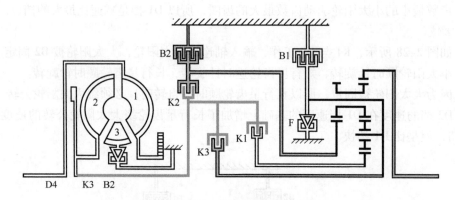

图 2-30　01M 变速器拉维纳结构 D4 档

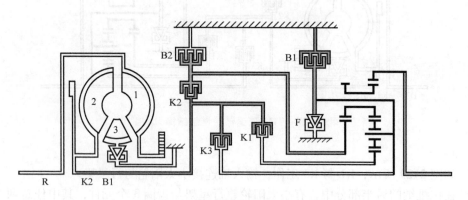

图 2-31　01M 变速器拉维纳结构 R

2）在单级单排中，大太阳轮顺时针转动，行星架固定，齿圈做反向减速输出，即为倒档。

**离心液压消除离合器**

在常规的离合器中，为了防止离合器释放油液时，作用在活塞液压室中的一部分油液在离心力的作用下聚集在液压室内表面的外侧而对离合器产生一定压力，配备了一只单向阀用于释放油液。因此，在继续使离合器起作用之前，需要一定时间让油液充满活塞液压室。

在换档期间，需要精确的油压，除了阀体控制的压力外，注入活塞液压室内的油液也使液压系统压力产生波动，为了消除这种影响，相对于活塞液压室，配有一个离心力消除液压室。该室内的液压油在高速旋转中施加了方向相反的离心力，于是消除了作用于活塞本身的离心力。

因此，没有必要利用单向阀释放油液，而使离合器获得高灵敏度和平稳的换档特性，如图 2-32 所示。

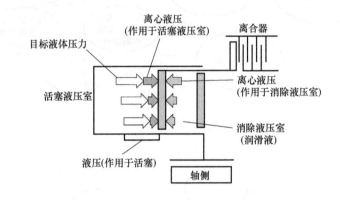

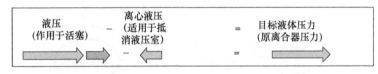

图 2-32 离心液压消除离合器

## 一、行星齿轮变速机构故障分析

### 1. 故障分析

当行星齿轮变速机构发生故障时，可能的故障原因如图 2-33 所示。故障原因有行星齿轮断齿、行星齿轮烧结、行星齿轮与行星架间隙大、离合器或制动器片烧蚀、离合器或制动器间隙不正常、离合器或制动器活塞密封圈漏油、离合器或制动器回位弹簧损坏、单向离合器损坏、止动垫片或轴承磨损过度等。

### 2. 故障现象

行星齿轮变速机构出现故障后，会使齿轮传动和换档过程中的振动和噪声发生明显变化，还会导致升降档的不正常，会出现图 2-34 所示的故障现象。

## 二、行星齿轮变速机构故障检修

下面以丰田卡罗拉轿车 U340E 自动变速器为例，讲述自动变速器行星齿轮变速机构的故障诊断过程。

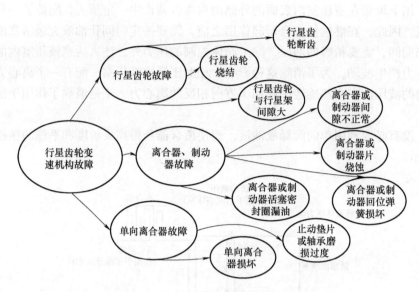

图 2-33　行星齿轮变速机构故障原因

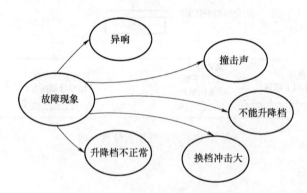

图 2-34　行星齿轮变速机构故障现象

### 1. 检查止动垫片和滚针轴承的磨损情况

从输入轴及前进档离合器鼓等处拆下止动垫片及滚针轴承，检查中间轴总成的轴向间隙，轴向间隙正常应在 0.204~0.966mm 范围内。如果轴向间隙不符合规定，选择并更换离合器鼓滚针轴承或止动垫片，如图 2-35 和图 2-36 所示。

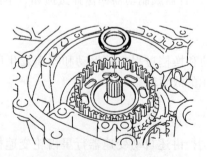

图 2-35　检查前进档离合器鼓止动垫片

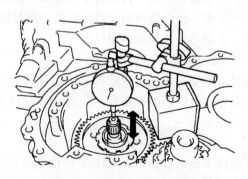

图 2-36　检查中间轴总成间隙

**2. 检查单向离合器单向锁止情况**

固定住后行星太阳轮，转动单向离合器，确保单向离合器能逆时针自由转动，顺时针旋转时锁止，如图 2-37 所示。

**3. 检查离合器、制动器摩擦片**

检查离合器、制动器摩擦片表面是否有严重磨损和烧蚀现象，如图 2-38 所示。如果摩擦片衬片剥落或变色，或者印制有编号的部分被损坏，则更换该离合器或制动器中所有的摩擦片。组装新摩擦片前，需将其浸泡在 ATF 中至少 15min。

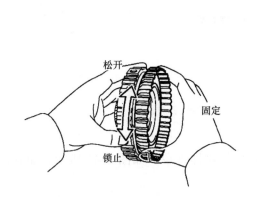

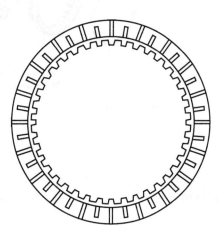

图 2-37　检查单向离合器锁止性能　　　图 2-38　检查离合器、制动器摩擦片

**4. 检查离合器或制动器回位弹簧**

用游标卡尺测量回位弹簧连同弹簧座的自由长度，如图 2-39 所示。1 档和倒档制动器的回位弹簧标准自由长度为 13.96mm。

**5. 检查离合器、制动器的间隙**

从后侧压住摩擦片与钢片，用百分表测量离合器与制动器的装配间隙，如图 2-40 所示。1 档和倒档制动器的装配间隙为 0.806 ~ 1.206mm。如果间隙不在规定范围内，选择一个新的制动器或离合器法兰压板。

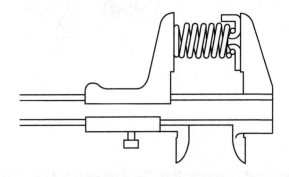

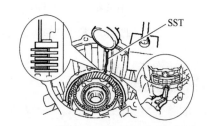

图 2-39　检查离合器、制动器回位弹簧　　　图 2-40　测量离合器与制动器的装配间隙

**6. 检查离合器、制动器活塞密封圈**

检查离合器、制动器活塞密封圈是否破损和漏油，如图 2-41 所示。

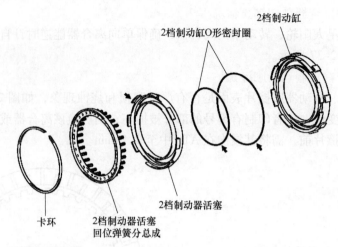

图 2-41　检查离合器、制动器活塞密封圈

**7. 检查行星齿轮断齿、烧蚀状态**

检查行星齿轮机构是否有断齿、缺齿以及齿轮烧蚀现象，如图 2-42 所示。如有，应更换。

**8. 检查行星齿轮与行星架间隙**

检查行星齿轮与行星架间隙，如图 2-43 所示。行星齿轮与行星架的标准间隙为 0.20 ~ 0.60mm，极限值为 1mm。各种自动变速器标准值不同，可用手转动行星齿轮感觉其与行星架的松旷程度。

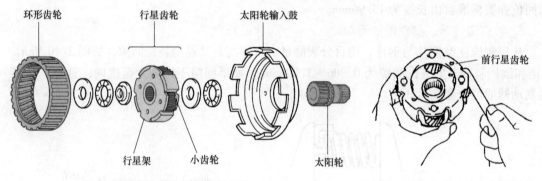

图 2-42　检查行星齿轮机构　　　　　图 2-43　检查行星齿轮与行星架间隙

 情境分析

**1. 故障现象**

一辆丰田卡罗拉轿车，装备 U340E 自动传动桥。发动机起动后，变速杆由 N 位挂入 D 位时滞较长，换档速度慢，舒适度差。

**2. 故障诊断与排除**

1）在发动机怠速运转情况下换档，感觉到冲击之前有一定的时滞。

2）将智能检测仪连接到车辆诊断接口，查看 ATF 温度。当 ATF 温度在 $50 \sim 80\,^{\circ}\mathrm{C}$ 之间时，进行换档测试，计算时滞时间。一共进行 3 次测试，每次测试间隔 1min，计算 3 个时滞的平均值。N 位换入 D 位的时间少于 1.2s，N 位换入 R 位的时间少于 1.5s 为正常。检查结果是存在换档时滞现象。

3）若时滞过长，先检查管路压力是否过低，如图 2-44 所示。在 ATF 的温度为 $50 \sim 80\,^{\circ}\mathrm{C}$ 时测试管路油压。拆下自动变速器壳左前侧的检测螺栓并连接油压表 SST，怠速油压在 D 位时正常值为 $372 \sim 412\mathrm{kPa}$，R 位时正常值为 $553 \sim 623\mathrm{kPa}$。失速油压在 D 位时正常值为 $1120 \sim 1230\mathrm{kPa}$，R 位时正常值为 $1660 \sim 1870\mathrm{kPa}$。如果仅在 D 位时油压偏低，则可能是 D 位油路漏油或前进档离合器故障；如果仅在 R 位油压偏低，则可能是 R 位油路漏油、倒档离合器故障或 1 档和倒档制动器故障。检查结果为 D 位与 R 位油压正常。

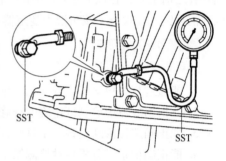

4）继续拆卸检查前进档离合器摩擦片，检查离合器摩擦片表面是否有严重磨损或烧蚀现象。经检查前进档离合器摩擦片磨损正常，未有明显烧蚀现象。

图 2-44 检查自动变速器的油压

5）拆卸并检查 2 号单向离合器。该单向离合器外观良好，用手转动时，一个方向转动顺畅，另一个方向锁止，看似正常，但换档时滞故障其他的故障点都已排除，所以将 2 号单向离合器固定在台架上，进行反向加力实验，结果发现在施加较大的力时，2 号单向离合器会打滑，无法良好地单向锁止。更换 2 号单向离合器后，换档时滞正常，故障排除。

**3. 故障原因分析**

2 号单向离合器用手转动，看似正常，但受到比较大的转矩时，无法锁止前排齿圈和后排行星架，导致 D 位动力输出打滑，产生明显时滞现象。

**学习小结**

1）行星齿轮机构传动规律如下：

① 在一个单排行星齿轮机构中，行星架的当量齿数最大，齿圈其次，太阳轮最小。

② 小齿轮驱动大齿轮时，输出的转矩增大，转速降低。

③ 大齿轮驱动小齿轮时，输出的转矩减小，转速升高。

④ 两个外齿轮啮合时，转动方向相反。

⑤ 一个外齿轮与一个内齿轮啮合时，转动方向相同。

2）辛普森式行星齿轮机构的特点是前、后两个行星齿轮排共用一个太阳轮，后排的齿圈和前排的行星架相连。

3）拉维纳结构中的大太阳轮、长行星齿轮及齿圈可以看成普通的行星齿轮排是单级的一排，小太阳轮、短行星齿轮、长行星齿轮及齿圈可以看成是双级的一排，太阳轮通过两组行星齿轮最终与齿圈啮合。在双级单排中，齿圈的当量齿数最大，行星架其次，小太阳轮的当量齿数最小。

 液压控制系统故障检修

一辆丰田卡罗拉轿车，装备 U340E 自动变速器。驾驶人发现近期同样使用条件下，该车油耗较之前上升，在以大于 60km/h 的较高车速行驶中加速，发动机转速上升很快，车辆加速较之前迟钝。经检查，该车液力变矩器丧失锁止功能。更换阀体后，故障排除。

1. 能通过与客户交流、查阅相关维修技术资料等方式获取车辆信息。
2. 能根据故障现象制订正确的维修计划。
3. 能正确选择诊断设备、工具对自动变速器液压控制系统故障进行诊断。
4. 能正确记录、分析各种检测结果并做出故障判断。
5. 能按照正确操作规范进行自动变速器液压控制系统的故障排除。
6. 能根据环保要求，正确处理对环境和人体有害的废料和损坏的零部件。

理论知识

### 一、综述

自动变速器的自动控制是依靠液压控制系统来完成的，液压控制系统由动力源、液力变矩器和液压阀板及管路组成。

动力源是由液力变矩器泵轮驱动的油泵。其具有 3 个主要作用：分别是向控制机构、执行机构供给液压油，以实现换档；给液力变矩器提供冷却油；向行星齿轮机构供给润滑油液。

液压阀板大体包括主油路系统、换档信号系统、换档阀系统和缓冲安全系统。根据其换档信号系统和换档阀系统采用的是全液压元件还是电子控制元件，还可将液压控制系统分为液控式和电控式两种。

### 二、液力变矩器的作用与结构

液力变矩器早在 20 世纪 40 年代就开始使用了。液力变矩器是靠液力传递动力和转矩的装置，相当于手动变速器里的离合器。液力变矩器与行星齿轮变速器组合在一起，就形成液力机械变速器，是自动变速器的主要组成部分。

**1. 汽车上使用液力变矩器的优点**

汽车上使用液力变矩器的优点如下：

1）柔和地传递转矩：液体在传力的同时，可以比机械传动更有效地吸收振动。变矩器与摩擦式离合器不同之处是在停车时不用脱开传动系统，也能维持发动机的怠速工作。

2）低速区域内增矩：汽车起步时所需的转矩很大，运行中逐渐减小。变速器低速时增矩，

主要依靠变矩器，所以汽车在低速时速度上不去，中、高速后汽车加速良好，是典型的液力变矩器故障。

3）充当发动机的飞轮：液力变矩器前端安装在位于曲轴后端的挠性板上，挠性板设计得具有足够的弹性，以允许液力变矩器受热或受压时的膨胀以及冷却时收缩带来的前后移动。变矩器自身与变矩器内部油液及挠性板联合在一起相当于发动机的飞轮。

4）驱动自动变速器的油泵：大部分汽车自动变速器的油泵由变矩器直接驱动。

5）起动发动机的齿圈可以直接焊在变矩器壳上：在起动时起作用。

**2. 液力变矩器的结构**

液力变矩器通常由泵轮、涡轮和导轮组成，如图 2-45 所示。其中，泵轮用螺栓联接到发动机曲轴端的凹缘上，为主动件。涡轮为输出部分，与变速系统的输入轴相连。液力变矩器以 ATF 作为介质把来自发动机的转矩倍增后传给行星齿轮机构，液力变矩器能够改变转矩大小的关键在于装了一套导轮机构。导轮装于单向离合器上，使导轮只能向一个方向转动。在变矩器油循环流动过程中，导轮给了涡轮一个反作用力矩，使涡轮输出的转矩不同于泵轮输入的转矩。发动机转动带动泵轮转动，迫使其内部 ATF 强有力地从泵轮甩出至涡轮叶片，带动涡轮转动，同时在导轮的作用下增大涡轮获得的转矩。

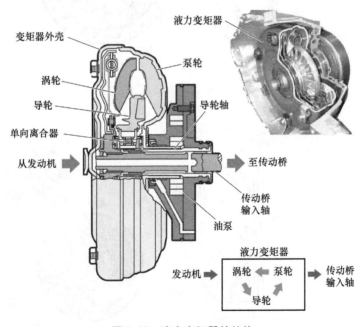

图 2-45　液力变矩器的结构

（1）泵轮　泵轮是变矩器的主动元件，它的叶片直接固定在变矩器壳上，很多曲线形的叶片安装在泵轮内侧，一个导环安装在叶片的内边缘，为平稳的液流提供通道，如图 2-46 所示。泵轮是变矩器的输入装置，它总是以发动机转速转动，同时它还驱动油泵。

（2）涡轮　涡轮是变矩器的输出元件与变速器的输入轴相连。涡轮被来自泵轮的 ATF 驱动。涡轮表面的叶片与泵轮的叶片相对，泵轮和涡轮内都有叶片，但是其叶片的方位相反，两者之间有很小的间隙，如图 2-47 所示。

（3）导轮　导轮是液力变矩器的反作用力元件。导轮的直径大约是泵轮或涡轮直径的一半，并且位于泵轮与涡轮之间（图2-48）。导轮与泵轮或涡轮之间没有机械连接，而是安装在涡轮的出口与泵轮的入口之间。所有从涡轮返回到泵轮的液流都要经过导轮。导轮使涡轮引导的液流改变方向返回到泵轮。改变了方向的液流与发动机的转动方向一致，可使泵轮的转动更有效。导轮支撑在以花键与导轮轴连接的单向离合器上，其导轮轴从变速器前端伸出。单向离合器使导轮只能与泵轮同向转动。当泵轮与涡轮达到偶合器工作状况时，单向离合器允许导轮空转。

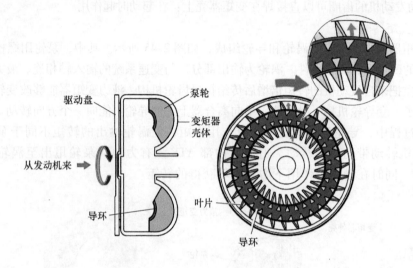

图 2-46　泵轮的结构（见彩插）

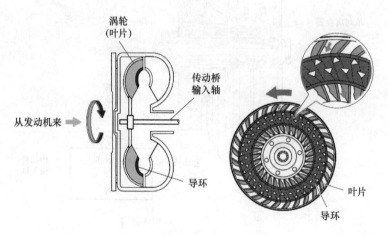

图 2-47　涡轮的结构（见彩插）

### 三、液力变矩器的工作原理

#### 1. 液力偶合器的工作原理

在液力偶合器中，当泵轮随飞轮转动时，由于离心力的作用液流沿泵轮叶片间的通道向外缘流动，外缘油压高于内缘油压，液流从泵轮外缘冲向涡轮外缘，又从涡轮内缘流入泵轮内缘，如图2-49所示。

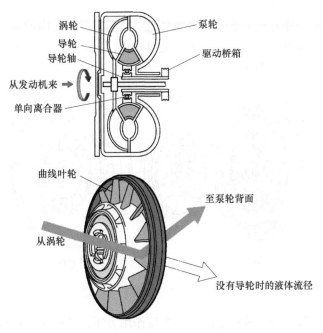

图 2-48　导轮的结构（见彩插）

在轴向断面（循环圆）内液体流动形成循环流，称为涡流。因涡流的产生，液流冲向涡轮使两轮之间产生牵连运动，涡轮产生绕轴旋转的转矩，循环圆内的液体绕轴旋转形成"环流"。上述两种液流的合成，形成一条首尾相接的螺旋流，如图 2-50 所示。只有当涡轮的转矩大于汽车的行驶阻力矩时，汽车才能行驶。

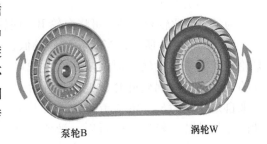

泵轮B　　　　涡轮W

图 2-49　液力偶合器的工作原理图

液力偶合器只有存在环流运动时才能传递动力，只有泵轮和涡轮存在转速差才能存在环流运动（转速差越大，传递的转矩越大），而且只能传递转矩，不能改变转矩。

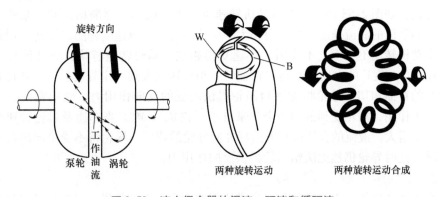

旋转方向

泵轮　工作油流　涡轮

两种旋转运动

两种旋转运动合成

图 2-50　液力偶合器的涡流、环流和循环流

**2. 液力变矩器的工作原理**

发动机运转时带动液力变矩器的壳体和泵轮一同旋转，泵轮内的工作油在离心力的作用下由泵轮叶片外缘冲向涡轮，并沿涡轮叶片流向导轮，再经导轮叶片流回泵轮叶片内缘，形成循环的工作油流，如图 2-51 所示。

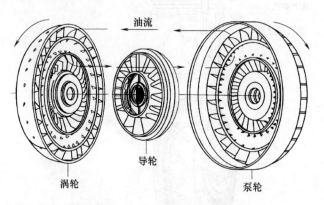

图 2-51 液力变矩器内部液流

在液流循环流动过程中，导轮给涡轮一个反作用力矩，从而使涡轮输出力矩不同于泵轮输入力矩，具有"变矩"功能。导轮的作用是改变涡轮的输出力矩。

**3. 变矩分析**

为了方便比较和理解，可将泵轮 B、涡轮 W 和导轮 D 的叶片展开，按液流顺序排列。

1）如图 2-52 所示，当涡轮转速较低，泵轮转速大于涡轮转速时，液流在泵轮叶片的带动下冲向涡轮叶片，给涡轮叶片一个来自泵轮的力 $F_B$。液流流过涡轮叶片后冲向导轮叶片，经过导轮折射，液流对涡轮产生反向冲击力 $F_D$，$F_B$ 与 $F_D$ 产生的合力 $F_W$ 即为涡轮叶片受到的力，该力大于单纯由泵轮产生的力。

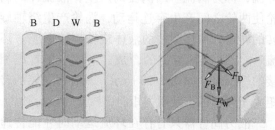

图 2-52 涡轮受到的力的分解

2）车辆起步后，涡轮转速逐渐增大时，由泵轮产生的冲击涡轮叶片的液流合速度方向随着发生变化，如图 2-53 所示。当发动机转速维持不变而车速逐渐增加时，泵轮产生的冲击涡轮叶片的液流的涡流速度 $V_a$ 的方向和大小保持不变，环流速度 $V_b$ 随涡轮转速增加而逐渐增大。当发动机转速不变而 $V_a$ 不变时，车速变得越快，涡轮转速越快，则环流 $V_b$ 的速度越大，$V_a$ 与 $V_b$ 的合速度 $V_c$ 的方向逐渐逆时针偏转。当 $V_b$ 速度大到一定程度后，合速度 $V_c$ 的方向与导轮叶片的背面相切，导轮将无法给涡轮提供液流的反向作用力。变矩器此时为偶合状态，失去变矩作用，涡轮受到的力矩全部来自泵轮 $M_W = M_B$。当车速及涡轮转速继续提高时，$V_b$ 进一步增大，液流的合速度 $V_c$ 方向将冲向导轮的背面，导轮将不受单向离合器的约束而自由旋转，此时导轮仍然无法给涡轮提供反向作用力。

**4. 液力变矩器的性能**（图 2-54）

液力变矩器产生的转矩倍增是与涡流成比例地增大，也就是说，涡轮停转时受到的转矩最大。

液力变矩器的工作分为以下两个工作区：

（1）变矩区 在变矩区内，转矩发生倍增。当涡轮转速为零时，涡轮受到的转矩最大，约为泵轮转矩的 2 倍。随着涡轮转速增加，转矩的增大倍数逐渐减小，当涡轮与泵轮的速度比约为0.8 时，涡轮受到的转矩不再被放大，转矩比为 1。

（2）偶合区 在偶合区只有转矩传递而不产生转矩倍增。偶合点是这两个区之间的分界线，也是导轮不产生反向作用力而自由旋转的界点。

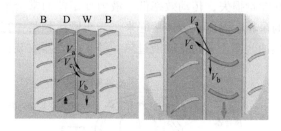

图 2-53 液流合速度方向 $V_c$ 的变化趋势

液力变矩器的效率是随着速度比的增加而逐步增大的。当涡轮转速为 0 时，液力变矩器效率为 0。随着速度比增加，效率逐步提高，达到偶合点时液力变矩器的效率接近 80%。在偶合区，液力变矩器效率继续提高，但是传动效率最终无法达到100%，一般约为 95%，这个能量损失是由油液中产生的热和摩擦产生的热造成的。

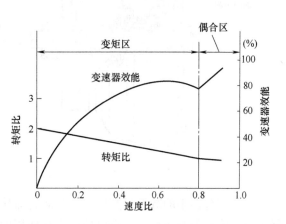

图 2-54 液力变矩器的性能

所以随着涡轮转速提高，速度比增加，液力变矩器的变矩性能逐步下降，传动效率逐步提高。

$$转矩比 = 涡轮输出力矩/泵轮输入力矩 \qquad (2-2)$$
$$变速器效能 = 涡轮输出/泵轮输入 \qquad (2-3)$$
$$速度比 = 涡轮速度/泵轮速度 \qquad (2-4)$$

**5. 失速点和偶合点**（图 2-55）

（1）失速点 失速点是指涡轮不运动的情况，泵轮和涡轮之间的转速差最大。液力变矩器的最大转矩比位于失速点（一般在1.7~2.5 范围内），传递效率为 0。

（2）偶合点 当涡轮开始转动和转速增加时，涡轮和泵轮之间的转速差开始减小，但此时传动效率增加，传动效率在刚到偶合点之前最大。当转速比达到规定的水平时，转矩比几乎为1:1。换言之，导轮在偶合点开始旋转而液力变矩器像液力偶合器一样开始工作，以防转矩比降至 1以下。

**6. 锁止离合器**

液力变矩器依靠 ATF 传递动力，存

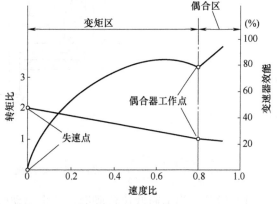

图 2-55 失速点和偶合点

在能量损失，传动效率低。液力变矩器通常会增加一个锁止离合器，其功用是把液力变矩器的泵轮、涡轮刚性连接起来。当车辆达到某一行驶速度时，锁止离合器可以提高传动效率和燃油效率，并防止油液过热。锁止离合器安装在涡轮毂上，在涡轮的前面，如图2-56所示。

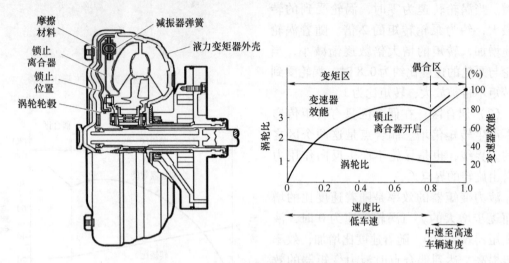

图2-56　锁止离合器的结构和使用条件

锁止离合器中的减振弹簧用以吸收离合器接合时的转矩，以减少产生的振动。锁止离合器上的摩擦材料与制动器、离合器摩擦片使用的材料相同，粘接到液力变矩器外壳或锁止活塞上，防止锁止离合器接合时打滑。

当锁止离合器接合时，其与涡轮和泵轮一起转动（图2-57）。锁止离合器的接合与脱开是在车辆达到一定行驶速度时由液力变矩器中的液流方向确定的。液流方向变化是由锁止继动阀的动作而产生变化的。

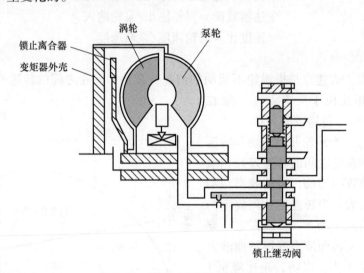

图2-57　锁止离合器运行原理图

（1）脱开　当车辆低速行驶时，锁止继动阀顶端油压较高，推动锁止继动阀向下移动，ATF通过锁止继动阀流至锁止离合器的前侧，再从前侧进入泵轮和涡轮的叶片中，最终通过锁止继动阀流至机油冷却器。锁止离合器前侧和后侧的压力相等，锁止离合器脱开，如图 2-58 所示。

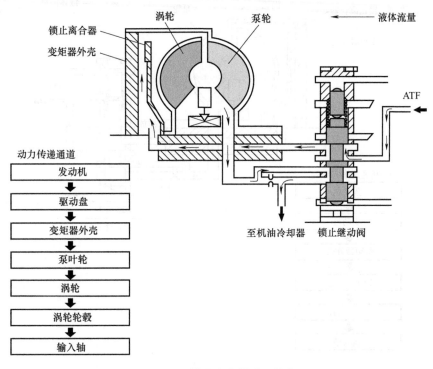

图 2-58　锁止离合器脱开状态

（2）接合　当车辆以中速或高速（一般大于 60km/h）恒速行驶时，锁止继动阀底部油压较高，推动锁止继动阀向上移动，ATF 通过锁止继动阀从泵轮和涡轮的工作腔流入变矩器，腔内油压较高，将锁止离合器紧压在变矩器外壳内侧，产生摩擦力。锁止离合器与变矩器外壳之间的 ATF 通过锁止继动阀排入 ATF 油底壳中。变矩器外壳和锁止离合器直接连接。结果是锁止离合器带动涡轮和变矩器壳及泵轮一起转动，锁止离合器接合，如图 2-59 所示。

### 四、液压控制系统的组成与作用

1）自动变速器的液压控制系统包含的主要零部件有油泵、阀体、主调压阀、手动阀、换档阀、电磁阀和节流阀等，如图 2-60 所示。

2）液压控制系统主要有以下 3 种功能：

① 产生液压功能。油泵通过液力变矩器壳（发动机）的驱动产生自动变速器正常运转所需的液压。

② 调节液压。油泵产生的液压由主调压阀调节。节流阀用来节流出与发动机输出相适应的液压。

③ 将液压通往换档齿轮（使离合器和制动器工作）。当行星齿轮机构的离合器和制动器的运转被接通或断开时，行星齿轮机构内部各元件会进行相应接合和断开而产生各个档位。液压通道由手动阀的换档位置形成。当车速发生变化时，车辆行驶状态被各个传感器采集发送至发动机和自动变速器 ECU，经处理后将控制信号发出并传送到电磁阀。电磁阀操纵各个换档阀换档。

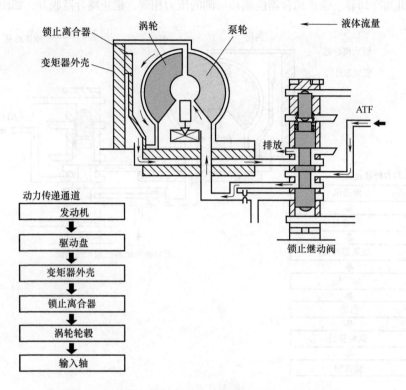

图 2-59　锁止离合器接合状态

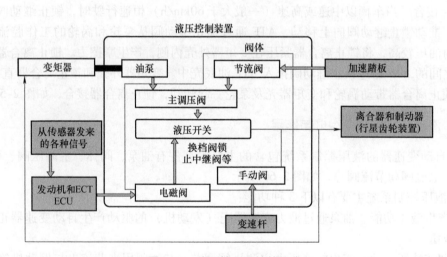

图 2-60　液压控制系统的组成

## 五、油泵

油泵是自动变速器最重要的总成之一，其技术状态的好坏对自动变速器的使用性能及使用寿命有很大的影响。油泵的作用是输送所需压力的 ATF 至液力变矩器，向液压控制系统提供工作压力，润滑行星齿轮机构。油泵通常装在变矩器后端，由变矩器的泵轮通过轴套驱动（与发动机同速）。常见的油泵有内啮合齿轮泵、摆线齿轮泵和叶片泵等定量泵，也有少数车型采用变量叶片泵。

**1. 内啮合齿轮泵**

内啮合齿轮泵具有尺寸小、重量轻、流量脉动小和噪声小的特点，在自动变速器中应用最为普遍。它主要由主动齿轮、从动齿轮、泵体和后盖等组成，如图 2-61 所示。

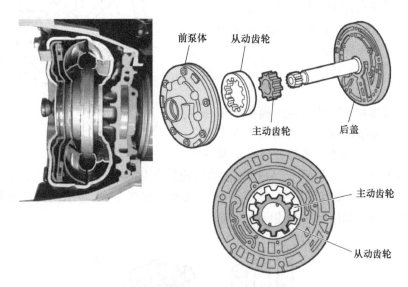

图 2-61 内啮合齿轮泵的结构

当小齿轮被发动机带动做逆时针旋转时，与其相啮合的内齿从动齿轮一起旋转。在左端的吸油腔随着齿轮退出啮合容积增大，形成局部真空，将 ATF 吸入，由于齿轮旋转，把齿间的油液带到压油腔。压油腔由于齿轮进入啮合，工作容积减小，压力增加而将油液压出，如图 2-62 所示。

决定该油泵使用性能的主要是齿轮的工作间隙，特别是齿轮端面间隙影响最大。在这些间隙处，总有一定的油液泄漏。如果因装配或磨损的原因使工作间隙过大，油液泄漏量就会增加，严重时会造成输出油液压力过低，影响系统正常工作。

图 2-62 内啮合齿轮泵的工作原理图

**2. 叶片泵**

叶片泵由配油盘、转子、定子、叶片和壳体等组成，如图 2-63 所示。叶片泵具有结构紧凑、流量均匀、使用寿命长等优点，但对油质比较敏感。定子内表面为圆柱形，转子上有均匀分布的径向狭槽。矩形叶片安装在槽内，可在槽内滑动。转子与定子偏心距为 $e$，在定子和转子的两个端面装有配油盘，盘上开有吸油腔和排油窗口，分别与泵壳上的进、出油口相通。转子旋转时，叶片靠离心力及叶片槽底液压油的作用紧贴在定子内壁上。这样，两相邻的叶片与定子内表面、转子外表面及两端面配油盘间构成了若干个密封的工作容积。当转子按逆时针方向旋转时，右边的叶片逐渐伸出，相邻两叶片间的容积逐渐增大，形成局部真空，油液经配油盘的吸油窗口进入工作容积，即吸油过程。左边的叶片被定子的内表面逐渐

**65**

压进槽内，工作容积逐渐减小，将油液经排油窗排出，即排油过程。在吸油区和排油区之间各有一段封油区把它们隔开。这种转子每转一周，每个密封工作容积吸、排油各一次，故称为单作用叶片泵。

如果改变转子与定子的偏心距，也就改变了吸排油腔的大小，油泵的输出流量就会变化，此即变量泵的工作原理。

### 六、阀体

阀体由上阀体和下阀体组成。阀体类似一个迷宫，包含很多液压油流经的通道。很多阀装在这些通道内，控制液压流量并将液流从一

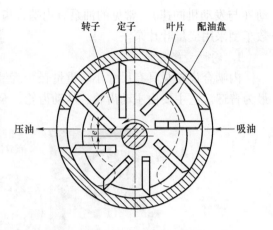

图 2-63  叶片泵的结构与工作原理图

个通道切换到另一个。丰田轿车 A140E 自动变速器阀体包含主调压阀、手动阀、换档阀（1-2、2-3、3-4）、电磁阀（1 号、2 号）和节流阀，如图 2-64 所示。阀的数量取决于型号，有些自动变速器阀体配有上述以外的阀。

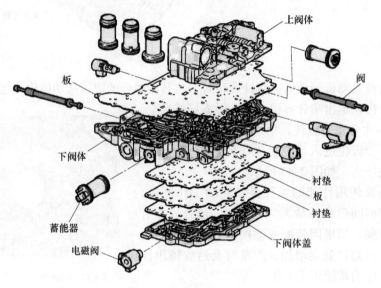

图 2-64  阀体的组成

#### 1. 主调压阀

自动变速器的油泵由发动机直接驱动，油泵的理论泵油量和发动机的转速成正比，为了保证自动变速器正常工作，油泵的泵油量应在发动机处于最低转速工况时也能满足自动变速器各部分的需要，并保证油路中有足够高的油压，以防止油压过低，使离合器、制动器打滑，影响自动变速器动力传递。由于发动机的怠速转速和最高转速相差很大，因此当发动机高速运转时，油泵的泵油量将大大超过自动变速器所需的油量，导致油压过高，增加发动机的负荷，造成换档冲击。因此，必须在油路中设置一个油压调节装置（称为主调压阀），使

油泵的泵油压力始终稳定在一定的范围内，以满足自动变速器各种工况对油路油压的要求。

如图 2-65 所示，当来自油泵的油压升高时，液压油通过主调压阀上部柱塞中间的通孔流入上部柱塞的顶部，使上部柱塞向下移动。上部柱塞向下移动到一定程度，会使柱塞打开排油口排油，降低来自油泵的油路液压，而使来自油泵的液压保持在一定压力范围内。

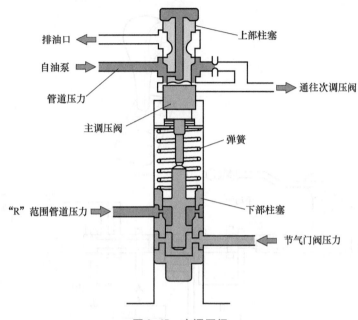

图 2-65　主调压阀

当车辆加速踏板被更多地踩下时，节气门开度增加，发动机输出功率增大，来自节气门阀的液压力升高，推动主调压阀下部柱塞向上移动。下部柱塞与上部柱塞通过弹簧连接传力，当下部柱塞向上的力足够大时，会把弹簧压缩到一定的量，使上部和下部柱塞的推杆接触到一起。上部柱塞在下部柱塞的推动下，向上移动，逐渐关小上部柱塞与排油口的缝隙，使来自油泵的油路油压升高，防止在加速时离合器和制动器打滑。

当挂入 R 位时，R 位管路油压进入主调压阀下部柱塞的环形油腔中，该油腔上表面面积大于下表面面积，R 位油压推动柱塞向上移动，逐渐关闭上部柱塞与排油口的缝隙，来自油泵的管路油压升高，防止大传动比倒档动力输出时离合器和制动器打滑。

**2. 手动阀**

手动阀与变速杆和拉杆或拉索相连，当变速杆在 P 位、R 位、N 位、D 位、2 档、L 位间变化时，手动阀随之移动，实现油路转换，使自动变速器处于不同的工作范围。

P 位：如图 2-66 所示，当前手动阀的位置是 P 位。液压管路压力通过手动阀流入 B3 制动器。

R 位：将变速杆移动到 R 位，手动阀向右移动，将 R 油道与管路液压油道接通。液压管路来的油压流入 B3 制动器，同时流入 R 范围油道，最终流入 C2 离合器。

N 位：将变速杆移动到 N 位，手动阀继续向右移动一步，手动阀的中间柱塞将管路压力的油口堵住，液压油无法通过手动阀流入各个离合器或制动器，所以是空档。

D 位：将变速杆移动到 D 位，手动阀继续向右移动一步，手动阀的中间柱塞继续向右移动，打开管路压力油口，使液压油流入手动阀中间柱塞的左侧。管路液压油流入 C1 离合器。

2 档：手动阀继续向右移动一步，管路液压油不但流入 C1，还流入 B1。

L 位：手动阀继续向右移动一步，管路液压油流入 C1 的同时流入 B3。

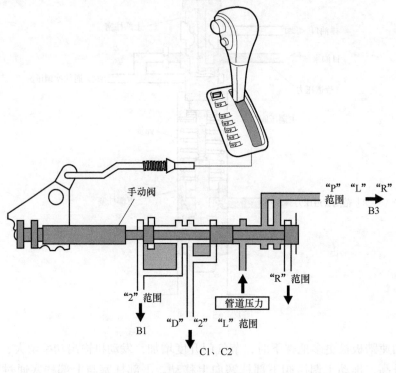

图 2-66　手动阀

**3. 换档阀**

丰田汽车 A140E 自动变速器共有 1-2 档、2-3 档、3-4 档 3 个换档阀，在两个换档电磁阀（1 号电磁阀和 2 号电磁阀）和换档阀阀体弹簧控制下，3 个换档阀处于不同的位置，改变油路的流通方向，使不同的离合器和制动器接合，控制自动变速器升档或降档。

换档电磁阀通过开启或关闭换档阀控制油路的泄油孔来控制换档阀的工作，3 个换档阀由两个换档电磁阀控制。1-2 档换档阀和 3-4 档换档阀均由 2 号电磁阀控制，2-3 档换档阀由 1 号电磁阀控制。1-2 档换档阀的结构和工作原理如下：

当自动变速器位于 1 档时，2 号电磁阀断电，电磁阀泄油孔在弹簧的作用下关闭，管路压力作用在 1-2 换档阀顶部，自动变速器保持在 1 档，因为 1-2 档换档阀位于底部并且至制动器的油路被切断，如图 2-67 所示。

当自动变速器位于 2 档时，2 号电磁阀通电，电磁阀将阀杆吸起，电磁阀的泄油孔打开，1-2 档换档阀顶部的管路压力被泄掉，1-2 档换档阀在弹簧的作用下向上移动，管路压力可以接通到 B2 制动器，自动变速器换档至 2 档。

**4. 节气门阀**

节气门阀由节气门拉索控制，用来产生与节气门开度相对应的节气门油压。A140E 自动变速器使用线性电磁阀 SLT（该电磁阀将在电控系统故障检修中详细介绍）用于替代节气门阀的作用，其节气门油压不进行换档控制，只是将此油压通过节气门阀反馈到主调压阀，使主油路油压随节气门开度的变化而变化。

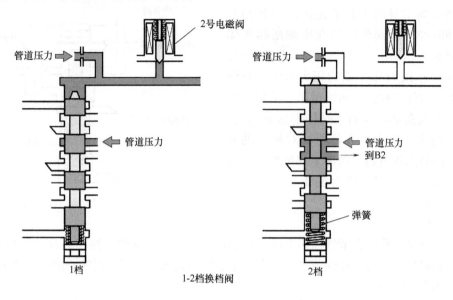

图 2-67　1-2 档换档阀的工作原理图（见彩插）

　　某些车型具有节气门阀，如图 2-68 所示，加速踏板踩下的深度发生变化时，节气门拉索拉动节气门凸轮，节气门阀柱塞向上移动，将管道压力通往节气门调节阀和各换档阀的通道开得更大，流至节气门调节阀和各换档阀的油压上升。

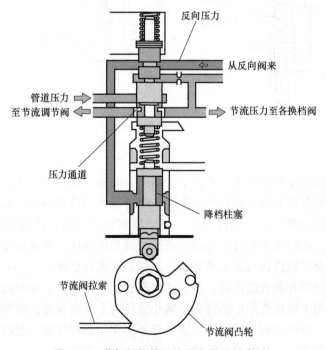

图 2-68　节气门阀的工作原理图（见彩插）

**5. 次调压阀**

次调压阀的作用是调节液力变矩器供油压力和提供润滑压力。来自主油道的油压经过次调压阀后流向锁止中继阀再流向液力变矩器，经过次调压阀本身的小孔节流阀流向各润滑表面，同时经节流阀作用后在次调压阀阀体端部与弹簧力相平衡。当主油路压力升高时，作用在次调压阀阀体上端的压力增大，克服弹簧力推动阀体下移，连通润滑压力油口的开口增大，主油路油压越高，阀体下移量越大，润滑油压越大，以满足大负荷时对润滑的要求。若主油路油压过高，阀体下移量增大，将油道压力泄掉，以保证液力变矩器的工作安全，如图 2-69 所示。

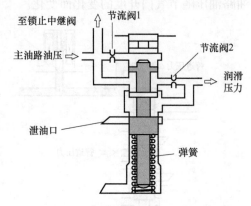

图 2-69　次调压阀的工作原理图

**6. 反向阀**

反向阀可调节作用在节气门阀上的反向油压，它由其上部的管路压力和节流压力所致。以这种方式将反向压力作用到节气门阀上，使节气门阀压力降低，以防止油泵不必要的功率损失，如图 2-70 所示。

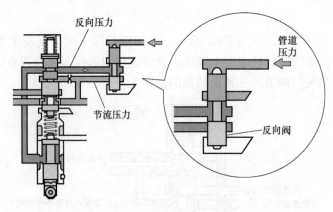

图 2-70　反向阀的工作原理图

**7. 蓄能器**

蓄能器的作用是缓冲换档冲击。来自手动阀的管路压力流向与蓄能器并联的离合器或制动器等执行机构。离合器和制动器开始工作时，离合器或制动器内的活塞容积不断增大，活塞不断移动压向钢片和摩擦片。当离合器或制动器即将接合时，活塞容积无法继续快速增大，接近容积极限，这时由于来自手动阀的管道持续提供油压，至离合器或制动器活塞缸的液压力急剧升高，会导致离合器或制动器接合过猛，产生换档冲击。

在手动阀液压管路并联蓄能器后，当上述情形发生时，急剧上升的液压会推动蓄能器克服弹簧压力上升，增大液压管路中的容积，减小液压力上升的速度，缓和换档冲击。蓄能器背压侧表面积小于工作侧面积，控制压力进入背压侧作用是和弹簧一起改善蓄能器吸收液压的能力，更好控制换档速度和换档平顺性，如图 2-71 所示。

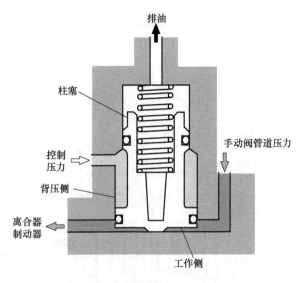

排油

柱塞

控制
压力

手动阀管道压力

背压侧

离合器
制动器

工作侧

图 2-71　蓄能器的工作原理图

### 七、液压控制系统换档过程

A140E 自动变速器油泵由液力变矩器壳体（泵轮）驱动，因此，只要发动机起动，油泵即进行工作，为液力变矩器和各润滑表面提供液压油，同时有部分液压油通往散热器进行冷却。液压控制系统的主油路油压、液力变矩器油压和润滑油压由主调压阀和次调压阀进行调节，主油路液压油不经手动阀直接流经 3-4 档换档阀来控制超速离合器 C0 或超速制动器 B0，除超速档外，其他任何档位超速离合器 C0 都接合。ECU 接收档位开关、节气门位置传感器、车速传感器等的信号，根据变速杆位置、节气门开度和车速不同，控制换档电磁阀和锁止电磁阀的通断电，使自动变速器在不同的工况下工作。变速器的液压控制系统如图 2-72 所示，图中 C 为离合器，B 为制动器，F 是单向离合器。

D1 位时，C1、C0、F0、F2 工作。

D2 位时，C1、B2、F1、C0、F0 工作。

D3 位时，C1、C2、B2、C0、F0 工作。

O/D 位时，C1、C2、B2、B0 工作。

L 位时，C1、C0、F0、F2、B3 工作。

2 档时，C1、B1、B2、F1、C0、F0 工作。

R 位时，C0、C2、B3 工作。

油泵泵出的油液通过主调压阀，再经过锁止中继阀出现两个流向，一条分支流向油液冷却器，另一条流向液力变矩器，向其提供持续油液。

油泵泵出的油液在被主调压阀旁路调节后流向手动阀，再根据手动阀的位置流向换档阀，最终流向用油工作元件来形成档位。油液最终流向哪些用油元件取决于手动阀的位置以及作用在换档阀顶部受电磁阀控制的油路。

油泵泵出的油液经过主调压阀，再经过次调压阀，流向各个行星齿轮机构，对其进行冷却和润滑。

71

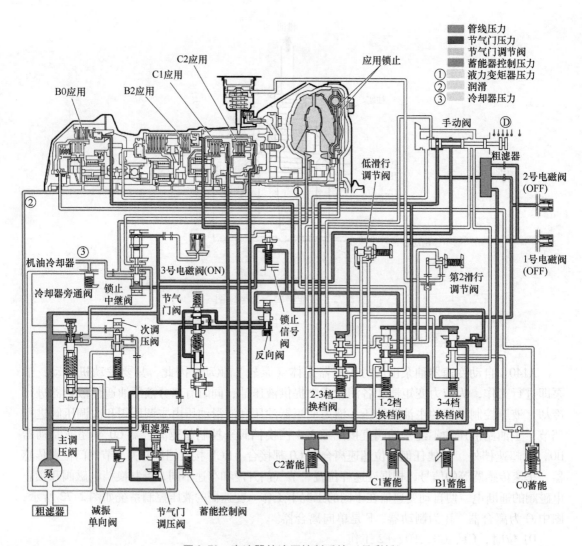

图 2-72　变速器的液压控制系统（见彩插）

**1. P 位和 N 位**

变速杆位于 N 位和 P 位时，自动变速器内部没有形成具有传动比的档位，但 P 位时自动变速器输出轴被机械锁止，车辆被固定在原地。机械锁止是由于变速杆移动到 P 位产生的，与液压系统无关。

如图 2-73 所示，变速杆位于 P 位和 N 位时，手动阀第二道进油路被手动阀阀体关闭。油泵泵出的油压经过主调压阀后流向锁止阀（弹簧端）、锁止信号阀（端部）、次调压阀、节气门阀、蓄能器调压阀、3-4 档换档阀、手动阀。

通过次调压阀后，流过锁止阀，进入变矩器，再流向散热器和旁通阀。

通过节气门阀后，流经车速反馈阀，再流向节气门阀，同时流向节气门阀调压阀（弹簧端）。

通过蓄能器调压阀后，流向蓄能器 C2 和蓄能器 B2，形成背压。

通过 3-4 档换档阀后，流向蓄能器 C0 和离合器 C0。

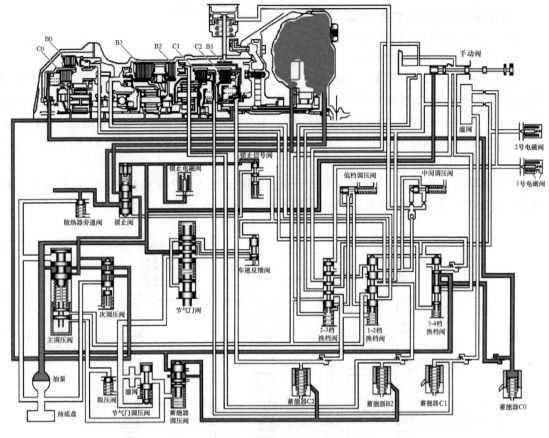

图 2-73　P 位和 N 位液压控制图（见彩插）

**2. 1 档**

1 档时，至各换档执行机构的液压来源如下：

C1 的液压来自手动阀。

C0 的液压来自 3-4 档换档阀。

B3 的液压来自 2-3 档换档阀。

D 位 1 档时，C1、C0、F0、F2 工作。从 N 位换到 D 位，移动变速杆的同时手动阀被移动，接通至 C1 的液流通道。1 号电磁阀接通，管道压力经过节流孔后通过 1 号电磁阀排放至油底壳，2-3 档换档阀上部没有液压，在 2-3 档换档阀弹簧的作用下，该阀处于上部。管道压力通过 2-3 档换档阀来到 3-4 档换档阀的下部，和弹簧一起推动 3-4 档换档阀向上移动。2 号电磁阀关闭，管道压力通过节流孔来到 3-4 档换档阀上部。3-4 档换档阀上部和下部以及弹簧的力达到平衡，3-4 档换档阀将处于一定位置，使管道压力通过 3-4 档换档阀流向 C0。F2 的存在使输出轴动力无法反向传递给发动机，如图 2-74 所示。

L 位 1 档时，B3 加入工作。管道压力经过手动阀，通过 2-3 档换档阀流向 B3。B3 可将输出轴动力反向传给发动机，具有发动机制动作用。

**3. 2 档**

2 档时，至各换档执行机构的液压来源如下：

C1 的液压来自手动阀。

C0 的液压来自 3-4 档换档阀。

B2 的液压来自 1-2 档换档阀。

B1 的液压来自 1-2 档换档阀。

D 位 2 档时，C1、B2、F1、C0、F0 工作。变速杆在 D 位时，手动阀接通 C1。1 号和 2 号电磁阀都通电，1-2 档和 3-4 档换档阀顶部的液压被释放。1-2 档换档阀受弹簧力的作用向上移动。管道压力经 1-2 档换档阀流向 B2。3-4 档换档阀在底部弹簧及管道压力共同作用下推动 3-4 档换档阀处于顶部，管道压力通过 3-4 档换档阀流向 C0。由于 F1 的工作，发动机不起制动作用，如图 2-75 所示。

2 位 2 档时，通往 B1 的管道压力被接通。管道压力通过 2-3 档换档阀，再经过 1-2 档换档阀流向 B1。此时发动机和输出轴被双向连接，具有发动机制动功能。

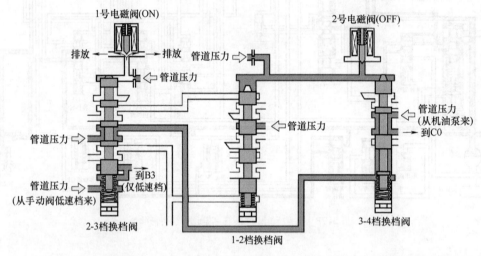

| | 电磁阀 | | 行星齿轮装置 | | | | | | | | | |
|---|---|---|---|---|---|---|---|---|---|---|---|---|
| | 1号 | 2号 | C1 | C2 | B1 | B2 | F1 | B3 | F2 | C0 | F0 | B0 |
| 1档 | ON | OFF | ● | | | | ● | △ | ● | ● | ● | |
| 2档 | ON | ON | ● | | ▲ | ● | ● | | | ● | ● | |
| 3档 | OFF | ON | ● | ● | | ● | | | | ● | ● | |
| O/D位 | OFF | OFF | ● | ● | | | ● | | | | | ● |

操作 ●　　　　　△ 只有"L"范围　　　▲ 只有"2"范围

图 2-74　1 档液压控制图

**4. 3 档**

3 档时，至各换档执行机构的液压来源如下：

C1 的液压来自手动阀。

C0 的液压来自 3-4 档换档阀。

B2 的液压来自 1-2 档换档阀。

C2 的液压来自 2-3 档换档阀。

D 位 3 档时，C1、C2、B2、C0、F0 工作。变速杆在 D 位时，手动阀接通 C1。1 号电磁阀断电，管道压力通过节流孔流向 2-3 档换档阀顶部，推动 2-3 档换档阀克服弹簧压力向下移动，管道压力通过 2-3 档换档阀流向 C2。2 号电磁阀通电，1-2 档换档阀和 3-4 档换档阀顶部无液压，都在弹簧的作用下位于顶部。管道压力通过 1-2 档换档阀流向 B2，通过 3-4 档换档阀流向 C0，如图 2-76 所示。

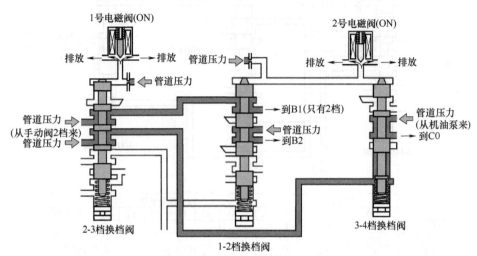

| | 电磁阀 | | 行星齿轮装置 | | | | | | | | |
|---|---|---|---|---|---|---|---|---|---|---|---|
| | 1号 | 2号 | C1 | C2 | B1 | B2 | F1 | B3 | F2 | C0 | F0 | B0 |
| 1档 | ON | OFF | ● | | | | | △ | ● | ● | ● | |
| 2档 | ON | ON | ● | | ▲ | ● | ● | | | ● | ● | |
| 3档 | OFF | ON | ● | ● | | ● | | | | ● | ● | |
| O/D位 | OFF | OFF | ● | ● | | ● | | | | ● | | ● |

操作 ●     △ 只有"L"范围     ▲ 只有"2"范围

图 2-75　2 档液压控制图

**5. O/D（超速）位**

O/D 位时，至各换档执行机构的液压来源如下：

C1 的液压来自手动阀。

B0 的液压来自 3-4 档换档阀。

B2 的液压来自 1-2 档换档阀。

C2 的液压来自 2-3 档换档阀。

O/D 位时，C1、C2、B2、B0 工作。变速杆位于 D 位，手动阀接通 C1。1 号电磁阀关闭，管道压力通过节流孔作用在 2-3 档换档阀顶部，2-3 档换档阀下移，管道压力通过 2-3 档换档阀流向 C2，同时作用于 1-2 档换档阀底部。2 号电磁阀断电，管道压力通过节流孔流向 1-2 档换档阀和 3-4 档换档阀顶部，3-4 档换档阀克服弹簧压力下移，管道压力通过 3-4 档换档阀接通至 B0。1-2 档换档阀顶部有通过节流孔的管道油压，但底部有弹簧压力和管道压力，仍然将 1-2 档换档阀推向顶部，管道压力经过 1-2 档换档阀流向 B2，如图 2-77 所示。

**6. R 位**

R 位时，C0、C2、B3 工作。手动阀第二油路进油，第一道油路出油。与 P 位和 N 位相比，增加了手动阀第一道油路。由于手动阀第三道油路未通，3 个换档阀阀体上端均无液压

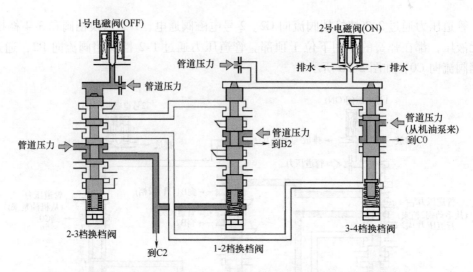

| | 电磁阀 | | 行星齿轮装置 | | | | | | | | | |
|---|---|---|---|---|---|---|---|---|---|---|---|---|
| | 1号 | 2号 | C1 | C2 | B1 | B2 | F1 | B3 | F2 | C0 | F0 | B0 |
| 1档 | ON | OFF | ● | | | | | △ | ● | ● | ● | |
| 2档 | ON | ON | ● | | △ | ● | ● | | | ● | ● | |
| 3档 | OFF | ON | ● | ● | | ● | | | | ● | ● | |
| O/D位 | OFF | OFF | ● | ● | | ● | | | | | | ● |

操作 ●　　　　　　　△ 只有"L"范围
　　　　　　　　　　△ 只有"2"范围

图 2-76　3 档液压控制图

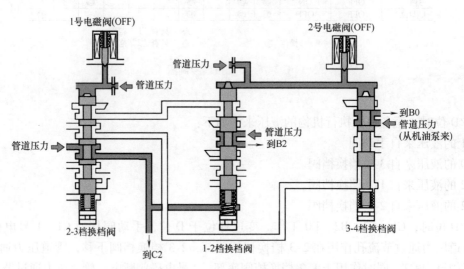

| | 电磁阀 | | 行星齿轮装置 | | | | | | | | | |
|---|---|---|---|---|---|---|---|---|---|---|---|---|
| | 1号 | 2号 | C1 | C2 | B1 | B2 | F1 | B3 | F2 | C0 | F0 | B0 |
| 1档 | ON | OFF | ● | | | | | △ | ● | ● | ● | |
| 2档 | ON | ON | ● | | △ | ● | ● | | | ● | ● | |
| 3档 | OFF | ON | ● | ● | | ● | | | | ● | ● | |
| O/D位 | OFF | OFF | ● | ● | | ● | | | | | | ● |

操作 ●　　　　　　　△ 只有"L"范围
　　　　　　　　　　△ 只有"2"范围

图 2-77　O/D 位液压控制图（见彩插）

油（因而无须电磁阀动作），3个换档阀阀体在弹簧力的作用下处于上位，超速离合器C0，高、倒档离合器C2，低、倒档制动器B3接合。

主油路通过3-4档换档阀流向蓄能器C0和离合器C0。

主油路通过手动阀流向主调压阀、2-3档换档阀和1-2档换档阀。

流向主调压阀的目的是反馈增压。

经过2-3档换档阀后又流向蓄能器C2、离合器C2、1-2档换档阀的弹簧端。

经过1-2档换档阀后，流向B3制动器。图2-78所示为R位时的油路图。

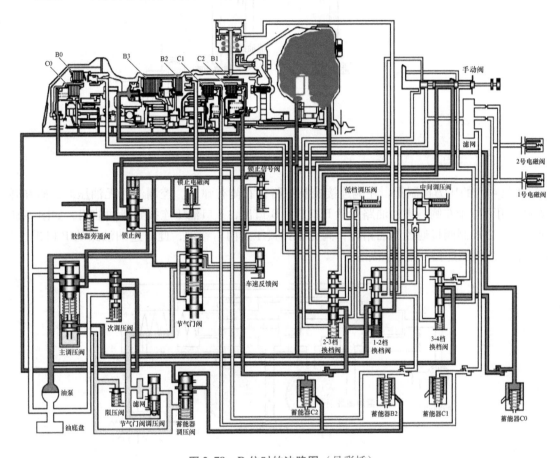

图2-78　R位时的油路图（见彩插）

## 一、压力调节阀

压力调节阀可通过自身节流孔和泄油油路调节出油压力，还可根据调节油路的油压，调节出油压力，如图2-79所示。进油油路注入一定的油压，在出油油路处有节流孔通往阀的左侧，随着进油油路压力的上升，阀被不断推向右侧而打开泄油油路，随进油压力的大小不断调节出油压力。阀的右侧有弹簧，同时还连接调节油路，当调节油路增加时，泄油油路有被关小的趋势，致使出油压力提高。

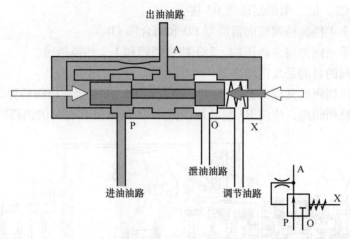

图 2-79　压力调节阀

## 二、压力控制阀

2 位 4 通的压力控制阀，左侧连接控制油路，右侧有弹簧。控制油路无油压时，阀在弹簧的作用下位于左侧。进油油路可从 P 口进、B 口出，A 口油压连接到泄油油路，如图 2-80 所示。压力控制阀接通控制油路时，阀克服弹簧压力向右移动，此时进油油路从 P 口进、A 口出，B 油路被连接至泄油油路。

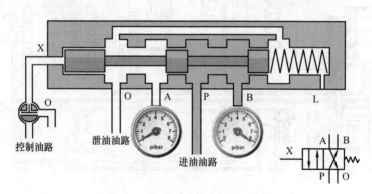

图 2-80　压力控制阀位于左侧时的状态

### 一、液压控制系统故障分析

#### 1. 故障分析

当液压控制系统发生故障时，可能的故障原因如图 2-81 所示。故障原因有导轮单向离合器不锁止，变矩器泵轮或涡轮损坏，油泵泵体间隙超限，齿轮侧隙超限，泵体衬套内径超限，手动阀位置错误，蓄能器 O 形密封圈或弹簧损坏，阀体卡滞、漏油等。

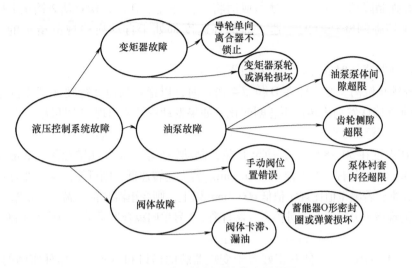

图 2-81　液压控制系统故障原因图

### 2. 故障现象

液压控制系统出现故障后，会导致自动变速器起步困难、加速无力、升降档不正常、换档冲击大、行驶噪声大等故障现象，如图 2-82 所示。

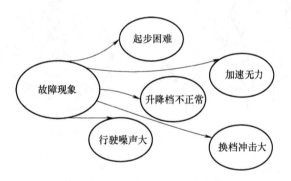

图 2-82　液压控制系统故障现象图

### 二、液压控制系统故障检修

下面以丰田卡罗拉轿车 U340E 自动变速器为例，讲述自动变速器液压控制系统的故障诊断过程。

#### 1. D 位测试

变速杆换至 D 位并完全踩下加速踏板，然后进行以下检查：

1）检查升档操作。检查并确认 1-2 档、2-3 档、3-4 档可升档，并且换档点与自动换档规范一致。

2）检查是否出现换档冲击和打滑。检查 1-2 档、2-3 档、3-4 档升档的冲击和打滑。

3）检查是否出现异常噪声和振动。在车辆行驶时将变速杆置于 D 位并进行 1-2 档、2-3 档、3-4 档升档；在锁止状态期间行驶时，检查是否存在异常噪声和振动。

4）检查强制降档操作。在车辆行驶时将变换杆置于 D 位，检查从 2 档至 1 档、3 档至 2 档、4 档至 3 档强制降档时的车速。确认各速度都处于自动换档规范指示的适用车速范围内。

5）检查强制降档时的异常冲击和打滑。

6）检查锁止机构。变速杆在 D 位（4 档）时，以稳定的速度行驶（锁止打开）。轻踩加速踏板，检查并确认发动机转速不急剧变化。如果发动机转速出现较大跳跃，则不能锁止。

**2. 变矩器泵轮、涡轮工作状况检查**

ATF 工作温度在 50～80℃时，换至 D 位，制动好车辆，将加速踏板踩到底测量失速转速，正常应在 2240r/min 左右，上下浮动 300r/min。若失速转速低，则可能是发动机动力输出不足或单向离合器异常；若测量值比规定值低 600r/min 以上，则变矩器泵轮、涡轮有故障。若失速转速高，则可能是管路压力过低、前进档离合器打滑、2 号单向离合器异常、液位不正确等。

**3. 检查变矩器导轮单向离合器单向锁止状况**（图 2-83）

固定好 SST 专用工具，使其正好置于变矩器毂的槽口和单向离合器外座圈的槽口处，竖直放置变矩器并转动 SST 专用工具。检查并确定其顺时针旋转时运转平稳，逆时针旋转时被锁止，如果不符合，更换变矩器。

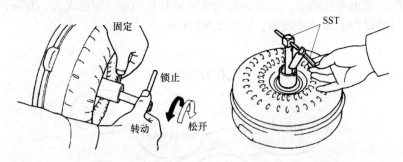

图 2-83　检查变矩器导轮单向离合器单向锁止状况

**4. 检查油泵泵体间隙**（图 2-84）

将从动齿轮推向泵体一侧，用塞尺测量间隙，标准泵体间隙为 0.10～0.15mm。如果泵体间隙超出最大值，则更换油泵总成。

**5. 检查油泵齿轮侧隙**（图 2-85）

用钢直尺和塞尺测量两个齿轮的侧隙，标准侧隙为 0.02～0.05mm。如果侧隙大于最大值，则更换主动齿轮、从动齿轮或泵体。

图 2-84　检查油泵泵体间隙

图 2-85　检查油泵齿轮侧隙

**6. 检查油泵体衬套内径**（图 2-86）

用百分表测量油泵体衬套内径，标准内径为 38.113 ~ 38.138mm。如果超出最大内径，则更换油泵分总成。

**7. 检查手动阀的装配位置**（图 2-87）

检查手动阀当前位置是否与变速杆相应档位对应，否则调整手动阀位置。

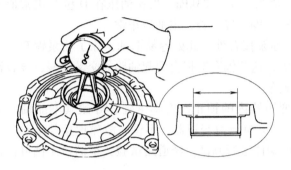

图 2-86　检查油泵体衬套内径

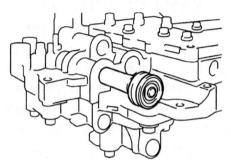

图 2-87　检查手动阀的装配位置

**8. 检查蓄能器活塞 O 形密封圈及弹簧**（图 2-88）

拆卸检查蓄能器活塞 O 形密封圈，查看密封圈是否有破损、翻折、断裂，是否弹性良好。检查蓄能器弹簧工作状态是否正常。

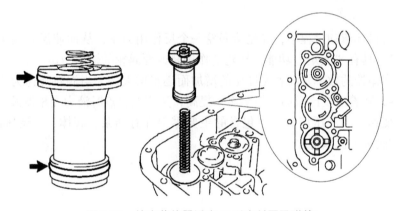

图 2-88　检查蓄能器活塞 O 形密封圈及弹簧

**9. 拆卸检查阀体**

阀体内包括阀杆和节流阀，装配精密。4S 店一般不对阀体进行拆解维修。自动变速器维修企业会对阀体进行拆解，检查阀杆表面是否有伤痕、阀杆在阀体内运动有无发涩卡滞状况、阀杆密封状况、节流阀是否损坏等。

　情境分析

**1. 故障现象**

一辆丰田卡罗拉轿车，装备 U340E 自动传动桥。顾客反映该车车速较高时（大于 60km/h），加速踏板不敏感，加速迟钝、发动机转速升高快但车速提高得慢。

1）变速杆在 D 位（4 档）时，以稳定的速度行驶，轻踩加速踏板，检查并确定发动机转速是否急剧变化。如果发动机转速出现较大跳跃，则判断锁止离合器不能锁止。

2）连接诊断仪到诊断座，调取故障码。显示无故障码，电子系统正常。

3）检查主油路油压，因为锁止油路的油压是由主油路分出来的。ATF 的温度在 50～80℃时测试管路油压。拆下自动变速器壳左前侧的检测螺栓并连接油压表 SST，息速油压在 D 位时正常值为 372～412kPa，R 位时正常值为 553～623kPa。失速油压在 D 位时正常值为 1120～1230kPa，R 位时正常值为 1660～1870kPa。经检查，主油压正常。

4）用举升机升起车辆，检查变矩器与油泵接合处。此处容易漏油，除了油泵铜套可能过度磨损外，也可能与导轮轴内的铜套有关，这些铜套磨损会引起油路的交叉渗漏，导致锁止故障。经检查，未发现此处有明显漏油迹象。

5）更换液力变矩器进行测试。如果变矩器内的锁止离合器卡滞，导致其不能轴向运动而锁止，也可引起变矩器不锁止的现象。更换液力变矩器，不锁止故障现象并未改善。

6）更换阀体测试。将 ATF 更换后更换阀体进行测试。经道路试验，车辆在 4 档可正常锁止，故障排除。

**2. 故障原因分析**

阀体内的变矩器锁止继动阀在阀体内发生卡滞，当车速处于可锁止的状态时，锁止电磁阀虽发出锁止信号，但锁止继动阀无法移动到位，出现不能正常锁止的故障现象。

### 学习小结

1）在液流循环流动过程中，导轮给涡轮一个反作用力矩，从而使涡轮输出力矩不同于泵轮输入力矩，具有"变矩"功能。导轮的作用是改变涡轮的输出力矩。

2）液力变矩器的效率是随着速度比的增加而逐步增大的。当涡轮转速为零时，液力变矩器效率为零，随着速度比增加，效率逐步提高，达到偶合点时液力变矩器效率接近 80%。

3）自动变速器的液压控制系统包含的主要零部件有油泵、阀体、主调压阀、手动阀、换档阀、电磁阀和节流阀等。

## 学习单元三　电控系统故障检修

### 情境导入

一辆丰田卡罗拉轿车，装备 U340E 自动变速器。驾驶人发现该车换档点不稳定，行驶时发动机噪声变大，发动机转速很高时自动变速器才换档。经检查该车 ATF 温度传感器出现故障，更换 ATF 温度传感器后故障排除。

### 学习目标

1. 能通过与客户交流、查阅相关维修技术资料等方式获取车辆信息。
2. 能根据故障现象制订正确的维修计划。
3. 能正确选择诊断设备、工具对自动变速器电控系统故障进行诊断。
4. 能正确记录、分析各种检测结果并做出故障判断。
5. 能按照正确操作规范进行自动变速器电控系统的故障排除。
6. 能根据环保要求，正确处理对环境和人体有害的废料和损坏的零部件。

### 理论知识

#### 一、综述

自动变速器电控系统的作用是利用传感器将发动机节气门位置、汽车行驶速度和各种影响发动机、变速器工作的参数转换为电信号，经计算机对输入信号进行处理，与计算机内储存的数据进行比较，发出正确的操作指令控制液压系统中的电磁阀动作，调节换档液压回路中油液压力，控制离合器和制动器的动作，实现换档时机的精确控制。

使用电控系统还可对液力变矩器锁止离合器进行控制，使汽车在有些档位通过对锁止离合器进行精确控制，减少动力损失。液压控制自动变速器系统实现这一功能是十分困难的。

电控自动变速器可实现如下控制功能：换档点控制、变矩器锁止离合器锁止控制、换档时过渡特性控制、发动机转矩控制、离合器制动器油压控制、换档时锁止控制、车辆后部下沉控制等。

电控自动变速器不仅简化了汽车变速时的操作，而且具有下列优点：

1）使整车的燃油经济性和动力性提高，降低了对环境的不良影响。

2）换档精确，减少了换档时的振动与冲击。

3）简化了复杂的液压回路，减少了液压控制阀，降低了液压系统结构的复杂性，降低了制造和维修的费用。

4）工作响应更迅速，提高了整个系统的可靠性。

电控系统主要由以计算机为核心的 ECU、进行信息转换的传感器及开关和实现控制意图的执行器组成。

## 二、自动变速器电控系统的传感器与开关

### 1. 传感器

传感器的作用是感受汽车、发动机在不同工况下的各种工况信息，并将得到的信息转换为计算机能够接受的电信号，为计算机工作提供可靠、真实的信息。传感器可分为有源式传感器和无源式传感器。有源式传感器指在工作时不需要外加电源，随被测量的变化而产生电量的传感器，如热电式、压电式、磁电式传感器；无源式传感器指在工作时必须外加电源，传感器的某个电参量随着被测量的变化发生变化，产生输出电信号，如电位计、热敏电阻、电容式传感器等。

（1）节气门位置传感器/加速踏板位置传感器　其作用是探测节气门的开度角及开度的角速度。

（2）跳合开关　用于探测加速踏板是否踩到节气门开度全开。

（3）曲轴位置传感器　用于探测发动机转速。

（4）输入轴转速传感器　用于探测自动变速器输入轴转速，也就是涡轮输入轴转速，有些型号还有中间轴转速传感器。

（5）冷却液温度传感器　探测冷却液温度。

（6）车速传感器　探测车速。

（7）ATF 温度传感器　探测自动变速器内 ATF 温度。

### 2. 开关

（1）超速主开关（图 2-89）　超速主开关是超速档取消开关。在开关断开时，即使已达到换超速档的车速，自动变速器仍不换入超速档。如果开关断开的同时在超速档行驶，自动变速器将换到第 3 档。此外，在超速主开关断开的同时，超速断开指示灯亮。

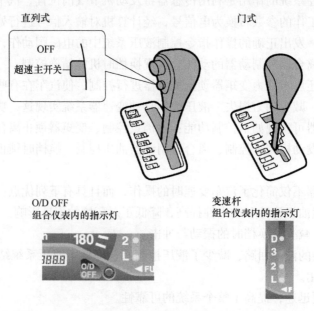

图 2-89　超速主开关

（2）空档起动开关（图 2-90） 空档起动开关将变速杆位置传送到发动机 ECU，ECU 接收位于空档起动开关的换档位置传感器的位于 P 位或 N 位的信号，然后确定是否可以起动。ECU 控制起动机只能在变速杆位于 P 位或 N 位时才能运转，并使倒档警告蜂鸣器在变速杆处于 R 位时发出声音和使倒档灯亮。

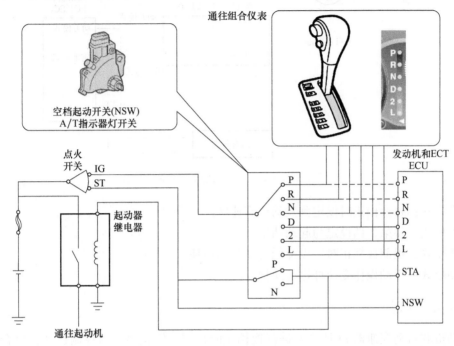

图 2-90 空档起动开关

（3）停车灯开关（图 2-91） 当踩下制动踏板时，发动机与自动变速器 ECU 取消锁止离合器的锁止。这可以防止发动机因变矩器锁止而熄火。

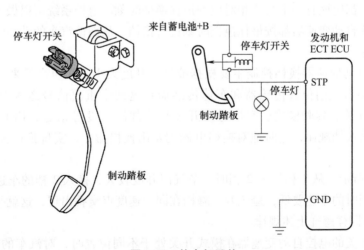

图 2-91 停车灯开关

（4）驾驶模式选择开关（图 2-92） 驾驶模式选择开关允许驾驶人对驾驶模式进行选择，安装的模式开关取决于型号和地区。驾驶模式选择开关主要有以下模式。

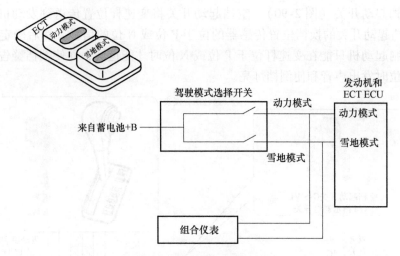

图 2-92　驾驶模式选择开关

动力模式：将换档正时设定到发动机高速区。

雪地模式：将第 2 档设定为起动档位。

经济模式：提前换档正时，以降低行驶时的油耗。

手动模式：手动操作变速杆进行换档。

### 三、换档正时控制

发动机和自动变速器 ECU 主要进行换档正时控制、锁止离合器控制、锁止离合器滑移控制、油压控制、离合器压力控制、发动机转矩控制、N 位到 D 位车身后部下沉控制、上坡下坡换档控制等。

自动变速器换档正时控制是自动变速器电控系统最重要的控制内容之一。汽车在每一特定行驶工况下，都应该有一个与之相对应的最佳换档时刻。电控系统可以做到在汽车的任何行驶条件下，让自动变速器都按最佳换档时刻进行换档，从而使汽车的动力性和经济性等综合指标达到最佳。

液压控制自动变速器换档控制主要根据节气门开度大小和车速高低来进行。电控自动变速器中主要由节气门位置传感器和车速传感器将这两个重要信号送入 ECU，除此之外还参考超速主开关、驾驶模式、空档起动开关和冷却液温度等信号，ECU 依据储存在计算机存储器中的换档规律，适时地对换档电磁阀发出换档命令，实现换档控制，如图 2-93所示。

如图 2-94 所示，从 1 档换入 2 档时，节气门开度较大，换入 2 档的车速就高，而降档时的车速比升档时的车速要低，避免升、降档在同一速度点交替出现，这就是换档规律的特征。2 档换 3 档同样遵守上述规律。

带有模式开关的电控自动变速器在模式开关处于不同位置时，对汽车的使用要求不同，其换档规律也不同，有经济模式和动力模式之分。当变速杆在 D 位，节气门开度相同时，动力模式的各档升档车速都要比经济模式各档升档车速及降档车速高。升档车速越高，加速动力性越好；反之，升档车速越低，则燃油经济性就越好，如图 2-95 所示。

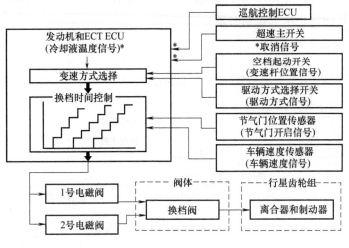

图 2-93　换档正时控制原理图

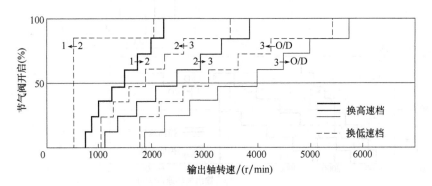

图 2-94　换档规律阶梯图

## 四、变矩器锁止控制

电控自动变速器中液力变矩器的锁止离合器的工作是由 ECU 控制的。ECU 按照设定的控制程序，通过锁止电磁阀来控制锁止离合器的接合或分离。自动变速器在各种工作条件下的最佳锁止离合器控制程序被预先储存在 ECU 的存储器内，ECU 根据自动变速器的档位、控制模式等工作条件从存储器中选择相应的锁止控制程序，再将车速、节气门开度与锁止控制程序进行比较。

当车速足够高且其他各种因素均满足锁止要求时，ECU 就向锁止电磁阀发出电信号，使锁止离合器接合，即液力变矩器锁止。

**1.** 锁止条件

1）汽车以第 2 档或第 3 档行驶或以超速档行驶。

2）车速等于或大于规定的速度和节气门开度等于或大于规定值。

3）ECU 已接收到非强制性锁止系统取消信号（如制动信号、急加速信号等）。

ECU 控制锁止时间为了减少换档期间的冲击。如果自动变速器换高速档或低速档，而同时锁止系统正在运行，则 ECU 使锁止系统无效，这有助于减少换档冲击。在换完高速档或低速档后，ECU 使锁止系统重新有效。

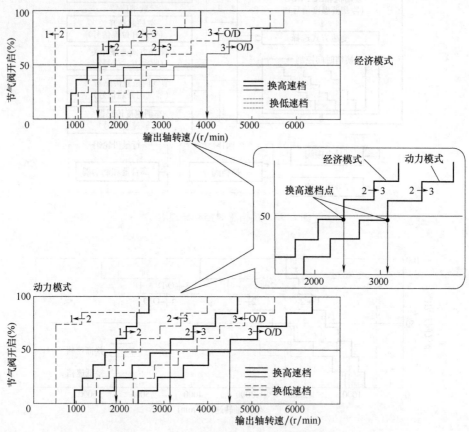

图 2-95　经济模式和动力模式换档规律比较

**2. 在下列条件下，ECU 将强迫取消锁止**

1）停车灯开关接通（制动期间）。

2）节气门位置传感器的 IDL 点闭合。

3）冷却液温度低于一定温度。

4）车速降至 10km/h 或大大低于设定速度而同时常速行驶。

### 五、变矩器锁止柔性锁止

变矩器锁止柔性锁止是指通过对锁止离合器摩擦片上压紧油压的调节，实现锁止离合器微小滑移的精确控制。当锁止离合器存在微小滑移而非完全锁止时，一部分动力经液力传动，另一部分经锁止离合器机械传动。锁止离合器不完全锁止可以大幅度降低传动系统的振动和噪声，使锁止工作区间得到充分的扩展。柔性锁止时锁止离合器的滑移量很小，所以摩擦损失也很少，锁止离合器滑移控制的应用解决了燃油经济性和行驶平顺性的矛盾，大大提高了自动变速器的性能。

发动机 ECU 根据节气门开度角和车速来确定柔性锁止工作区，然后 ECU 将这一信号送至线性电磁阀，如图 2-96 所示。

此外，ECU 利用发动机转速和变速器输入轴转速传感器信号来检测液力变矩器泵轮和涡轮的转速差。这使反馈控制将液力变矩器和锁止离合器的动力传递分配最佳化。

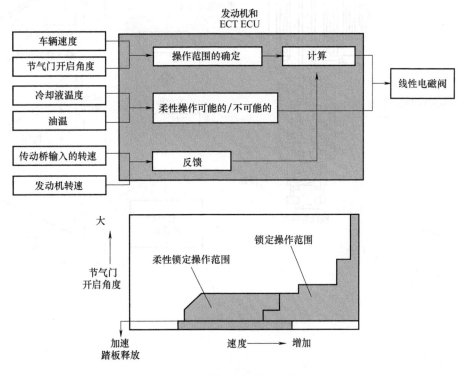

图 2-96　锁止离合器柔性锁止

## 六、油压控制

电控自动变速器的主油路油压是由主油路调压阀调节的，主油路油压应随发动机负荷增大而增大，以满足传递大功率时对离合器、制动器等执行元件液压缸工作压力的要求。许多电控自动变速器是由液压控制自动变速器向电控发展的过渡产品，其控制系统还保留着液压控制系统中由节气门拉索或节气门真空罐控制的节气门阀，节气门阀产生的节气门油压除控制换档阀外还控制主油路调压阀，使主油路油压随发动机负荷增大而增大。

新型电控自动变速器的控制系统中已完全取消了由节气门拉索或节气门真空罐控制的节气门阀，而用油压电磁阀来产生节气门油压。油压电磁阀为脉冲式电磁阀，ECU 根据节气门位置传感器测定的节气门开度控制发送给油压电磁阀的脉冲信号的占空比，以改变油压电磁阀泄油孔的开度，从而使主油路油压随节气门开度而变化。节气门开度越大，脉冲电信号的占空比越小，油压电磁阀的泄油孔开度越小，节气门油压越大，如图 2-97 所示。该节气门油压被作为控制油压反馈到主油路调压阀，作为主油路调压阀的控制压力使主油路调压阀根据节气门开度的变化调节主油路油压的高低，以获得不同发动机负荷下主油路油压的最佳值。如果油压电磁阀故障，内阀将被固定在顶部，在换档期间将会有较大的冲击。

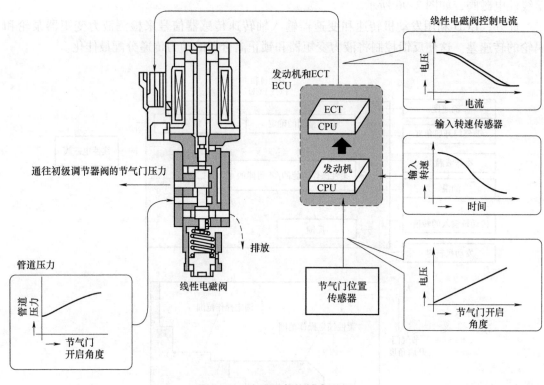

**图 2-97　油压调节线性电磁阀**

### 七、离合器压力控制

离合器或制动器接合时的最佳瞬时压力由线性电磁阀控制。ECU 检测来自各个传感器的信号，如输入涡轮速度传感器的信号，控制线性电磁阀的驱动电流，从而控制流向用油工作元件的瞬时油压，实现平稳换档，减小输出转矩的波动，如图 2-98 所示。

在自动变速器换档时，一个液压工作元件释放，另一个液压工作元件接合。通过 ECU 向线性电磁阀发送信号作用于蓄能器的背压，可以将液压工作元件的瞬时油压控制得更精确。

### 八、发动机转矩控制

在换档瞬间，通过延迟发动机的点火时间或减少喷油量，暂时减小发动机的输出转矩，以减少换档冲击和汽车加速度出现的波动。其控制过程是：自动变速器的 ECU 在自动变速器升档或降档的瞬间，向发动机控制 ECU 发出减转矩控制信号，发动机控制 ECU 接收到这一信号后，立即延迟发动机的点火时间或减少喷油量，执行减转矩控制，如图 2-99 所示。减转矩控制明显地降低了换档过程中发动机转速和汽车加速度的变化，改善了乘坐的舒适性。

### 九、N-D 车身后部下沉控制

当自动变速器由 N 位或 P 位换至 D 位时，车辆突然起步，会导致车头上抬、车身后部下沉的姿态变化，影响乘坐舒适性。车身后部下沉控制器的工作原理是在换入 D 位时，防止自动变速器直接换入 D 位 1 档，而是首先换到 D 位 2 档或 3 档，然后换入 D 位 1 档。这样可以降低换档的冲击和车身后部的下沉姿态变化。车身后部下沉控制如图 2-100 所示。

车身后部下沉控制仅在下列条件全部同时存在时才起作用：

1）汽车处于停车状态。

2）停车灯开关断开。

3）自动变速器正从 N 位或 P 位换至 D 位。

4）冷却液温度在 60℃ 以上。

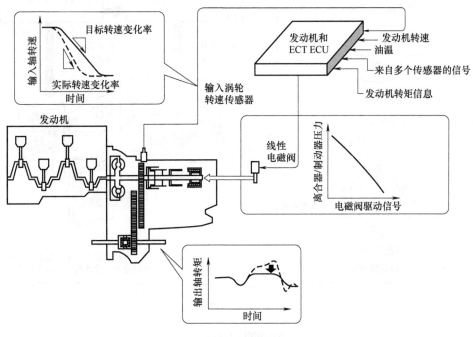

图 2-98　离合器压力控制

### 十、上坡/下坡驾驶的换档控制

在常规自动变速器中，当在山上加速/减速时，因路况变化而频繁换档，妨碍稳定行驶。为了减少频繁换档，发动机 ECU 使用节气门位置传感器和车速传感器信号来选择最佳换档位置。

当 ECU 测定车辆在爬坡时，将禁止换至 D 位 4 档（超速档），以实现稳定行驶。此外当 ECU 确定是在下坡和检测到制动踏板运行时，自动变速器将换入 D 位 3 档，而且发动机制动功能启用。上坡和下坡是通过比较速度传感器信号计算出来的实际加速度和储存在 ECU 存储器中的标准加速器来确定的，如图 2-101 所示。

### 十一、自诊断功能

电控自动变速器是在 ECU 控制下工作的，ECU 连续采集汽车工作状态下的全部信息，并根据各个传感器测得的信号，按预先设定的控制程序向各个执行器发出相应的控制命令来

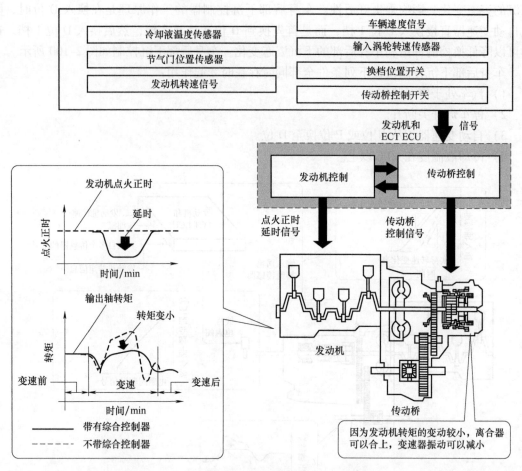

图 2-99　发动机转矩控制

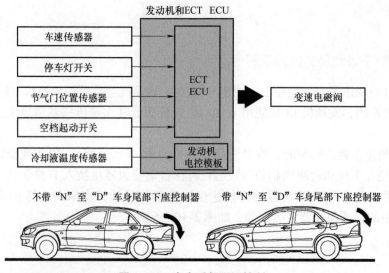

图 2-100　车身后部下沉控制

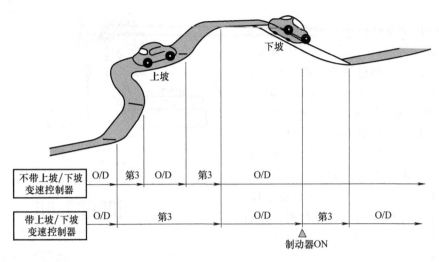

图 2-101　上坡/下坡换档控制

控制自动变速器的工作。如果电控装置中某传感器出现故障，不能向控制 ECU 传送信号，或某个执行器损坏，便不能完成 ECU 的控制指令，使自动变速器不能正常工作。为此，在 ECU 内设有专门的故障自诊断电路，它在汽车行驶过程中，不停地检测自动变速器电控系统中所有传感器和执行器的工作情况。通常，一旦发现某个传感器或执行器有故障或工作不正常时，仪表板上的自动变速器故障警告灯会闪亮，以提醒驾驶人立即将汽车送至修理厂维修。目前，大部分日本生产的汽车是以超速档指示灯 O/D OFF 作为自动变速器故障警告灯的。若超速档指示灯闪亮，拨动超速档开关也不能将其熄灭，即说明电控装置出现故障。而一些欧洲车型用变速杆位置指示灯作为故障警告灯。当检测到速度传感器、电磁阀或其他电路中有故障时，故障指示灯（MIL）亮，如图 2-102 所示。

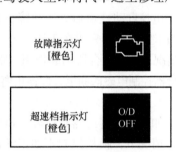

图 2-102　故障指示灯

将检测到的故障内容以故障码的形式储存在 ECU 的存储器内，只要不拆除汽车蓄电池，被测到的故障码就会一直保存在 ECU 中，即使是汽车行驶中偶尔出现一次故障，ECU 也会及时地检测到并记录下来。

诊断故障码（DTC）储存在存储器内，可通过手持诊断仪连接到 DLC3 与 ECU 直接通信读取；也可以将 DLC 的 TE1（TC）和 E1（CG）端子直接短接，观察故障指示灯闪亮的方式，即可读出诊断故障码，如图 2-103 所示。

### 十二、失效保护功能

电控自动变速器失效保护是指不管什么原因引起变速器电控系统故障，变速器仍然能够维持基本的工作条件。例如，在 ECU 完全失电的状态下，自动变速器至少能提供一个前进档位，让汽车能继续维持行驶。通常在自动变速器电控系统故障或部分故障的情况下，ECU 会发送下列的工作指令。

**1. 提供最大的主油路油压**

在电控自动变速器中，主油路的设定油压由两部分组成：一是通过调压阀设置的额定油压；二是通过压力控制电磁阀根据发动机负荷信号提供的附加偏置油压。如果 ECU 处于失电状态，则压力控制电磁阀无法接收 ECU 的输出信号。在这种情况下，压力控制电磁阀的输入电流为零，并要求压力控制电磁阀有最大的调节油压输出。液压系统能够提供最大的主油路油压，可以防止执行元件在大负荷下打滑，此时发动机的负荷信号已无法让 ECU 接收。

**2. 换档电磁阀处于断电状态**

如果 ECU 失电或者电控装置出现故障，一个电磁阀或者两个电磁阀都处于断电状态。在电控变速器设计中，总会存在一个前进档位，在这种情况下，丰田卡罗拉轿车自动变速器会处于 3 档。

**3. 液力变矩器锁止离合器处于分离状态**

电控自动变速器处于故障保护状态时，丰田卡罗拉轿车只能在 3 档起步。如果在这种情况下锁止离合器仍起作用，则要求锁止离合器控制电磁阀断电，即锁止离合器分离。

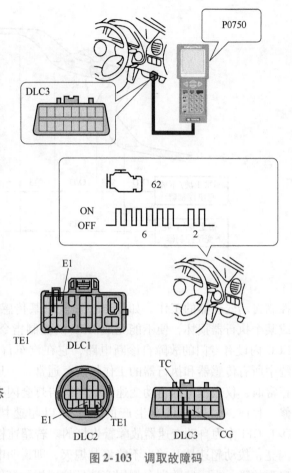

图 2-103　调取故障码

**4. 备用速度传感器功能**

如果速度传感器有故障，ECU 使用发动机转速信号代替车速信号进行档位的控制。在这种情况下，换档控制不如正常情况下平稳。

**5. 手动操作功能**

如果电控系统因某些原因完全失效，自动变速器能通过手动换档的方式操作自动变速器某些档位，见表 2-1。

表 2-1　电磁阀失效保护状态表

| 范围 | 正常 | | | 1 号电磁阀故障 | | | 2 号电磁阀故障 | | | 两个电磁阀都有故障 |
| --- | --- | --- | --- | --- | --- | --- | --- | --- | --- | --- |
| | 电磁阀 | | 齿轮 | 电磁阀 | | 齿轮 | 电磁阀 | | 齿轮 | 手动操作变速杆时的档位 |
| | 1 号 | 2 号 | | 1 号 | 2 号 | | 1 号 | 2 号 | | |
| "D" | ON | OFF | 第 1 | × | ON (OFF) | 第 3 (O/D) | ON | × | 第 1 | O/D |
| | ON | ON | 第 2 | × | ON | 第 3 | OFF (ON) | × | O/D (第 1) | O/D |
| | OFF | ON | 第 3 | × | ON | 第 3 | OFF | × | O/D | O/D |
| | OFF | OFF | O/D | × | OFF | O/D | OFF | × | O/D | O/D |

（续）

| 范围 | 正常 | | | 1号电磁阀故障 | | | 2号电磁阀故障 | | | 两个电磁阀都有故障 |
| --- | --- | --- | --- | --- | --- | --- | --- | --- | --- | --- |
| | 电磁阀 | | 齿轮 | 电磁阀 | | 齿轮 | 电磁阀 | | 齿轮 | 手动操作变速杆时的档位 |
| | 1号 | 2号 | | 1号 | 2号 | | 1号 | 2号 | | |
| "2" | ON | OFF | 第1 | × | ON（OFF） | 第3（O/D） | ON | × | 第1 | 第3 |
| | ON | ON | 第2 | × | ON | 第3 | OFF（ON） | × | 第3（第1） | 第3 |
| | OFF | ON | 第3 | × | ON | 第3 | OFF | × | 第3 | 第3 |
| "L" | ON | OFF | 第1 | × | OFF | 第1 | ON | × | 第1 | 第1 |
| | ON | ON | 第2 | × | ON | 第2 | ON | × | 第1 | 第1 |

注：（ ）指如果不带失效保护功能；×指黄色的故障零件指示失效保护。

 拓展阅读

### 一、停车回空档功能

停车回空档功能的开发理念是为自动档车型提供更为舒适的驾乘体验，同时提升燃油经济性，减缓车辆变速器和制动片的磨损速度。驾驶有这一功能的自动档轿车，用户可以明显感到车辆停止时抖动明显下降，夏季开空调时尤为明显，而在市区频繁起步停车的驾驶情况下，这一功能有助于车辆燃油经济性的提高。

具体操作是：当驾驶人踩住制动踏板，车辆完全停止超过 3s 后，自动变速器内部机构自动降档位跳至空档，变速器齿轮随之放开。当驾驶人放开制动踏板后，自动变速器内部机构自动跳至 1 档，车辆正常起步。

### 二、重叠换档控制

换档过程实际上是摩擦元件的摩擦力交替的过程，在常见的摩擦式离合器和制动器换档中，若摩擦力矩替换过程的定时不当，将会引起输出转矩的急剧变动。两个离合器之间或离合器与制动器之间摩擦力矩的替换，总会有或多或少的中断间隔或重叠，重叠不足或重叠过多，都会产生不应有的换档冲击。

重叠不足是指待分离的离合器过快地泄油分离，待接合的离合器未能建立足够的油压，因而出现两个离合器传递转矩间断的现象。在这个重叠不足的时间内，输出转矩先是下降过多，随后急剧上升，形成较大的转矩扰动。与此同时，发动机转速得不到平稳的过渡，先是因负荷减小而增速，后因负荷急剧增大而降速。

重叠过多是指在待接合的离合器已经能够传递很大的转矩时，应分离的离合器还没有很好地泄油分离，因而出现两个执行机构同时工作的情况。在一个短暂时间内，两个档位重叠工作，使发动机和输出轴都受到制动作用，因而输出轴有很大的转矩扰动。随后因应分离的离合器分离，使变速器输出轴的转矩急剧升高。重叠过多的转矩扰动比重叠不足时更严重，同时发动机转速先是急降，然后回升，表现出不稳的情况。重叠过多的升档过程最不平稳。

所以要对两个交替换档的执行元件在泄油充油过程进行控制，以得到最满意的交替衔接。传统自动变速器是通过换档定时控制来避免换档执行元件交替转换时出现时间差和过度重叠现象。在一些新式自动变速器换档控制上允许两个元件交替转换时出现重叠。例如大众汽车公司采用的 ZF 公司生产的 6HP 系列自动变速器在执行全部换档时，相邻两档的换档执行元件在交替作业时出现重叠现象就是所谓的重叠换档，如图 2-104 所示。也就是说在换档期间，正在传递力的离合器在释放前保持一段时间，直到相应的准换档离合器随着正在传递力的离合器压力的下降接收到适合的转矩为止。转矩的协调是通过升档时短时间降低发动机转矩或在减档时增大发动机转矩来支持换档过程。

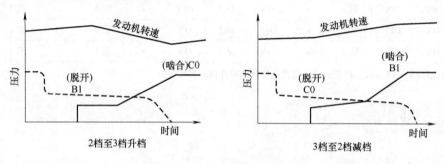

图 2-104　重叠换档控制

## 一、电控系统故障分析

以丰田卡罗拉轿车装备的 U340E 自动变速器为例，进行故障分析。

### 1. 故障分析

当电控系统发生故障时，故障原因有各传感器故障、各传感器与 ECU 之间的电路故障、电磁阀故障、电磁阀与 ECU 之间的电路故障、变速杆控制电路及电控开关故障、ECU 故障等。电控系统故障诊断方法如图 2-105 所示。

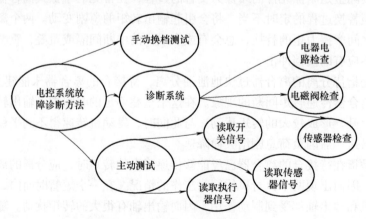

图 2-105　电控系统故障诊断方法

**2. 故障现象**

电控系统出现故障后，会导致自动变速器不能升降档、不能锁止或关闭锁止、换档点太高或太低、换档接合有冲击、起步或停车时发动机失速、起步困难、加速不良等故障现象，如图 2-106 所示。

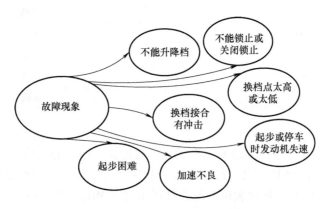

图 2-106 电控系统故障现象图

## 二、电控系统故障检修

下面以丰田卡罗拉 U340E 自动变速器为例，讲述自动变速器电控系统的故障诊断过程。

**1. 手动换档测试**

手动换档测试的目的是确定故障起因是机械因素还是电气因素。断开自动变速器线束，以禁止电控自动换档，此时只能操作变速杆进行换档。如果通过操作变速杆未能换档，系统可能存在机械故障。测试方法如下：

1）将点火开关置于 OFF 位置。

2）断开自动变速器线束插接器。

3）使发动机暖机。

4）使车辆行驶。

5）当变速杆换至 L 位、2 档、3 档和 D 位时，检查自动变速器的工作情况。手动测试标准状态见表2-2。

表 2-2 手动测试标准状态

| 变 速 杆 | 操 作 |
|---|---|
| L 至 2 | 未能换档 |
| 2 至 3 | 未能换档 |
| 3 至 D | 未能换档 |
| D 至 3 | 未能换档 |
| 3 至 2 | 未能换档 |
| 2 至 L | 未能换档 |

断开自动变速器线束时自动变速器档位设置见表2-3。

表 2-3    断开自动变速器线束时自动变速器档位设置

| 变 速 杆 | 档 位 |
|---|---|
| P | 驻车档 |
| R | 倒档 |
| N | 空档 |
| D | 3 档 |
| 3 | 3 档 |
| 2 | 3 档 |
| L | 3 档 |

### 2. 诊断系统

在对装备 OBD（车载诊断系统）的车辆进行故障排除时，必须将车辆连接至 OBD 诊断工具上。然后读取车辆 ECU 输出的各种数据。OBD 规范要求车辆的车载计算机在检测到以下零部件中存在的故障时，使仪表板上的故障指示灯（MIL，图 2-107）亮。相应的诊断故障码（DTC）将会记录在 ECU 存储器中。

1）将诊断仪连接到 DLC3（车载故障诊断接口）前，先检查蓄电池电压。蓄电池电压应在 11～14V 范围内。如果电压低于 11V，在继续操作前应更换蓄电池。

2）检查 MIL。将点火开关置于 ON 位置时，检查并确认 MIL 亮。如果 MIL 不亮，则对组合仪表进行故障排除。发动机起动时，MIL 应熄灭。如果灯一直亮，则表示诊断系统已检测到系统内存在故障或异常。

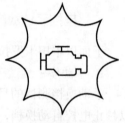

图 2-107    MIL

3）DTC 检查。储存在 ECU 中的 DTC 可以在诊断仪上显示。将诊断仪连接至 DLC3，将点火开关置于 ON 位置，进入以下菜单项：Enter/Powertrain/Engine and ECT/DTC/Current（or Pending）。确认 DTC 和定格数据，然后将它们记录下来。

自动变速器电控系统 DTC 及故障部位见表 2-4。

表 2-4    自动变速器电控系统 DTC 及故障部位

| DTC | 检测项目 | 故障部位 | MIL[1] | 存储器[2] |
|---|---|---|---|---|
| P0705 | 变速器档位传感器电路故障（PRNDL 输入） | 1）驻车档/空档位置开关电路断路或短路<br>2）驻车档/空档位置开关<br>3）ECM | 亮 | 存储 DTC |
| P0710 | ATF 温度传感器 "A" 电路 | 1）ATF 温度传感器电路断路或短路<br>2）变速器线束（ATF 温度传感器）<br>3）ECM | 亮 | 存储 DTC |
| P0711 | ATF 温度传感器 "A" 性能 | 变速器线束（ATF 温度传感器） | 亮 | 存储 DTC |
| P0712 | ATF 温度传感器 "A" 电路低输入 | 1）ATF 温度传感器电路短路<br>2）变速器线束（ATF 温度传感器）<br>3）ECM | 亮 | 存储 DTC |

| DTC | 检测项目 | 故障部位 | MIL*1 | 存储器*2 |
|---|---|---|---|---|
| P0713 | ATF 温度传感器"A"电路高输入 | 1）ATF 温度传感器电路断路<br>2）变速器线束（ATF 温度传感器）<br>3）ECM | 亮 | 存储 DTC |
| P0717 | 涡轮转速传感器电路无信号 | 1）变速器转速传感器 NT（转速传感器 NT）电路断路或短路<br>2）变速器转速传感器 NT（转速传感器 NT）<br>3）ECM<br>4）自动传动桥总成 | 亮 | 存储 DTC |
| P0724 | 制动开关"B"电路高电位 | 1）制动灯开关电路短路<br>2）制动灯开关<br>3）ECM | 亮 | 存储 DTC |
| P0741 | 变矩器离合器电磁阀性能（换档电磁阀 SL） | 1）换档电磁阀 SL 保持打开或关闭状态<br>2）阀体阻塞<br>3）换档电磁阀 SL<br>4）变矩器离合器<br>5）自动传动桥（离合器、制动器或齿轮等）<br>6）管路压力过低 | 亮 | 存储 DTC |
| P0751 | 换档电磁阀"A"性能（换档电磁阀 S1） | 1）换档电磁阀 S1 保持打开或关闭状态<br>2）阀体阻塞<br>3）换档电磁阀 S1<br>4）自动传动桥（离合器、制动器或齿轮等） | 亮 | 存储 DTC |
| P0756 | 换档电磁阀"B"性能（换档电磁阀 S2） | 1）换档电磁阀 S2 保持打开或关闭状态<br>2）阀体阻塞<br>3）换档电磁阀 S2<br>4）自动传动桥（离合器、制动器或齿轮等） | 亮 | 存储 DTC |
| P0787 | 换档/正时电磁阀电位低（换档电磁阀 ST） | 1）换档电磁阀 ST 电路短路<br>2）换档电磁阀 ST<br>3）ECM | 亮 | 存储 DTC |
| P0788 | 换档/正时电磁阀电位高（换档电磁阀 ST） | 1）换档电磁阀 ST 电路断路<br>2）换档电磁阀 ST<br>3）ECM | 亮 | 存储 DTC |

（续）

| DTC | 检测项目 | 故障部位 | MIL*1 | 存储器*2 |
|------|---------|----------|-------|----------|
| P0973 | 换档电磁阀"A"控制电路电位低（换档电磁阀S1） | 1）换档电磁阀S1电路短路<br>2）换档电磁阀S1<br>3）ECM | 亮 | 存储DTC |
| P0974 | 换档电磁阀"A"控制电路电位高（换档电磁阀S1） | 1）换档电磁阀S1电路断路<br>2）换档电磁阀S1<br>3）ECM | 亮 | 存储DTC |
| P0976 | 换档电磁阀"B"控制电路电位低（换档电磁阀S2） | 1）换档电磁阀S2电路短路<br>2）换档电磁阀S2<br>3）ECM | 亮 | 存储DTC |
| P0977 | 换档电磁阀"B"控制电路电位高（换档电磁阀S2） | 1）换档电磁阀S2电路断路<br>2）换档电磁阀S2<br>3）ECM | 亮 | 存储DTC |
| P2714 | 压力控制电磁阀"D"性能（换档电磁阀SLT） | 1）换档电磁阀SLT保持关闭状态<br>2）阀体阻塞<br>3）变矩器离合器<br>4）自动传动桥（离合器、制动器或齿轮等） | 亮 | 存储DTC |
| P2716 | 压力控制电磁阀"D"电路（换档电磁阀SLT） | 1）换档电磁阀SLT电路断路或短路<br>2）换档电磁阀SLT<br>3）ECM | 亮 | 存储DTC |
| P2769 | 变矩器离合器电磁阀电路短路（换档电磁阀SL） | 1）换档电磁阀SL电路短路<br>2）换档电磁阀SL<br>3）ECM | 亮 | 存储DTC |
| P2770 | 变矩器离合器电磁阀电路断路（换档电磁阀SL） | 1）换档电磁阀SL电路断路<br>2）换档电磁阀SL<br>3）ECM | 亮 | 存储DTC |

DTC P0705 变速器档位传感器电路故障（PRNDL 输入）

驻车档/空档位置开关检测变速杆位置，并向 ECM 发送信号。为了安全起见，驻车档/空档位置开关检测变速杆位置，使发动机只能在车辆变速杆置于 P 位或 N 位时才能起动。当驻车档/空档位置开关从开关位置 P 位、R 位、N 位、D 位、3 档、2 档、L 位一次发送多个信号时，ECM 将其视为开关中有故障。ECM 将使 MIL 亮。

从图 2-108 驻车档/空档位置传感器电路图看，该传感器电路故障可能的故障原因是驻车档/空档位置传感器线束与插接器故障、档位开关总成故障以及换档锁止控制单元总成（ECU）故障。

检查线束和插接器（蓄电池-档位开关）。断开档位开关插接器，将点火开关置于 ON 位置。根据表 2-5 中的值测量电压。

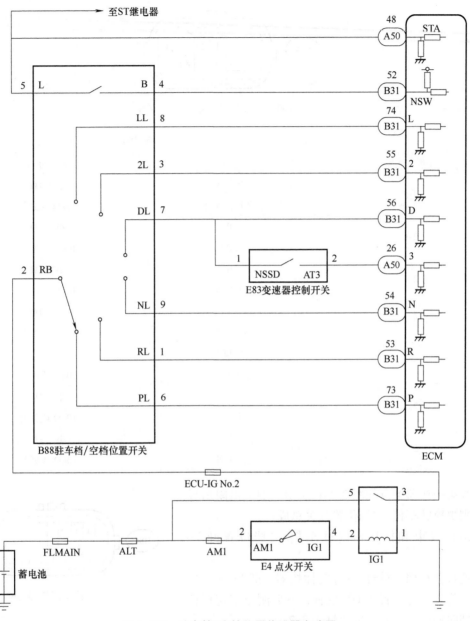

图 2-108　驻车档/空档位置传感器电路图

表 2-5　蓄电池-档位开关电压值

| 诊断仪连接 | 开关状态 | 规定状态 |
|---|---|---|
| B88-2（RB）-车身搭铁 | 点火开关置于 ON 位置 | 11～14V |

线束插接器触点 B88-RB 如图 2-109 所示。如果电压值异常，则维修或更换线束、插接器。

检查驻车档/空档位置开关总成。当变速杆移至各个位置时，测量电阻值。其标准电阻值见表 2-6。

图 2-109　线束插接器触点 B88- RB

表 2-6　驻车档/空档位置开关标准电阻值

| 诊断仪连接 | 变速杆位置 | 规 定 状 态 |
|---|---|---|
| 4-5 | P 和 N | 小于 1Ω |
| | 除 P 和 N 外 | 10kΩ 或更大 |
| 2-6 | P | 小于 1Ω |
| | 除 P 外 | 10kΩ 或更大 |
| 2-1 | R | 小于 1Ω |
| | 除 R 外 | 10kΩ 或更大 |
| 2-9 | N | 小于 1Ω |
| | 除 N 外 | 10kΩ 或更大 |
| 2-7 | D 和 3 | 小于 1Ω |
| | 除 D 和 3 外 | 10kΩ 或更大 |
| 2-3 | 2 | 小于 1Ω |
| | 除 2 外 | 10kΩ 或更大 |
| 2-8 | L | 小于 1Ω |
| | 除 L 外 | 10kΩ 或更大 |

线束插接器触点如图 2-110 所示。如果电阻值异常，则更换驻车档/空档位置开关总成。

检查线束和插接器（驻车档/空档位置开关-ECU）。

连接驻车档/空档位置开关插接器，断开 ECU 插接器，将点火开关置于 ON 位置，然后测量变速杆移至各档时的电压，其标准值见表 2-7。

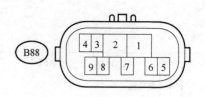

图 2-110　线束插接器触点

表 2-7　变速杆移至各档位时线束电压值

| 诊断仪连接 | 变速杆位置 | 规 定 状 态 |
|---|---|---|
| B31-73（P）-车身搭铁 | P | 11～14V |
| | 除 P 外 | 低于 1V |
| B31-54（N）-车身搭铁 | N | 11～14V |
| | 除 N 外 | 低于 1V |
| B31-53（R）-车身搭铁 | R | 11～14V |
| | 除 R 外 | 低于 1V |

（续）

| 诊断仪连接 | 变速杆位置 | 规定状态 |
|---|---|---|
| B31-56（D）-车身搭铁 | D 和 3 | 11～14V |
| | 除 D 和 3 外 | 低于 1V |
| B31-55（2）-车身搭铁 | 2 | 11～14V |
| | 除 2 外 | 低于 1V |
| B31-74（L）-车身搭铁 | L | 11～14V |
| | 除 L 外 | 低于 1V |

线束插接器触点如图 2-111 所示。如果测量电压值不符，则维修或更换线束及插接器。

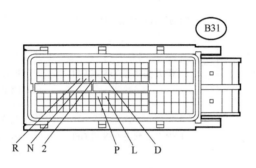

图 2-111　线束插接器触点

检查换档锁止控制单元总成（ECU）。当变速杆移至各个位置时，测量电阻值，其标准值见表 2-8。

表 2-8　变速杆移至各个位置时，线束插头电阻值

| 诊断仪连接 | 变速杆位置 | 规定状态 |
|---|---|---|
| 1-2 | 3 和 2 | 小于 1Ω |
| | 除 3 和 2 外 | 10kΩ 或更大 |

换档锁止控制单元线束插接器触点如图 2-112 所示。如果电阻值不符，则更换换档锁止控制单元总成（ECU）。

检查换档电磁阀的电阻。以换档电磁阀 SL 为例，其在 20℃ 时的电阻值为 11～15Ω。将正极（+）引线连接至电磁阀插接器端子，并将负极（-）引线连接至电磁阀阀体，如图 2-113 所示。

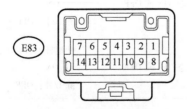

图 2-112　换档锁止控制单元
线束插接器触点

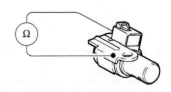

图 2-113　检查电磁阀电阻值

### 3. 主动测试

使用诊断仪无须拆下任何零件，就可以读取开关、传感器、执行器及其他项的数值或状态，可在零件或线束受到干扰之前发现间歇性故障或信号。在故障排除时，尽早读取数据信息是节省诊断时间的方法之一。

在发动机暖机时，将点火开关置于 OFF 位置，连接诊断仪到 DLC3。将点火开关置于 ON 位置，打开诊断仪，选择项目"Enter/Powertrain/Engine and ECU/Data List"。根据诊断仪上的显示读取"DATA LIST"，见表 2-9。

表 2-9　主动测试的部分"DATA LIST"

| 诊断仪显示 | 测量项目/范围 | 正 常 状 态 |
|---|---|---|
| Stop Light Switch | 制动灯开关状态/ON 或 OFF | 1）踏下制动踏板：ON<br>2）松开制动踏板：OFF |
| Neutral Position SW Signal | PNP 开关状态/ON 或 OFF | 变速杆位置处于：<br>P 和 N：ON<br>除 P 和 N 外：OFF |
| Shift SW Status（P Range） | PNP 开关状态/ON 或 OFF | 变速杆位置处于：<br>P：ON<br>除 P 外：OFF |
| Shift SW Status（R Range） | PNP 开关状态/ON 或 OFF | 变速杆位置处于：<br>R：ON<br>除 R 外：OFF |
| Shift SW Status（N Range） | PNP 开关状态/ON 或 OFF | 变速杆位置处于：<br>N：ON<br>除 N 外：OFF |
| Shift SW Status（D Range） | PNP 开关状态/ON 或 OFF | 变速杆位置处于：<br>D 和 3：ON<br>除 D 和 3 外：OFF |
| Shift SW Status（3 Range） | PNP 开关状态/ON 或 OFF | 变速杆位置处于：<br>3：ON<br>除 3 外：OFF |
| Shift SW Status（2 Range） | PNP 开关状态/ON 或 OFF | 变速杆位置处于：<br>2：ON<br>除 2 外：OFF |
| Shift SW Status（L Range） | PNP 开关状态/ON 或 OFF | 变速杆位置处于：<br>L：ON<br>除 L 外：OFF |

根据诊断仪的显示，执行主动测试，部分电气元件工作状态见表 2-10。若测试项目的工作状态不符，相关电控元件有可能存在故障。

表 2-10　主动测试的部分电气元件工作状态

| 诊断仪显示 | 测 试 部 位 | 控 制 范 围 |
|---|---|---|
| Control the Shift Position | ［测试细节］<br>　操作换档电磁阀，并自行设定每个变速杆位置<br>［车辆状态］<br>　● IDL：ON<br>　● 低于 50km/h（31m/h）<br>［其他］<br>　● 按"→"按钮：加档<br>　● 按"←"按钮：减档 | 1 档/2 档/3 档/4 档 |
| Activate the Lock Up | ［测试细节］<br>　控制换档电磁阀 SL，以将自动传动桥设置为锁止状态<br>［车辆状态］<br>　● 节气门开度：小于 35%<br>　● 车速：58km/h（36m/h）或更高，4 档 | ON/OFF |
| Activate the Solenoid（S1） | ［测试细节］<br>　操作换档电磁阀 S1<br>［车辆状态］<br>　● 车辆停止<br>　● IDL：ON | ON/OFF |
| Activate the Solenoid（S2） | ［测试细节］<br>　操作换档电磁阀 S2<br>［车辆状态］<br>　● 车辆停止<br>　● IDL：ON | ON/OFF |
| Activate the Solenoid（SL） | ［测试细节］<br>　操作换档电磁阀 SL<br>［车辆状态］<br>　● 车辆停止<br>　● IDL：ON | ON/OFF |
| Activate the Solenoid（ST） | ［测试细节］<br>　操作换档电磁阀 ST<br>［车辆状态］<br>　● 车辆停止<br>　● IDL：ON | ON/OFF |
| Activate the Solenoid（SLT）* | ［测试细节］<br>　操作换档电磁阀 SLT 并增加管路压力<br>［车辆状态］<br>　● 车辆停止<br>　● IDL：ON<br>提示：<br>　OFF：管路压力增大（执行"Activate the Solenoid（SLT）*<br>的主动测试时，ECM 指令 SLT 电磁阀关闭） | ON/OFF |

 **情境分析**

**1. 故障现象**

一辆丰田卡罗拉轿车，装备 U340E 自动传动桥。驾驶人反映该车换档点不稳定，发动机噪声变大，发动机转速较原来高很多时自动变速器才换档。

1）变速杆在 D 位时，轻踩加速踏板开始起步，该车发动机转速至 2600r/min 才勉强换入 2 档，转速升至 2800r/min 时才升入 3 档，故障现象与驾驶人描述吻合。

2）连接诊断仪到诊断座，调取故障码。自动变速器控制单元显示无故障码，电子系统正常。

3）检查主油路油压，D 位怠速时油压为 410kPa，在正常范围内。

4）检查自动变速器油尺，油位符合标准，油质透亮纯净无明显杂质，ATF 没有焦煳等异味。

5）检查节气门位置传感器信号。微踩加速踏板时，1 号节气门位置传感器信号电压值在 1.0~2.2V 范围内波动，正常；2 号节气门位置传感器信号也在正常范围内。

6）检查冷却液温度传感器信号，温度值在 80℃，正常。

7）检查 ATF 温度传感器，油温值显示为 90℃，在正常范围内。

8）随后思考各传感器信号是否发生偏移，给控制单元一种假象。将冷却液温度传感器信号与 ATF 温度传感器拆下，用温度计做加热实验进行阻值对比，结果发现冷却液温度传感器信号在各个特定的温度区间内的实际测量值与维修手册提供的数值出现了偏差。

更换冷却液温度传感器后，换档点正常，故障排除。

**2. 故障原因分析**

冷却液温度传感器信号产生偏移，会让自动变速器 ECU 认为冷却液温度较低，延迟自动变速器升档，导致自动变速器换档点的发动机转速偏高。

 **学习小结**

1）电控自动变速器可实现如下控制功能：换档点控制、变矩器锁止离合器锁止控制、换档时过渡特性控制、发动机转矩控制、离合器制动器油压控制、换档时锁止控制、车辆后座减轻控制等。

2）当车速足够高且其他各种因素均满足锁止要求时，ECU 就向锁止电磁阀发出电信号，使锁止离合器接合，即液力变矩器锁止。

3）电控自动变速器失效保护是指不管什么原因引起变速器电控系统故障，变速器仍然能够维持基本的工作条件。例如，在 ECU 完全失电的状态下，自动变速器至少还能提供一个前进档位让汽车能继续维持行驶。

 **学习单元四** AT换档冲击故障检修

 **情境导入**

一辆丰田卡罗拉轿车，装备U340E自动传动桥。车辆行驶中2档换3档时有较大冲击，其他档位换档时也有不平顺的感觉。经检查，发现该自动变速器ATF变质，阀体内有金属屑，阀体的2-3档换档阀发涩卡滞，清洗阀体并更换ATF后，上述故障现象消失。

 **学习目标**

1. 能通过与客户交流、查阅相关维修技术资料等方式获取车辆信息。
2. 能根据故障现象制订正确的维修计划。
3. 能正确选择诊断设备、工具对AT换档冲击故障进行诊断。
4. 能正确记录、分析各种检测结果并做出故障判断。
5. 能按照正确操作规范进行AT换档冲击的故障排除。
6. 能根据环保要求，正确处理对环境和人体有害的废料和损坏的零部件。

 **理论知识**

### U340E自动变速器动力传递路线分析

丰田卡罗拉轿车配备了U340E自动变速器，其各档位传动比：1档为2.847，2档为1.552，3档为1.000，4档为0.700，R位为2.343，ATF加注量为6.8L。

**1. 1档动力传递路线分析**

变速杆处于D位、3档、2档时，1档时工作的换档执行元件有C1、F2，动力传递路线如图2-114所示。动力传递发生在前行星齿轮机构，F2阻止前齿圈逆时针转动，动力传递路线如下：输入轴（中间轴）—C1—前太阳轮—前行星齿轮—前行星架—副轴主动齿轮、副轴从动齿轮—输出。此时，由于后排行星齿轮组没有元件被制动锁止，因此处于空转状态。

汽车在滑行时，前行星架转速高（连驱动轮），前太阳轮转速低（连发动机），使前齿圈被带动加速顺着前行星架（前太阳轮）旋转方向转动，由于单向离合器F2不阻止前齿圈顺着行星架旋转方向转动，整个行星齿轮机构不能反向动力传递，无发动机制动效果。为了实现自动变速器1档有发动机制动效果，在L位1档除了上述1档换档执行元件工作外，还增加了B3工作，使车辆在滑行时具有发动机制动效果。

**2. 2档动力传递路线分析**

变速杆处于D位或3档时，2档时工作的换档执行元件有C1、B2和F1，动力传递路线如图2-115所示。动力传递发生在前后两个行星齿轮机构，B2、F1联合作用阻止后太阳轮逆时针转动，动力传递路线如下：输入轴（中间轴）—C1—前太阳轮—前行星齿轮—前齿圈—后行星架—后行星齿轮—后齿圈—前行星架—副轴主动齿轮、副轴从动齿轮—输出。

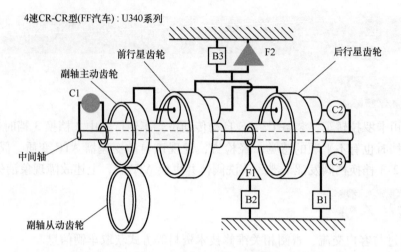

4速CR-CR型(FF汽车)：U340系列

图 2-114　1 档工作执行元件动力传递路线（见彩插）

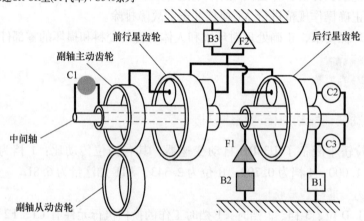

4速CR-CR型(FF汽车)：U340系列

图 2-115　2 档工作执行元件动力传递路线

汽车滑行时，前行星架/后齿圈组件转速高（连驱动轮），前太阳轮转速低（连发动机），使后行星架/前齿圈加速转动，进而使后太阳轮被带动加速顺着前行星架（前太阳轮）旋转方向转动。由于单向离合器 F1 不阻止后太阳轮顺着行星架旋转方向转动，整个行星齿轮机构不能反向动力传递，无发动机制动。

为了实现自动变速器 2 档有发动机制动效果，在 2 位 2 档时除了上述 2 档换档执行元件工作外，还增加了 B1 工作，使车辆在滑行时具有发动机制动效果。

**3. 3 档动力传递路线分析**

变速杆处于 D 位或 3 档时，3 档（传动比 =1）时工作的换档执行元件有 C1、C2 和 B2，动力传递路线如图 2-116 所示。3 档时，前、后排行星齿轮机构互锁成一体旋转，动力传递路线：一条为输入轴—C1—前太阳轮—前行星架—副轴主动齿轮、副轴从动齿轮—输出，另一条为输入轴（中间轴）—C2—后行星架—前齿圈—前行星架—副轴主动齿轮、副轴从动齿轮—输出。

　　由于行星齿轮机构三元件（太阳轮、行星架、齿圈）中有两个元件转速相等（前太阳轮、前行星架都与输入轴相连），因此汽车滑行时，驱动轮动力可以经前行星架传给前太阳轮，变速器3档有发动机制动效果。

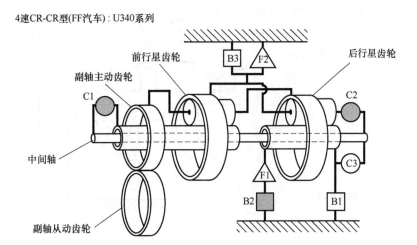

图 2-116　3 档工作执行元件动力传递路线

### 4. 4 档动力传递路线分析

　　变速杆处于 D 位时，4 档时工作的换档执行元件有 C2、B1 和 B2，动力传递路线如图 2-117所示。动力传递发生在后行星齿轮机构，动力传递路线为：输入轴（中间轴）—C2—后行星架—后行星齿轮—后齿圈—副轴主动齿轮、副轴从动齿轮—输出。此时，由于前排行星齿轮机构没有元件被制动锁止，因此处于空转状态。

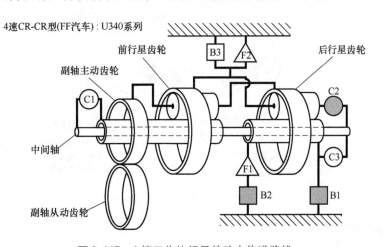

图 2-117　4 档工作执行元件动力传递路线

　　由于行星齿轮机构三元件（太阳轮、行星架、齿圈）中有 1 个元件被固定（后太阳轮被固定），因此汽车滑行时，驱动轮动力可以经后齿圈传给后行星架，自动变速器 4 档有发动机制动效果。

**5. R 位动力传递路线分析**

变速杆处于 R 位时，工作的换档执行元件有 C3 和 B3，动力传递路线如图 2-118 所示。R 位时，前排行星齿轮机构处于空转状态，动力传递发生在后行星齿轮机构，动力传递路线为：输入轴（中间轴）—C3—后太阳轮—后行星齿轮—后齿圈—副轴主动齿轮、副轴从动齿轮—输出。

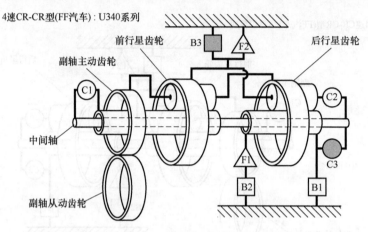

图 2-118　R 位工作执行元件动力传递路线

由于行星齿轮机构三元件（太阳轮、行星架、齿圈）中有 1 个元件被固定（后行星架被固定），因此汽车滑行时，驱动轮动力可以经后太阳轮传给后齿圈，有发动机制动效果。

该自动变速器电磁阀的安装位置如图 2-119 所示。

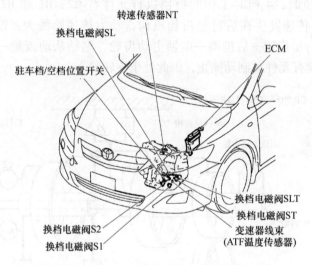

图 2-119　U340E 自动变速器电磁阀的安装位置

**动态压力平衡**

在高转速下，由于转动的原因，离合器油缸内的 ATF 形成很大的离心力。这种情况会导致离合器油缸内的压力增大，半径最大处的压力增大量最大。这种现象称为"动态压力建立"。"动态压力建立"会妨碍离合器油缸内的压力建立和卸压过程。

为了保证离合器在整个转速范围内都能可靠地完成断开和接合的动作，某些先进车型的离合器具有压力平衡功能，可以精确调节换档过程，这就大大改善了换档舒适性。

ATF 作用在离合器油缸的两侧，这是通过隔板来实现的，这块隔板与活塞构成了一个密封腔，用于动态压力平衡，如图 2-120 所示。压力平衡腔内只作用有来自润滑油道内的低压。离合器释放油压后，由于高速旋转产生的离心力导致一部分油液残留在油缸腔中形成离心压力将离合器活塞压向离合器片。来自润滑油道并进

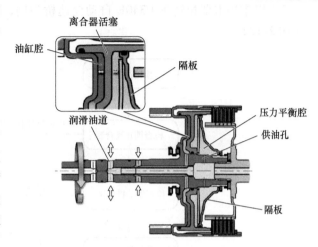

图 2-120　动态压力平衡（见彩插）

入压力平衡腔的油液在高速旋转中也产生离心压力，与油缸腔产生的压力方向相反，与之达到平衡。

**实践技能**

## 一、AT 换档冲击故障分析

当 AT 换档冲击时，可能的故障原因如图 2-121 所示。故障原因有蓄能器损坏卡滞、离合器与制动器故障、单向阀漏装、油压调节电磁阀及阀故障、锁止离合器无法脱开、换档电磁阀故障、节气门位置信号错误、发动机怠速过高等。

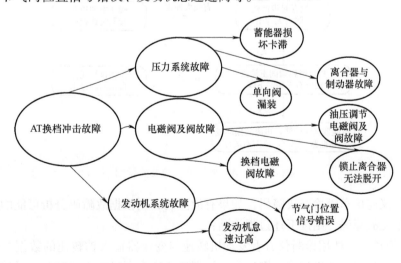

图 2-121　AT 换档冲击故障原因

111

## 二、AT 换档冲击故障检修

下面以丰田卡罗拉轿车 U340E 自动变速桥为例，讲述自动变速器换档冲击故障诊断过程（图 2-122）。

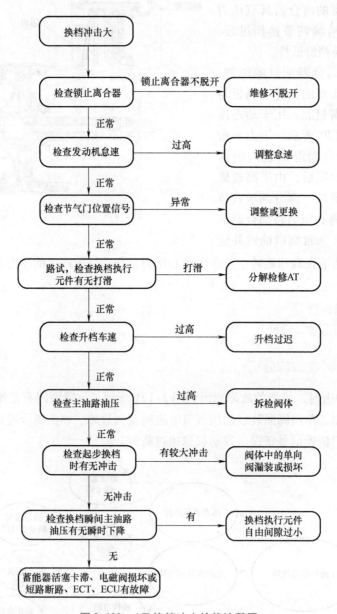

图 2-122　AT 换档冲击检修流程图

先用诊断仪连接车辆检查故障码，如果有故障码，则根据故障码分析可能的故障原因进行排查。如果无故障码，则按下述过程诊断：

1）行车换档时，使用诊断仪查看发动机转速与变速器输入轴转速的数据，检查在换档时两个转速是否相同，如果相同，则液力变矩器锁止离合器可能无法脱开而导致换档时有机械连接，产生换档冲击。

2）检查发动机怠速。在 N 位或 P 位时，检查发动机热车后的怠速转速，正常怠速转速应该为 650～750r/min。如果热车后怠速转速过高，则进行发动机系统的检测维修。

3）检查节气门位置传感器信号。打开点火开关，测量节气门体（M－）与（M＋）端子电阻值，如图 2-123 所示。当完全踩下和放松、加速踏板时，电阻应在 0.3～100Ω 范围内。随着踏板缓慢踩下，电阻值变化应该较为线性，不出现较大波动。

检查节气门位置传感器 VTI 和 VT2 的输出电压，其在完全松开加速踏板时分别为 0.5～1.1V 与 2.1～3.1V，在完全踩下加速踏板时分别为 3.3～4.9V 与 4.66～5.0V。节气门开度与传感器电压值趋势如图 2-124 所示。

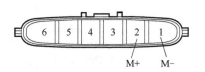

图 2-123　测量节气门体电阻值

4）检查换档元件工作状况。检查行驶中有无换档元件打滑状况，即换完档后车辆有振动。若有打滑状况，应检查变速器离合器、制动器摩擦片是否剥落或变色烧蚀，离合器、制动器钢片是否严重磨损和烧蚀，如图 2-125 所示。

5）检查升档车速。行车时检查各档位升档车速，如果升档车速过高，说明升档过迟，检查电磁阀及滑阀的工作情况。

① 检查换档电磁阀。拆下换档电磁阀，在室温下测量其电阻值。以卡罗拉轿车 U340E 自动变速器的换档电磁阀为例，其阻值应在 5.0～5.6Ω 范围内。

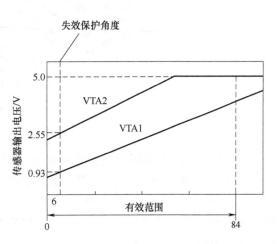

图 2-124　节气门开度与传感器电压值趋势

用蓄电池检查电磁阀工作状态，将 21W 灯泡串联在检测回路中，检查电磁阀的运动情况，正常应发出迅速干脆的工作声音，如图 2-126 所示。

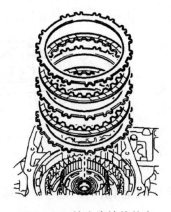

图 2-125　检查摩擦片状态

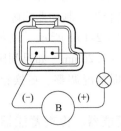

图 2-126　检查换档电磁阀的工作状态

② 检查滑阀。检查滑阀是否卡滞、磨损或有划伤。拆下液压阀体后，小心拆下键，按顺序放好拆出的弹簧、柱塞和滑阀。仔细观察滑阀是否有磨损和划伤，用手将滑阀在阀体内来回运动，检查是否有卡滞。阀体上半部分如图 2-127 所示。

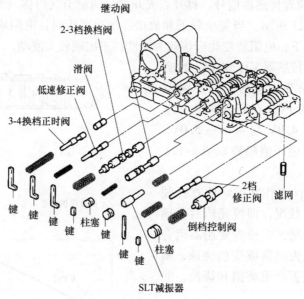

图 2-127　阀体上半部分

6）检查主油路油压。在检查和调整发动机之后，当 ATF 在 50～80℃时进行油压测试，如图 2-128 所示。急速时 D 位油压为 372～412kPa，R 位为 553～623kPa。失速测试 D 位油压为 1120～1230kPa，R 位油压为 1660～1870kPa。

7）检查阀体内的单向阀是否漏装。检查阀体内的单向阀是否漏装及安装是否正确，单向阀有无损坏。若单向阀损坏或丢失，会导致换档时工作油压上升过快，使离合器或制动器接合过猛，导致换档冲击。以卡罗拉轿车 U340E 自动变速器为例，黑色部分为单向阀位置，如图 2-129 所示。单向阀具体位置及参数请参照各车型的技术手册。

8）检查离合器、制动器间隙。检查离合器、制动器间隙，如图 2-130 所示。以倒档制动器为例，其间隙为 0.86～1.26mm。如果间隙不符合标准，则根据摩擦片磨损情况调整、更换钢片压板或整组摩擦片与钢片。

9）检查蓄能器。检查蓄能器密封圈是否损坏或老化，弹簧是否损坏，如图 2-131 所示。

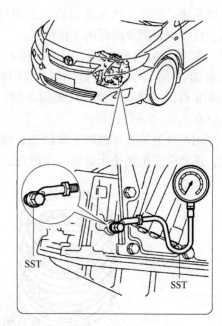

图 2-128　油压测试

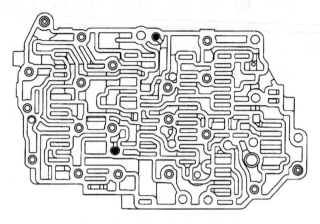

图 2-129 阀体上的单向阀位置

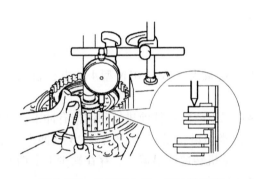

图 2-130 检查离合器、制动器间隙

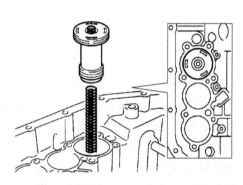

图 2-131 检查蓄能器

**1. 故障现象**

一辆丰田卡罗拉轿车，装备 U340E 自动传动桥。以 5 档行驶，车辆行驶中 2 档换 3 档时有较大冲击，其他档位换档时也有不平顺的感觉。

1）连接诊断仪，检查是否有故障码。若有故障码，根据故障码的信息进行相关检查；若无故障码，在行车中检查 2 档换 3 档时发动机转速与变速器输入轴转速的数据，如果两个数据在换档时基本相同，则可能是液力变矩器锁止离合器无法在换档时脱开，经检查，锁止离合器在换档时可以脱开。

2）检查发动机怠速，热车后发动机怠速比较稳定，在 750r/min 左右。

3）通过诊断仪检查节气门位置信号。在不断踩下、松开加速踏板的同时观察节气门位置信号电压值，经检查电压值较为线性，完全松开和彻底踩下时的电压符合要求。

4）连接油压表，检查变速器油压。检查怠速油压，再测试失速油压。经检查，油压在规定范围内，油压正常。

5）拆卸变速器，进行解体检查。发现 ATF 比较脏，已变质。检查蓄能器密封圈及弹簧，密封圈无破损，弹性良好，弹簧无折断现象，运动自如。

6）检查离合器与制动器间隙，间隙较大，但仍在可以使用的范围内。拆下摩擦片，发现摩擦片已有一定磨损，有轻微打滑过热的迹象。

7）拆卸阀体，将各个滑阀拆下，按顺序摆好。拆卸过程中发现滑阀槽内有金属渣屑，来回拉动2-3档换档阀，感觉其运动发涩，但滑阀并无明显划伤。随后对阀体及所有滑阀进行清洗。

装复后添加新的ATF，进行行车实验，2档换3档时的冲击现象消失，故障排除。

**2. 故障原因分析**

在换档时，电磁阀通过油路来推动换档滑阀运动以改变油路的流向，进行离合器或制动器的切换，如果换档阀卡滞工作不畅，会导致变速器先进入空档再进入下一个档位或两个档位过度重叠工作的现象，导致变速器换档冲击。

**一、上海大众帕萨特1.8GSi轿车换档冲击**

**1. 故障现象**

一辆2006年产上海大众帕萨特1.8GSi轿车，搭载大众AG4 01N型4速电控自动变速器，车主反映该车变速器存在换档冲击的症状。

接车后对该车进行路试，确定该车变速器存在以下故障：挂前进档和倒档有冲击，挂前进档变速器动力接合后，变速器内部会长时间发出类似摩擦的声音，2档换3档冲击严重，汽车高速行驶时发动机转速与对应车速不匹配，发动机转速明显偏高，存在缺少1个档的现象，随着车速的升高，变速器内部的噪声会随之升高。

**2. 故障诊断与排除**

根据该款变速器的维修经验并结合该车的故障现象，对变速器进行解体维修。经仔细检查，机械及液压部件方面存在如下问题：

1）N93主油压调节电磁阀、N92和N94换档电磁阀有故障，导致挂档冲击和换档冲击的问题。

2）K1离合器内转鼓上的4个定位支架损坏，导致K1最下面的摩擦片花键不能与该转鼓接合，导致挂前进档变速器动力接合后变速器内部长时间发出类似摩擦的声音。

3）目视观察液力变矩器，发现变矩器已经受过高温呈现出青蓝色，可以判断变矩器锁止离合器烧损。

4）差速器及主减速器内部因缺少齿轮油润滑，导致变速器噪声较大。

更换损坏部件并按照大修标准作业，将变速器装复进行长时间路试，其他问题得以解决，但仍然存在2档换3档冲击。节气门开度越小，2档换3档冲击感越强，如果在2档换3档时松开加速踏板，冲击感更加强烈，急加速时冲击感不明显。2档换3档冲击与节气门开度就有了直接关系，变速器系统压力是随着节气门开度增大而增大的，因此基本排除变速器内部机械元件的故障，同时可排除液压控制阀体及电磁阀的故障。从油路上分析，2档时N88电磁阀断电接通1-3档离合器K1的油路，N89电磁阀通电打开2/4档制动器B2右路，N90电磁阀通电切断3/4档离合器K3的油路，3档时N88继续断电K1继续接合，此时N89

电磁阀断电切断 B2 的油路，N90 电磁阀断电接通 K3 油路。2 档换 3 档就是 B2 与 K3 之间的切换，电磁阀之间的切换则是 N89 和 N90 之间的切换，同时 N92 电磁阀还需协助维修换档点的工作压力，因此故障应该发生在控制信号上。

对发动机动态数据进行观察，根据发动机各工况的数据，发现空气流量传感器在怠速时的数值偏大（发动机转速在 760r/min 时空气进气量为 3.6～3.9g/s），于是更换空气流量传感器继续试车，结果并无改善。观察节气门开度信息、电压信号信息、喷油脉宽信息都正常，清洗并更换节气门体后无效果。

对变速器再次执行"部分负荷"挂前进档，反复进行加速踏板的踩下、抬起试车，2 档换 3 档冲击现象消失。

### 二、卡罗拉 1.8L 轿车，2 档挂 3 档过程中出现较大冲击

#### 1. 故障现象

一辆卡罗拉 1.8L 轿车，发动机型号为 ZZE122，装备前驱 U341E 自动变速器。车辆在行驶过程中没有 1 档与 O/D 档，在试车过程中明显发现起步时自动变速器便进入 2 档，而且挂不超速档。2 档挂 3 档过程中出现较大冲击，发动机故障灯没亮。

#### 2. 故障分析

按照车辆的故障现象，借助丰田 X-431 诊断仪连接车辆诊断口，打开 ECU 诊断仪，提取出故障码，显示为 P0758，表示 S2 电磁阀出现电气故障。使用举升机将车辆顶起，使汽车四轮悬空，起动发动机，变速器挂入 D 位进行试车。松开制动踏板后，逐渐加大节气门开度，读取变速器换档数据流，ECU 诊断仪上显示变速器没有进入 1 档时便立刻进入 2 档，随后进入 3 档，但始终没有 O/D 超速档。同时，变速器在 2 档挂 3 档的过程中，车身明显存在较大的冲击力。确定两个维修方案，第一步解决变速器档位缺少现象，第二步解决变速器的换档冲击现象。具体维修步骤如下：

（1）解决变速器档位　根据丰田 X-431 诊断仪提示，查阅 U341E 自动变速器的系统电路图，对照电路图找出相应线束与插接器。检查电路，ECU 端子 6（R-W）与 ECT 电磁阀端子 3（R-W）之间导通正常，ECU 端子 5（P）与 ECT 电磁阀端子 8（P）之间导通正常，ECT ECU 端子 3（R-Y）与 ECT 电磁阀端子 5（R-Y）之间导通性良好，ECU 端子 20（L-W）与 ECT 电磁阀端子 4（L-W）之间导通正常，ECU 端子 9（L）与 ECT 电磁阀端子 10（L）之间导通正常，ECU 端子 29（L-O）与 ECT 电磁阀端子 2（L-O）之间导通正常。说明可能导致该故障现象的原因不是短路引起的。

电磁阀 S1 与 S2 工作正常时，能够实现所有的档位，如果任何一电磁阀发生开路或短路，发动机 ECU 就会控制另一电磁阀由 ON 到 OFF 来转换档位，从而导致缺少某一档位。针对上述故障：该车辆只有 2 档与 3 档，可推测出电磁阀 S2 出现故障。

（2）解决换档冲击　安装好拆卸的原件后进行试车，挂入 D 位时，在 2 档挂 3 档的过程中车身明显有较大的冲击。参照卡罗拉轿车 U341E 自动变速器维修手册得知：引起换档冲击（2-3 档）症状的故障部位可能在阀体总成（C2 蓄压器）或阀体总成（蓄能器控制阀）。常见的蓄能器由减振活塞和弹簧组成。工作原理主要为：当自动变速器换档时，主油路液压油进入离合器 C（或制动器 B）的液压缸的同时进入蓄能器。

液压油进入的初期，油压不是很高，不能推动蓄能器活塞下移，因此液压缸油压升高

快，这样便于离合器、制动器迅速消除自由间隙。此后，油压迅速增大，油压克服蓄能器弹簧的弹力使活塞下移，容积增大，油路部分液压油进入减振器工作腔，使液压缸内压力升高速度减缓，离合器、制动器接合柔和，减小换档冲击。

同样道理，为了保证换档品质，对该油路进行缓冲减压，因此油路经过蓄能器 C2 进行缓冲，若蓄能器 C2 失效，例如弹簧折断，会导致在进入 3 档时有冲击力的现象。

故障排除：综合上述故障分析的过程，导致卡罗拉轿车无 1 档与 4 档，并且 2 档挂 3 档时有换档冲击的故障原因有两点：一是由于线束 ECT ECU 端子 3（R-Y）与端子 9（L）出现短接引起的；二是由于蓄能器 C2 弹簧折断引起的。找出了故障原因，解决方法就简单了。只要将两线束分开用电胶布包扎好并更换蓄能器 C2 弹簧后，借助丰田 X-431 诊断仪进行清除故障码，试车故障码消失，变速器工作正常，故障排除。

### 学习小结

1）U340E 自动变速器为丰田卡罗拉轿车配备，其各档位传动比：1 档为 2.847，2 档为 1.552，3 档为 1.000，4 档为 0.700，R 位为 2.343，ATF 加注量为 6.8L。

2）动态油压的建立会使接触压力毫无必要地增大，会妨碍离合器油缸内的压力建立和卸压过程。

3）换档冲击的故障原因有蓄能器损坏卡滞、离合器与制动器故障、单向阀漏装、油压调节电磁阀及阀故障、锁止离合器无法脱开、换档电磁阀故障、节气门位置信号错误、发动机怠速转速过高等。

 学习单元五　AT 升降档困难故障检修

 情境导入

一辆丰田卡罗拉轿车，装备 U340E 自动传动桥。车辆起步后 1 档换 2 档困难，换档时发动机转速有较大波动，车辆加速困难，发动机转速突然上升。经检查，在大转矩时 1 号单向离合器存在打滑现象，更换 1 号单向离合器后，上述故障现象消失。

 学习目标

1. 能通过与客户交流、查阅相关维修技术资料等方式获取车辆信息。
2. 能根据故障现象制订正确的维修计划。
3. 能正确选择诊断设备、工具对 AT 升降档困难故障进行诊断。
4. 能正确记录、分析各种检测结果并做出故障判断。
5. 能按照正确操作规范进行 AT 升降档困难的故障排除。
6. 能根据环保要求，正确处理对环境和人体有害的废料和损坏的零部件。

理论知识

**01M 自动变速器动力传递路线分析**

大众宝来、捷达等轿车均配备了 01M 自动变速器，其各档位传动比：1 档为 2.714，2 档为 1.441，3 档为 1.000，4 档为 0.743，R 位为 2.884，新自动变速器 ATF 加注量为 5.7L，换油量约为 3L。

01M 自动变速器的组成及部件位置如图 2-132 所示。

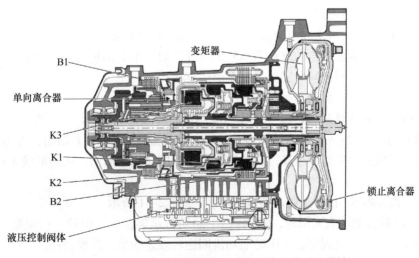

图 2-132　01M 自动变速器的组成及部件位置（见彩插）

各档位执行元件状态如图 2-26 所示。其中，K 为离合器，B 为制动器，F 为单向离合器。

**1. 1 档动力传递路线分析**

01M 自动变速器执行元件位置如图 2-27 所示。

离合器 K1：连接输入与小太阳轮。

离合器 K2：连接输入与大太阳轮。

离合器 K3：连接输入与行星架。

制动器 B2：制动大太阳轮。

制动器 B1：制动行星架。

单向离合器 F：对行星架的顺转解锁，对行星架的逆转锁止。

输出：齿圈作为输出件。

D 位 1 档：离合器 K1 接合，单向离合器 F 锁止。

离合器 K1 接合后，输入轴通过离合器 K1 将动力传递给小太阳轮，小太阳轮、行星架和齿圈组成的是双级行星排，所以小太阳轮试图驱动行星架逆转会被单向离合器 F 锁止，行星架不能逆转，所以齿圈在太阳轮的驱动下顺转输出动力。

在 D 位 1 档时，因为单向离合器 F 锁止是传递动力的必须条件，所以在 D 位 1 档时没有发动机制动作用。

如果在 D 位 1 档时要获得发动机制动作用，必须将行星架双向制动，所以 B1 要参与制动，即在 L 位 1 档时离合器 K1 接合，制动器 B1 制动。

**2. 2 档动力传递路线分析**

D 位 2 档时，离合器 K1 接合，制动器 B2 制动，如图 2-28 所示。

D 位 1 档时，齿圈作为输出顺转，如果考虑大太阳轮、行星架和齿圈，它们可看成是一个单级行星排，齿圈与大太阳轮的转向相反，所以 1 档时大太阳轮在齿圈的驱动下逆转。

D 位 2 档时，制动器 B2 参与制动大太阳轮，因为大太阳轮固定，行星架绕大太阳轮顺转，单向离合器 F 解锁，允许行星架顺转，而行星架的顺转带动齿圈顺转，齿圈转速比 1 档时提高，从而实现 2 档传动。

**3. 3 档动力传递路线分析**

D 位 3 档时，离合器 K1 和离合器 K3 接合，如图 2-29 所示。

离合器 K1 驱动小太阳轮，离合器 K3 驱动行星架，小太阳轮和行星架同时作为输入，齿圈作为输出，与输入同速同向旋转，从而形成直接档。

**4. 4 档动力传递路线分析**

D 位 4 档时，离合器 K3 接合，制动器 B2 制动，如图 2-30 所示。

离合器 K3 接合，输入将动力传递给行星架，制动器 B2 制动大太阳轮，考虑大太阳轮、行星架和齿圈组成一个单级行星排，行星架驱动齿圈同向超速输出，从而形成 4 档超速档。

**5. R 位动力传递路线分析**

R 位时，离合器 K2 接合，制动器 B1 制动，如图 2-31 所示。

离合器 K2 接合驱动大太阳轮，制动器 B1 制动行星架，大太阳轮、行星架和齿圈组成一个单级行星排，行星架固定，太阳轮驱动齿圈逆转减速输出，形成倒档。

该自动变速器电磁阀的安装位置如图 2-133 所示。

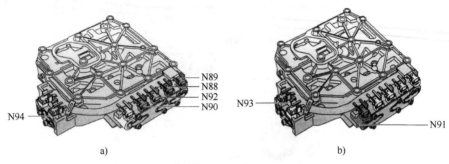

图 2-133　01M 电磁阀的位置

电磁阀 N88、N89、N90、N92、N94 为开关阀。

电磁阀 N91、N93 为调节阀。

N88：控制 K1，在 1 档、2 档、3 档时起作用。

N89：控制 B2，在 2 档、4 档时起作用。

N90：控制 K3，在 3 档、4 档时起作用。

N92、N94：在换档过程中，起换档平顺、舒适的作用。

N91：控制变矩器中锁止离合器的闭合或分离，并控制锁止离合器上的压力。

N93：控制离合器片和制动器片上的压力。

拓展阅读

### 自动变速器独立润滑系统

前驱自动变速器及部分四驱自动变速器需要将主减速器、差速器集成在自动变速器内部。主减速器及差速器的润滑需要的是具有良好抗磨、耐负荷与合适黏度的齿轮油。ATF 是一种具有齿轮润滑性能的针对不同型号变速器特殊要求的液力传动油。在黏度特性及摩擦特性方面，两者各有特殊的要求。

多数自动变速器内只有一种油液，即 ATF 同时用于离合器、制动器等摩擦传动系统与主减速器、差速器系统。ATF 在性能上需要对离合器等摩擦传动系统与主减速器等齿轮系统相互迁就。

自动变速器的发展对换档舒适性和可靠性有了更高的要求，相应地对 ATF 的要求就更高了。ATF 对变速器内离合器/制动器的摩擦因数具有决定性的影响。奥迪汽车 09E 自动变速器采用了 3 个彼此独立的油液系统，如图 2-134 所示。

09E 自动变速器使用双层径向轴用油封来将 ATF 部分与前桥驱动/差速器以及分动器隔开。当双层径向轴用油封漏油时，油液可从相应的泄漏孔溢出，这样就避免了与临近的另一种油液混合在一起，如图 2-135 所示。两种不同颜色代表不同的油液。

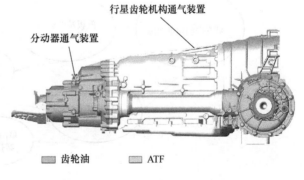

图 2-134　09E 润滑系统分区

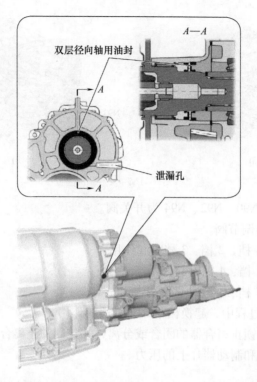

双层径向轴用油封

泄漏孔

A—A

图 2-135　09E 自动变速器防止不同油液混合的措施

## 一、AT 升降档困难故障分析

当 AT 升降档困难时，可能的故障原因如图 2-136 所示。故障原因有节气门位置传感器

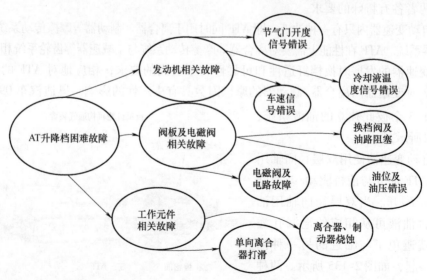

图 2-136　AT 升降档困难故障原因

及电路故障、冷却液温度传感器及电路故障、车速传感器及电路故障、换档阀卡滞及油路阻塞、油位错误、油压不正确、换档电磁阀及电路故障、离合器或制动器烧蚀打滑、单向离合器打滑损坏等。

AT 升降档困难诊断流程图如图 2-137 所示。

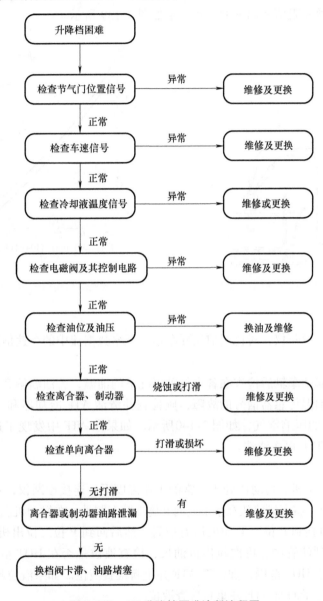

图 2-137　AT 升降档困难诊断流程图

## 二、AT 升降档困难故障检修

下面以丰田卡罗拉轿车 U340E 自动变速桥为例，讲述自动变速器升降档困难故障诊断过程。

先用诊断仪连接车辆检查故障码，如果有故障码，则根据故障码分析可能的故障原因进行排查，如果无故障码，则按下述过程诊断。

**1. 检查冷却液温度传感器信号**

拆下冷却液温度传感器，测量其电阻值，如图2-138所示。在20℃时，其规定状态阻值为2.32~2.59kΩ；在80℃时，其规定状态阻值为0.310~0.326kΩ。

冷却液温度传感器阻值随温度的变化关系如图2-139所示。

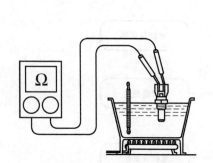 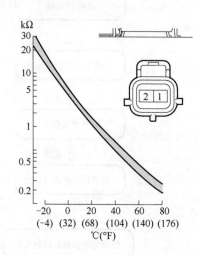

图2-138　测量冷却液温度传感器电阻值　　图2-139　冷却液温度传感器阻值随温度的变化关系

**2. 检查车速传感器**

行车过程中连接诊断仪，对比当前实际车速，观察数据流中的车速信息有无异常现象。

**3. 检查油温**

连接诊断仪，起动车辆后检查在各个行驶工况下的油温，若油温偏高，则检查油温传感器及电路。若排除油温传感器信号的故障，则检查并清洁ATF冷却器和ATF管路。从进油软管中注入196kPa的压缩空气，如图2-140所示。如果在ATF中发现了过量的细粉末，则用斗式泵添加新ATF并再次清洗。

**4. 检查ATF油位**

起动车辆，使发动机和传动桥处于正常的工作温度下。连接诊断仪，在油温数据为70~80℃时进行油位检查。将车辆停放在水平地面并施加驻车制动。在发动机怠速且制动踏板踩下的情况下，将变速杆换到P位至L位的所有位置，然后回到P位。拉出机油尺将其擦干净，将机油尺完全推回到油管中，再次拉出机油尺，检查液位是否在HOT范围内，如图2-141所示。如果液位低于HOT范围，加注新ATF并重新检查液位。如果液位超过HOT范围，排放一次ATF，添加适量的新ATF并重新检查液位。

**5. 检查离合器、制动器**

拆卸并检查离合器、制动器钢片与摩擦片是否有过度磨损及烧蚀的现象。

**6. 检查单向离合器**

拆卸并检查单向离合器，固定住后行星太阳轮，转动单向离合器，确保单向离合器在逆时针旋转时自由转动，而顺时针旋转时锁止。有时单向离合器在较小力矩下可以锁止与顺转，但承受较大力矩时单向离合器会打滑，此时用手来转动单向离合器就无法检查到位，需要使用设备固定住单向离合器，然后加载转矩检查大转矩时的锁止性能。

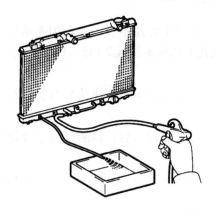

图 2-140　检查、清洁 ATF 冷却器

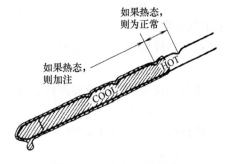

图 2-141　检查 ATF 油位

**7. 检查油路与密封状况**

1）检查轴上的护油环，查看其磨损情况，如图 2-142 所示。

2）检查离合器、制动器活塞 O 形密封圈。查看其是否丧失弹性及老化，有无撕裂、翻折现象，如图 2-143 所示。

3）检查自动变速器壳体上油路连接的部位密封状态，是否存在泄漏，检查自动变速器壳体与阀体及行星齿轮机构之间的油路是否存在泄漏，例如自动变速器后盖上的护油环处，如图 2-144 所示。

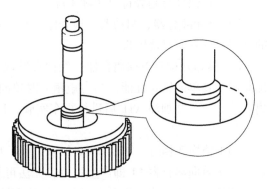

图 2-142　检查护油环

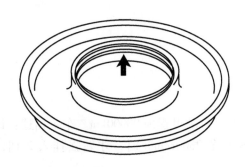

图 2-143　检查工作活塞 O 形密封圈

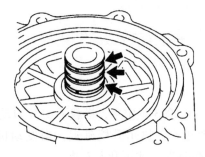

图 2-144　自动变速器后盖上的护油环

**1. 故障现象**

一辆丰田卡罗拉轿车，装备 U340E 自动传动桥。车辆起步后 1 档换 2 档困难，换档时发动机转速有较大波动，车辆加速困难，发动机转速突然上升。

**2. 故障诊断与排除**

1）连接诊断仪，读取故障码，系统无故障码。

2）使用诊断仪查看节气门位置传感器信号。不断踩下加速踏板，随着加速踏板的深度变化，节气门开度传感器信号变化较为线性，并且在 1 档准备挂入 2 档的过程中，节气门开度信号未出现异常。

3）通过诊断仪检查车速传感器信号。行车中，诊断仪显示的车速信号与实际车速基本相同。

4）使用诊断仪检查冷却液温度传感器信号。经过一段行车后，诊断仪显示冷却液温度为 96℃，在正常范围内。

5）连接诊断仪，在油温为 70~80℃之间时，通过机油尺检查 ATF 的油位，经检查油位在 HOT 范围，正常。

6）将油压表连接在自动变速器测试孔上，检查怠速转速及动态油压。经检查油压基本正常，变化幅度与趋势符合实际工况。

7）拆卸离合器、制动器，检查摩擦片与钢片的磨损情况。经检查摩擦片与钢片有一定的磨损但没有明显烧蚀现象。

8）拆卸并检查单向离合器。经检查发现 1 号单向离合器磨损较为严重，使用设备进行加载测试其单向锁止性能，当力矩稍大时单向离合器就打滑，无法单向锁止。更换 1 号单向离合器，装复并加注 ATF 后进行行车实验，1 档可顺利换入 2 档，故障排除。

**3. 故障原因分析**

当 1 档换 2 档时，制动器 B2 加入工作，单向离合器 F1 单向锁止后太阳轮。因传递的转矩稍大于单向离合器 F1 即产生打滑，无法可靠锁止后太阳轮，造成自动变速器不能正常地以 2 档的传动比工作，于是出现了 1 档挂 2 档困难的现象。

拓展案例

### AT 升降档困难故障案例分析

案例 1

**1. 故障现象**

一辆 2003 款宝来，搭载了 01M 自动变速器，行驶里程为 90000km。车主描述：该车在冷车时正常，热车升档延迟，当发动机转速升至 2800r/min 时，才勉强挂入 2 档，升至 3600r/min 时，才可升入 3 档。

**2. 故障诊断与排除过程**

经试车，情况与车主描述吻合。经常规检查油压正常、ATF 无异味、油质透亮无杂质、油位符合标准、自动变速器控制单元无故障码。使用诊断仪查看自动变速器动态数据流，发现变速器油温上升很快，结合该车热车后出现延迟升档故障现象，故障分析如下：

故障原因可能是油温传感器信号偏移，造成自动变速器控制单元判断错误。对油温传感器进行测量，在各个特定温度区间内的实测值与维修手册提供的数值吻合。用红外测温仪监控变速器散热器温度，在行驶一段时间后 ATF 温度陡升至 120℃，故障现象再次出现，说明故障确系高温所致。

判断变速器高温可能的原因有离合器、制动器打滑，自动变速器内润滑不良，变矩器锁止离合器不能锁止，散热器散热不良等。

1）因该车在升、降档期间均未出现自动变速器空转和发动机转速陡升而车速变化不正常的现象，可以排除离合器、制动器打滑。

2）如果变速器内润滑不良，会造成行星齿轮机构和轴承铜套的磨损，严重时会使太阳轮秃齿，但该车未发现这些症状，因此可以排除润滑不良。

3）如果变矩器锁止离合器不能锁止，会导致油温升高，经检查变矩器锁止离合器表现正常。变矩器锁止离合器锁止很长一段时间后油温还保持在120℃左右，并未下降，可排除液力变矩器工作不良。

4）如果散热器散热不良，可导致变速器油温过高。用红外测温仪测量变速器散热器进、出口温度，发现进、出口温差很小，初步判断散热器散热存在问题。将散热器拆卸下，用风枪疏通，吹出很多黄色的泥状沉积物，用清洗剂反复清理后装复。经长时间试车，变速器油温始终保持在96～98℃范围内，升降档换档点恢复正常，故障排除。

**3. 故障总结**

经询问，车主一年前添加过不同型号的冷却液，使冷却系统遭受腐蚀而产生了大量的颗粒，堵塞散热器。

当散热器堵塞后，单位时间内的冷却液流量减少，散热不良，使流回油底壳的ATF携带大量的热量，使油温迅速升高，自动变速器控制单元通过油温传感器获得电压信号，得知当前油温异常，为保护变速器而执行了延迟换档时机的保护控制模式。带有油温传感器的自动变速器主要是检查变速器低温和高温两种状态，低温时ATF流动性差会影响润滑，所以控制延迟升档点，尽量使自动变速器在低负荷状态下工作，暖车后再进入正常状态，以达到保护自动变速器和发动机的目的。当ATF油温达到设定的高温极限时，自动变速器也要执行延迟升档点的控制，如升入高档，变矩器承载转矩增加，ATF油温随之增加，会加剧油温的升高。这将使自动变速器因润滑和密封不良而出现故障，故推迟升档点，以减少热量产生。

**案例2**

**1. 故障现象**

一辆装备01V自动变速器、行驶了12万km的奥迪A6 1.8T轿车行驶中换档困难。

**2. 故障诊断与排除**

进行路试，该车锁止在4档，不能以其他档位行驶。用诊断仪读取故障码为P0730（档位传动比错误）。清除故障码后，自动变速器升降档正常。再次进行路试，行车中出现2档升3档打滑现象。继续路试，自动变速器锁止在4档，读取故障码显示仍然是P0730。

01V自动变速器ECU通过开关电磁阀N88、N89、N90和线性电磁阀N216、N217对变速器进行换档，通过输入轴转速传感器G182和输出轴转速传感器G195来反馈信息。例如，自动变速器ECU指令开关电磁阀N89通电，N88、N90电磁阀断电，线性电磁阀N216电流为0.732A。此时自动变速器换入3档，通过输入轴转速传感器G182的信号与输出轴转速传感器G195的信号进行计算，即得到3档的传动比。如果计算的传动比与ECU中设定的传动比不一致，会触发P0730故障码。

通过路试发现 2 档升 3 档打滑。01V 自动变速器在 2 档时的工作元件为离合器 A、制动器 C 和 G，在 3 档时工作元件为离合器 A 和 F，以及制动器 C。在 2 档升 3 档过程中，是制动器 G 和离合器 F 之间的转换。出现打滑现象即制动器 G 与离合器 F 无法同步配合工作，表现为制动器 G 释放较快或离合器 F 接合较慢。出现传动比错误的故障码也可能是离合器 F 密封不良，所以在 2 档升 3 档过程中，离合器 F 充油量不足，出现打滑。车辆在 3 档行驶中，若离合器 F 存在一定的泄漏，也会造成离合器片轻微打滑，从而触发 P0730 故障码。

经拆卸检查，发现离合器 F 的转毂上有条裂纹，当有一定油压时，此裂纹使离合器 F 油腔内泄压，造成离合器 F 打滑，出现了传动比计算的错误而触发 P0730 故障码。

1) 01M 自动变速器各档位传动比：1 档为 2.714，2 档为 1.441，3 档为 1.000，4 档为 0.743，R 位为 2.884。

2) 01M 自动变速器的电磁阀中 N88、N89、N90、N92、N94 为开关阀，N91、N93 为调节阀。

3) 多数自动变速器内只有一种油液，即 ATF 同时用于离合器、制动器等摩擦传动系统与主减速器、差速器系统。ATF 在性能上需要对离合器等摩擦传动系统与主减速器等齿轮系统相互迁就。

学习单元六 **AT 加速无力故障检修**

 **情境导入**

一辆丰田卡罗拉轿车，装备 U340E 自动传动桥。该车辆 D 位时加速无力（类似手动变速器脱档的故障，在爬坡时尤为明显），R 位加速情况稍好。经检查，发现该自动变速器 ATF 变质，有焦煳味，颜色较深，离合器片烧损，液力变矩器导轮单向离合器损坏。更换单向离合器与液力变矩器后，上述故障现象消失。

 **学习目标**

1. 能通过与客户交流、查阅相关维修技术资料等方式获取车辆信息。
2. 能根据故障现象制订正确的维修计划。
3. 能正确选择诊断设备、工具对 AT 加速无力故障进行诊断。
4. 能正确记录、分析各种检测结果并做出故障判断。
5. 能按照正确操作规范进行 AT 加速无力的故障排除。
6. 能根据环保要求，正确处理对环境和人体有害的废料和损坏的零部件。

 **理论知识**

自动变速器故障诊断要求对车辆当前故障现象与工作状态进行检测。一般需进行道路试验、失速试验、时滞试验、液压试验和手动换档试验等。下面以丰田卡罗拉轿车 AT 为例进行说明。

### 一、自动变速器道路试验

根据客户故障分析的结果，设法重现症状。如果故障为自动变速器不能升档、降档或换档点太高或太低，则按照自动换档规范进行下列道路试验，并模拟故障现象。

道路试验时，应保证 ATF 在正常工作温度。以丰田卡罗拉轿车 AT 为例，应在 50～80℃ 时进行道路试验。

**1. D 位测试**

换档至 D 位并完全踩下加速踏板，然后检查以下几点：

1）检查升档操作。检查并确认 1-2 档、2-3 档、3-4 档可升档，且换档点与自动换档规范一致。

2）检查是否出现换档冲击和打滑。检查 1-2 档、2-3 档和 3-4 档升档时的冲击和打滑。

3）检查是否出现异常噪声和振动。行驶时将变速杆置于 D 位并进行 1-2 档、2-3 档和 3-4 档升档，在锁止状态期间行驶时，检查是否存在异常噪声和振动。必须彻底检查引起异常噪声和振动的原因，因为这可能是由于差速器、变矩器、离合器等失衡引起的，可能会导致自动变速器机械部分严重损坏。

4）检查强制降档操作。行驶时将变速杆置于 D 位，检查 2 档至 1 档、3 档至 2 档和 4 档至 3 档强制降档时的车速。确认各速度都处于自动换档规范指示的适用车速范围内。

5）检查强制降档时的异常冲击和打滑。

6）检查锁止机构。变速杆在 D 位（4 档）时，以稳定的速度行驶（锁止打开）。轻踩加速踏板，检查并确认发动机转速不急剧变化。如果发动机转速出现较大跳跃，则说明不能锁止。

**2. 3 档测试**

换至 3 档并完全踩下加速踏板，然后检查以下几点：

1）检查升档操作。检查并确认 1-2 档、2-3 档可升档，且换档点与自动换档规范一致。

2）检查发动机制动。在 3 档行驶时，松开加速踏板并检查发动机制动效果。

3）在加速和减速期间，检查是否存在异常噪声，并在升档和降档时检查是否存在冲击。

**3. 2 档测试**

换至 2 档并完全踩下加速踏板，然后检查以下几点：

1）检查升档操作。检查并确认 1-2 档可升档，且换档点要与自动换档规范一致。

2）检查发动机制动。在 2 档行驶时，松开加速踏板并检查发动机制动效果。

3）在加速和减速期间，检查是否存在异常噪声，并在升档和降档时检查是否存在冲击。

**4. L 位测试**

换至 L 位并完全踩下加速踏板，然后检查以下几点：

1）检查是否不能升档。在 L 位下行驶，检查是否不能升至 2 档。

2）检查发动机制动。在 L 位下行驶时，松开加速踏板并检查发动机制动效果。

3）在加速和减速期间，检查是否出现异常噪声。

## 二、自动变速器失速试验

失速试验的目的是通过测量 D 位的失速转速来检查自动变速器和发动机的整体性能。该试验应在铺设完好的道路上进行测试，要求在 ATF 的温度为 50~80℃ 的情况下试验，并且不能连续执行该试验超过 5s。

失速试验务必由两人一起完成，一名维修人员进行测试，另一名维修人员在车外观察车轮或车轮挡块的状况。失速试验步骤如下：

1）塞住 4 个车轮。

2）将诊断仪连接到车上的诊断接口。

3）完全拉紧驻车制动器手柄。

4）左脚一直牢牢踩住制动踏板。

5）起动发动机。

6）换至 D 位，用右脚将加速踏板踩到底。

7）快速读取失速转速。

丰田卡罗拉轿车 AT 的失速转速为（2240±300）r/min。

若 D 位发动机失速转速低，可能的原因为发动机动力输出不足、液力变矩器导轮单向离合器工作异常。如果测量值比规定值低600r/min或更多，则液力变矩器可能有故障。

若D位发动机失速转速高，可能的原因为管路压力过低、前进档离合器打滑、2号单向离合器工作异常、液位不正确等。

### 三、自动变速器时滞试验

在发动机怠速运转的情况下换档时，在感觉到冲击之前将有一定的时延或时滞，这可用于检查离合器和制动器的状态。

该试验应在ATF的正常温度（50～80℃）下进行测试。两次测试之间一定要有1min的间隔，进行3次测试并测量时滞，计算这3个时滞的平均值。

1）将诊断仪连接至车辆诊断座上。

2）完全拉紧车制动器手柄。

3）起动发动机并使其暖机，检查怠速转速。在N位并且空调关闭时，怠速转速大约为700r/min。

4）将变速杆从N位换至D位。用秒表测量从切换变速杆到感受到冲击的时间间隔。N-D的时间应少于1.2s。

5）按照同样的方法测量N-R的时滞。N-R的时间应少于1.5s。

若N-D时滞过长，可能的原因为管路压力过低、前进档离合器磨损、2号单向离合器工作异常等。

若N-R时滞过长，可能的原因为管路压力过低、倒档离合器磨损、1档和倒档制动器磨损。

### 四、自动变速器液压试验

测试管路压力应在ATF的正常工作温度（50～80℃）下进行。液压测试务必由两人一起完成。一名维修人员进行测试，另一名维修人员在车外观察车轮或车轮挡块的状况。

1）使ATF变暖。

2）拆下自动变速器左前侧的检测螺塞并连接SST工具。

3）完全拉紧车制动器手柄并塞住4个车轮。

4）将诊断仪连接至车辆诊断座。

5）起动发动机并检查怠速转速。

6）用左脚踩住制动踏板并换至D位。

7）在发动机怠速运转时测量管路压力。

8）将加速踏板踩到底，在发动机转速达到失速转速时迅速读取最高油压。

9）用同样的方法在R位进行测试。

怠速时，D位规定的管路液压力为372～412kPa。

怠速时，R位规定的管路液压力为553～623kPa。

失速时，D位规定的管路液压力为1120～1230kPa。

失速时，R位规定的管路液压力为1660～1870kPa。

如果在所有位置测量值都偏高，可能的原因为换档电磁阀SLT故障、调压器阀故障。

如果在所有位置测量值都偏低，可能的原因为换档电磁阀SLT故障、调压器阀故障、机油泵故障。

如果仅在 D 位压力偏低，可能的原因为 D 位油路漏油、前进档离合器故障。

如果仅在 R 位压力偏低，可能的原因为 R 位油路漏油、倒档离合器故障、1 档和倒档制动器故障。

### 五、自动变速器换油

按照汽车自动变速器维护规定，在汽车行驶 4 万 ~ 6 万 km 后，需进行 ATF 更换。ATF 除了润滑、降温外，还起传递转矩的作用。自动变速器经过长时间使用，若不及时更换 ATF，容易造成 ATF 污染、颗粒增大、产生碎屑、变质和降低黏度、加大摩擦片间的磨损，从而产生油路堵塞、拉伤阀体和阀体柱塞、换档冲击、增加油耗等工作异常，甚至损坏自动变速器。为了保证自动变速器正常工作，应及时更换 ATF。

**1. ATF 的作用**

ATF 是指专用于自动变速器的油液。自动变速器维护的主要内容就是对 ATF 进行检查和更换。在自动变速器中 ATF 主要有下列作用：

1）通过电控、液控系统传递压力和摩擦运动，完成对各换档元件的操作。

2）冷却。将变速器中的热量带出传递给冷却介质。

3）润滑。对行星齿轮机构和摩擦副强制润滑。

4）清洁运动零件并具有密封作用。

**2. ATF 的特性**

由于 ATF 工作特点的不同，在性能上有别于其他油液，主要有以下特性：

1）较高的黏温性。

2）较高的氧化安定性。

3）防腐防锈性。

4）良好的抗泡沫性。

5）抗磨性。

6）剪切稳定性。

用于自动变速器的油液应通过严格的台架实验和道路实验，并具备上述的各种性能。各个国家对 ATF 均有严格的规定。目前，应用广泛的 ATF 是 DEXRON 与 DEXRON Ⅱ 和 Ⅲ 型。主要应用于美国通用、克莱斯勒，日本和德国大部分 4 档自动变速器车型上。随着自动变速器性能的提高，对 ATF 的性能要求逐步专用化、专业化。当前多档位自动变速器（5 档以上）大多使用专用型号 ATF，例如奥迪 A8L 轿车使用的 09E（6HP-26）自动变速器所用的专用 ATF 零件号为 G 055 005。

**3. ATF 的检查**

在进行自动变速器维护时，对 ATF 的检查是极其重要的工作。检查内容主要包括油质检查、油量检查和漏油检查。

（1）油质检查　检查油质、颜色、气味和杂质。确认 ATF 是否过热变质。

（2）油量检查　ATF 油面的高低对自动变速器的性能影响很大。若油面过高，旋转机件旋转时剧烈搅动油液产生气泡，气泡混入 ATF 中，会降低液压回路的油压，影响控制阀的正常工作。同时，还会引起离合器、制动器打滑，加剧磨损。若油面过低，油泵吸入空气或油液中渗入空气，同样导致产生前述类似的问题。另外，油面过低还会使润滑冷却条件变差，加速ATF的氧化变质。

ATF液面的高低与油液的温度和变速器工作状况有关。温度升高油面也升高，当自动变速器正常运转时，ATF充注在变矩器和各油缸油道中，液面下降。熄火后，油面会升高。因此油面高度的检查应在规定的条件下进行。具体检查方法因不同车厂的规定不同而各不相同，应按维修手册进行。

下面以丰田卡罗拉轿车AT为例进行说明检查油位。

起动车辆，使发动机和自动变速器处于正常工作温度下，油液温度为70~80℃。

1）将车辆停放在水平地面上，并施加驻车制动。

2）在发动机怠速且制动踏板踩下的情况下，将变速杆换到从P位至L位的所有位置，然后回到P位。

3）拉出ATF机油尺并将其擦干净。

4）将ATF机油尺完全推回到油管中。

5）再次拉出机油尺，检查液位是否在HOT范围内。如果液位低于HOT范围，加注新机油并重新检查液位。如果液位超过HOT范围，排放一次ATF，添加适量的新ATF并重新检查液位。

**4. ATF的更换**

（1）ATF的更换周期　ATF的更换周期以行驶里程数或使用时间为准，若在车辆使用手册中同时给出了这两个指标，则哪一项指标先到就先执行哪一项。如果车辆使用手册未标明自动变速器换油时间，则按照4万~6万km的里程来更换。

ATF更换可采用重力换油法和使用换油机换油。换油时务必更换ATF滤清器。

（2）重力换油　重力换油即打开自动变速器放油螺塞，让ATF自然排出。其优点是操作方便，需要的换油量少，但是换油不彻底，只能放掉1/4~1/3的旧ATF。这样残留的旧ATF过多会影响自动变速器性能。

（3）换油机换油　换油机换油是利用机器产生压力，把液力变矩器和ATF冷却器内的ATF进行循环动态更换。其操作方法是：往专用换油机加入一定量的新油液（如丰田锐志轿车约为12L），通过进油管泵入自动变速器，再从出油管抽出旧ATF。旧ATF输入换油机后被机油滤清器过滤，然后泵入自动变速器，这样不断循环对自动变速器进行冲洗，冲洗完成后把旧油液抽出，泵入新油，整个过程约需1h。此方法的缺点是耗费的ATF量大，费时。

## 六、自动变速器匹配与自适应

匹配是一个量词，简单理解即为"配对"，对于汽车而言是各个系统间认识程度上的关系。同时可理解为两个系统或某两个以上系统建立沟通所搭载的桥梁。当某一系统发生变化时，可以通过某种程序来激活与其他系统的认识并重新建立必要的联系。

自适应就是自学习，通过某些方法来完成自身系统的自学习过程。

**1. 匹配与自适应的目的**

自动变速器ECU控制机械元件（电磁阀）时，由于元件本身在加工时存在精度上的偏差，其工作时的工作特性与ECU预期设置的理想控制数据存在差异，因此ECU在这些元件未工作前就发出一些相关指令并促使其按ECU预期的理想方式运行，然后根据反馈信息适时调整。

车辆运行时机械零件存在一定的机械磨损（摩擦片），磨损后一些运行参数发生变化，因此 ECU 为了保证汽车正常行驶并适时改变调整自身的输出数据，以符合汽车正常的运行工况。维修后，将磨损的零件更新，ECU 无法得知已更新。此时使用诊断仪指令 ECU 做一次基本数据设定，ECU 就能回到最初的运行程序并对各机械零件进行新的学习修正。

**2. 匹配与自适应的方法**

1）丰田自动变速器的匹配：清除 ECU 记忆；自适应：通过静态摩擦（制动停车换档学习）和动态摩擦（路试学习）来完成。

2）大众/奥迪自动变速器的匹配：通过基本设定；自适应：动态摩擦（按要求路试学习）。

**3. 奥迪 A8L 轿车装备的 09E 自动变速器自适应方法**

1）使发动机以较小功率工作，直到 ATF 温度为 60～90℃。

2）在车辆停住、发动机怠速运转、踩下制动踏板时，从 N 位换到 D 位并保持这个状态约 3s。将这个过程重复 5 次，随后以同样的方法从 N 位换到 R 位。

3）车辆在静止时换入 D 位，以小负荷（加速踏板位置 15%～25%，测量数据块 02/2）将车加速到 4 档（约为 80km/h）。然后让车辆滑行降速到约 40km/h（不要踩制动踏板），随后用中等力度踩下制动踏板使车辆停住。当车辆已经停住时，让车辆继续停留在 D 位约 10s（踩下制动踏板）。将 3）重复 6 次。

4）将车辆加速到 70km/h，手动（Tip）挂入 5 档，然后以 80～100N·m 的发动机功率（见测量数据块 09）保持这个恒定车速行驶 3～4min。

5）将车加速到 90km/h，并手动（Tip）换入 6 档，然后以 80～100N·m 的发动机功率（见测量数据块 09）保持这个恒定车速行驶 3～4min。

6）车辆在静止时以小负荷（加速踏板位置 15%～25%，测量数据块 02/2）将车辆加速至约 100km/h，然后让车辆滑行降速到约 40km/h（不要踩制动踏板），随后用很小的力踩下制动踏板将车辆停住。将本步骤重复 5 次。

**拓展阅读**

**换档杆锁**

自动变速器换档杆下方有一个档位锁止开关。通过制动开关信号及车速信号输入自动变速器控制单元使档位开关工作，打开档位开关的锁止通道，自动变速器换档杆才能移动。

P/N-锁在以下两种状态时有根本区别：

1）车辆行驶时/点火开关接通时。

2）在点火钥匙已拔下时将换档杆锁止在 P 位。

以前多数车辆的 P-锁是由转向柱经一条通往换档操纵机构的拉索来控制的。现在某些车型由于使用了新的"电子点火开关"和电动转向柱锁控制单元，就省去了这条拉索。奥迪 A8 轿车上的 P-锁功能由 N110 的锁销来承担，不论 N110 是否通电，都可完成锁止功能，如图 2-145 和图 2-146 所示。

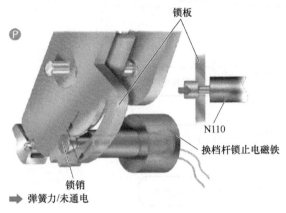

图 2-145 换档杆电磁铁未通电时的状态（P 位）

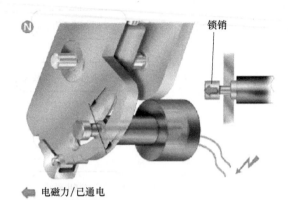

图 2-146 换档杆电磁铁通电时的状态（N 位）

## 一、AT 加速无力故障分析

当 AT 加速无力时，可能的故障原因如图 2-147 所示。故障原因有单向离合器打滑、离合器或制动器摩擦片打滑、液力变矩器导轮单向离合器卡滞、油位错误、油质变质、执行元件液压管路泄漏、工作油压过低、油路滤网堵塞、油路散热管路堵塞、阀体及滑阀卡滞不畅、换档电磁阀及相关电路故障、发动机无力相关故障等。

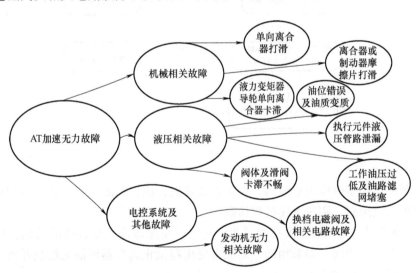

图 2-147 AT 加速无力故障原因

AT 加速无力检修流程图如图 2-148 所示。

## 二、AT 加速无力故障检修

下面以丰田卡罗拉轿车 U340E 自动变速桥为例，讲述自动变速器加速无力故障诊断过程。

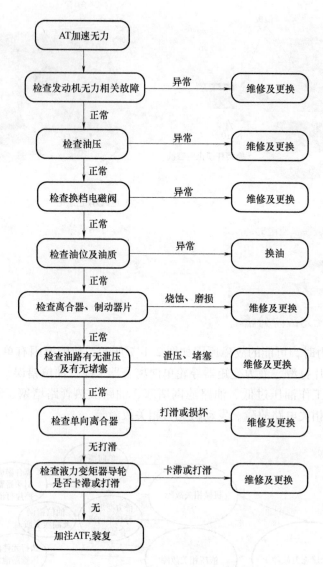

图 2-148　AT 加速无力检修流程图

先用诊断仪连接车辆检查故障码，如果有故障码，则根据故障码分析可能的故障原因进行排查；如果无故障码，则按下述过程诊断。

1）行车换档时，使用诊断仪查看发动机转速与变速器输入轴转速的数据，检查在换档时两个转速是否基本相同。如果相同，则液力变矩器锁止离合器可能无法脱开而导致换档时有机械连接，产生换档冲击。

2）检查换档电磁阀。使用诊断仪进行主动测试，无须拆下换档电磁阀。这种非侵入式功能检查非常有用，可在零件或线束受到干扰之前发现间歇性工作状况。执行主动测试过程如下：

① 使发动机暖机。

② 将点火开关置于 OFF 位置。

③ 将诊断仪连接至车辆诊断座（DLC3）。

④ 将点火开关置于 ON 位置。

⑤ 打开诊断仪。

⑥ 选择项目"Enter/Powertrain/Engine and ECT/Active Test"。

⑦ 按照诊断仪上显示执行"ACTIVE TEST"。

**1. 故障现象**

一辆丰田卡罗拉轿车，装备 U340E 自动传动桥。该车辆 D 位时加速无力（在爬坡时尤为明显），R 位加速情况稍好。

**2. 故障诊断与排除**

1）连接诊断仪，检查是否有故障码。若有故障码，根据故障码的信息进行相关检查；若无故障码，在行车中观察锁止离合器闭合和分离的工作状态，如果液力变矩器、锁止离合器一直闭锁无法脱开，会造成加速缓慢的现象。

2）检查发动机动力输出状态，观察发动机各传感器及运行状态数据。进行失速试验，验证发动机的动力输出。发现失速转速偏高。

3）连接油压表，检查变速器油压。检查怠速油压，再测试失速油压。经检查，怠速油压在规定范围内，失速油压稍低。

4）检查油位，当 ATF 温度在 70~80℃ 时，油位符合要求，但油质较脏，有焦煳异味。

5）拆卸变速器，进行解体检查。发现 ATF 比较脏，已变质。检查离合器与制动器，发现离合器摩擦片有一定的烧蚀，不能继续使用，更换离合器维修包。

6）检查该组离合器的油路，查看离合器活塞密封圈、轴上环形油封、自动变速器壳体与阀体的油路密封状况。经检查未发现明显损坏的油封。

7）装复后试车，发现行驶中车辆虽有缓解，但仍然有加速不良的现象。于是检查发动机火花塞和缸压，均正常。因自动变速器已解体并详细检查过，于是怀疑液力变矩器叶片损坏或导轮卡滞。

8）再次将自动变速器从车上拆卸下来，更换液力变矩器。

装复后，再次进行行车实验，车辆加速正常，故障排除。

**3. 故障原因的分析**

该自动变速器离合器片打滑烧毁，影响加速。液力变矩器导轮单向离合器打滑造成变矩器无法增矩，导致车辆加速过缓。

**一、AT 加速无力故障案例分析**（自动变速器系统故障）

**1. 故障现象**

一辆 2006 年产福特蒙迪欧轿车，行驶 140000km，装备 CD4E 自动变速器。车主反映该车行驶中出现低档加速无力（1-2 档）的现象。

**2. 故障诊断与排除**

进行路试以验证故障。车速在 0 ~ 60km/h 范围内时，如车主描述故障现象明显，同时发动机伴有"呜呜"声，负荷较大。急加速时，发动机转速到 3000r/min 左右才升入下一个档位，并伴有换档冲击感。当车速超过 60km/h 时恢复正常。仪表板上的 O/D 灯闪烁。

**3. 自动变速器外部的基本检查**

1）对车辆进行外观检查：有没有改装情况，有没有附加电子装置，有没有油液泄漏，变速杆位置是否正确等。

2）通过"故障诊断流程"查阅有关信息做进一步诊断，再次行车路试搜集所需要的数据。

**4. 换档点测试**

这一测试主要是验证自动变速器换档控制系统工作是否正常。

1）使发动机和变速器处在正常工作温度。

2）将档位换入 D 位，驾驶车辆。

3）在节气门位于小开度时，速度为 22km/h 时换入 2 档，38km/h 时换入 3 档。数据未见异常。

**5. 管路压力测试**

1）检查油压。发动机怠速时，变速杆位于 D 位和手动 1 档、2 档时实际油压为 242kPa。标准值为 310 ~ 365kPa，参照油压数据表后确定 D 位油路油压低于标准值。油压过低，无法进行失速测试，以免再次扩大变速器的损坏程度。

2）检查 ATF 油位是否在正常范围内。

3）检查 ATF 油质。发现颜色发黑，手感有微粒摩擦并有焦煳味，说明变速器有磨损现象，证明变速器内部有打滑现象。

**6. 查阅维修资料**

查阅该车自动变速器的维修资料，结构和传动原理以及相关数据如下：

福特蒙迪欧轿车装备 2.0L 发动机，自动变速器型号为 CD4E，机械部件主要有 1 个制动带、1 个阀体总成、2 个单向离合器（分别为前进档和低档）、2 个单排行星齿轮组、5 组离合器（分别为前进档、直接档、滑行档、低档、低/倒档）等。

电控部件主要有 1 个输入轴转速传感器、1 个输出轴转速传感器、1 个档位传感器、1 个油温传感器、5 个电磁阀（分别为 1 个主油压电磁阀（EPC）、1 个变矩器电磁阀（TCC）、1 个 3-2 档正时电磁阀（CCS）、2 个换档电磁阀（SS1/SS2））等。

**7. 气压检查**

离合器的故障可通过以下检查来确诊，用气压代替油压可确定故障的位置。

1）放掉 ATF，拆卸主控制阀体。

2）拆卸主控制电磁阀体总成。

3）向相应的离合器油口通入气压（414 ~ 690kPa），正常情况下，可以听到一种闷击声，也可以感觉到离合器活塞在受压后的运动声。在测试前进档离合器时发现气压会从直接档离合器孔中排出，这样证明前进档离合器和直接档离合器油路是连通的。前进档、直接档、滑行档离合器都在同一个离合器鼓上，但前进档离合器和直接档离合器的油路却连通，带着这个疑问进行更进一步的拆解工作。

4）根据电磁阀动作得出，在 D 位和 1 档、2 档以及其他档位都需要前进档离合器工作。

**8. 变速器主体拆解检查**

针对上述路试、气压测试的结果，基本可判定为前进档离合器摩擦片打滑，或对应的电磁阀、活塞、油缸有异常，从而造成 1 档和 2 档主油路压力低，以及 1 档、2 档时加速无力。下面对变速器主体进行拆解检查，检查情况如下：

拆开变速器壳体后，发现整个磁铁表面吸附了一层磨损下来的微粒，滤清器周围附上了一层杂质。

1）离合器检查。前进档离合器和直接档离合器的摩擦片严重磨损，而且摩擦材料剥落极为严重，其中有多片的摩擦材料已磨光，只剩下金属本体，还有高温烧过的痕迹，呈蓝、黑色。因为前进档离合器和直接档离合器在气压测试时是连通的，所以拆解摩擦片后需要对前进档、滑行档、直接档离合器鼓重新进行气压测试。测试结果是前进档离合器工作，直接档离合器也工作，用压力机拆解两个活塞后，发现前进档离合器和直接档离合器连接的部位断裂，导致两个油缸同时注油，同时工作，才会造成摩擦片同时磨损并且打滑。其他各档的离合器测量总的磨损量为 0.03~0.05mm，属于正常范围，不需要更换。

2）主控阀体和蓄能器检查。拆卸时要摆放稳固，牢记零件的安装位置和方向。经检查，阀杆和弹簧未发现有不正常磨损。

3）行星齿轮组的检查。各行星齿轮组测量的间隙为 0.18~0.53mm，正常间隙为 0.15~0.72mm，在正常范围内，可继续使用。

4）电控元件检查。测量电阻值都在正常范围内，清洗后复位。

**9. 故障排除**

故障部位确定后，更换相同型号的前进档离合器鼓总成和维修包，更换所有一次性的密封元件，将新修理包的密封元件和摩擦片浸泡于 ATF 中约 2h，按照流程装复元件，按规定力矩进行紧固。

自动变速器经修复后，工况基本良好，无异响和噪声。进行道路试验检查 1 档和 2 档的工作状况以及在 D 位时的升降档、换档质量。经检查，工作正常，故障排除。

**10. 故障总结**

该车自动变速器低档加速无力是由于前进档、滑行档、直接档离合器鼓断裂，主油压同时进入直接档离合器和前进档离合器，导致进入需要工作的前进档离合器主油压下降，而造成两个离合器同时工作，互转磨损了摩擦片，最终造成低速 1 档、2 档打滑加速无力。

## 二、AT 加速无力故障案例分析（发动机系统故障）

**1. 故障现象**

一辆 2010 年产、装备 K24Z1 发动机的本田 CR-V SUV 行驶了 7 万 km，车主反映该车在大修发动机后出现加速无力的现象，而且自动变速器升档过迟。

**2. 故障诊断**

1）验证故障现象。起动发动机，对该车进行路试，将变速杆移到 D 位均匀加速行驶，当发动机转速为 3500r/min 时，自动变速器才从 1 档升入 2 档，换档过迟，而且加速过程明显较慢。

2）检查 ATF 油位及油质，均正常。

3）用诊断仪读取故障码，结果显示 DTC P0420：催化系统效率低于门限值；P0301：

No. 1 气缸不点火；P0302：No. 2 气缸不点火故障。

4）将 3 缸和 4 缸的点火线圈分别更换到 1 缸和 2 缸。

5）将点火开关置于 ON 位置。

6）使用诊断仪清除 DTC。

7）起动发动机，在无负荷的情况下（位于驻车位置或空档）使发动机转速保持在 3000r/min，直至散热器风扇运行，然后使其怠速运转。

8）在下列条件下对该车进行重新路试：

发动机冷却液温度高于 70℃；位于 D 位；使用巡航控制时，保持车速为 72～120km/h 约 5min 或更久；不使用巡航控制时，保持车速为 88km/h 约 5min 或更久。

9）使用诊断仪在 DTC 菜单中检查 DTC P0420 的 OBD 状态。

10）屏幕显示执行（EXECUTING），保持驾驶状态，屏幕显示（FAILED）未通过。

11）关闭点火开关。

12）更换三元催化转化器（TWC）。

13）将点火开关置于 ON 位置。

14）使用诊断仪重新设置 ECM/PCM。

15）进行 PCM 怠速学习程序。

16）起动发动机，在无负荷情况下（驻车位置或空档）使发动机转速保持在 3000r/min，直至散热器风扇运行，然后改变车速行驶 10min 以上，发动机加速正常，自动变速器升档过迟现象消失。

17）使用诊断仪检查 DTC，不再显示故障码。故障排除。

**3. 故障总结**

上述故障看似是自动变速器故障，其实是三元催化转化器（TWC）故障，往往呈现发动机动力不足、加速无力的现象，严重时甚至导致发动机无法起动。

 学习小结

1）自动变速器故障诊断要求对车辆当前故障现象与工作状态进行检测，一般需进行道路试验、失速试验、时滞试验、油压测试和手动换档试验等。

2）失速试验的目的是通过测量 D 位的失速转速来检查自动变速器和发动机的整体性能。

3）在发动机怠速运转的情况下换档时，在感觉到冲击之前将有一定的时延或时滞，这可用于检查离合器和制动器的状态。

# CVT 故障检修

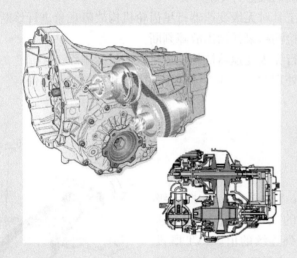

学习单元一 链轮变速机构故障检修

 **情境导入**

一辆奥迪 A6L 轿车，装备 01T 无级变速器。该车在低速行驶时，车辆有窜动现象，经检查，主动链轮和从动链轮有不同程度的磨损，更换主动链轮总成和从动链轮后，上述故障排除。

 **学习目标**

1. 能通过与客户交流、查阅相关维修技术资料等方式获取车辆信息。
2. 能根据故障现象制订正确的维修计划。
3. 能正确选择诊断设备、工具对无级变速器行星齿轮机构故障现象进行诊断。
4. 能正确记录、分析各种检测结果并做出故障判断。
5. 能按照正确操作规范进行无级变速器链轮变速机构的故障排除。
6. 能根据环保要求，正确处理对环境和人体有害的废料和损坏的零部件。

**理论知识**

### 一、综述

CVT（Continuously Variable Transmission）即无级变速器，其与普通自动变速器的主要区别在于它的速比变化不是间断的，而是一系列连续的值。CVT 既没有双离合变速器的众多齿轮副，也没有 AT 复杂的行星齿轮组，它靠主、从动轮和传动带来实现速比的无级变化。CVT 采用传动带和工作直径可变的主、从动轮相配合传递动力，可以自动改变传动速比，实现传动速比的全程无级连续改变，所以没有传统变速器换档时那种"停顿"的感觉，从而得到传动系统与发动机工况的最佳匹配。如图 3-1 所示，当主动带轮与传动带的接触半径较小，从动带轮与传动带接触半径较大时，为减速增矩输出；当主动带轮与传动带的接触半径较大，从动带轮与传动带接触半径较小时，为增速减矩输出。

CVT 可以提高整车的燃油经济性和动力性，改善乘坐舒适性，因此是一种比较理想的汽车动力传动装置。目前国内市场上使用 CVT 技术的车型有日产、奥迪和本田等。

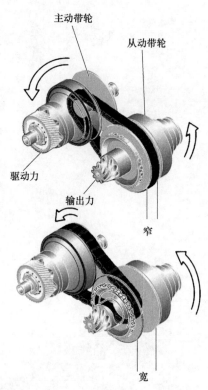

图 3-1 链轮传动机构（见彩插）

### 二、CVT 的类型

**1. 按传动带分类**

（1）钢带式 CVT　钢带由大约 400 个钢片与两根 12 层重叠的、周长约 750mm 的钢环构成，如图 3-2 所示，通过钢片的压缩作用可传递动力。

钢片传递动力时，需要与带轮的倾斜面之间产生摩擦力，摩擦力产生过程如下：副链轮的油压发挥作用夹紧钢片→钢片被挤向外侧→钢环被拉紧→钢环产生张力→主链轮一侧的钢片被夹在带轮之间→钢带与带轮之间产生摩擦力。

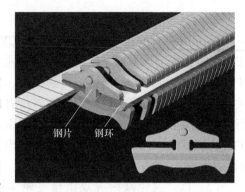

图 3-2　钢带的结构

通过压缩作用传递动力的钢片与未传递动力而产生摩擦力的钢环分别承担作用。由于钢环的张力由整体分散承担，所以具有应力变化较小、持久性强的特点。

（2）钢链式 CVT　钢链由转动压块和链节组成，具有传递力矩大、打滑少、摩擦小和使用寿命长的优点。转动压块被变速器锥面链轮夹紧，依靠锥面链轮与转动压块之间的摩擦力传递动力，不同转动压块之间由多排链节连接在一起，如图 3-3 所示。

相邻传动链链节通过转动压块连成一排，在一排中每组转动压块连接两个链节。每个转动节由两个弧面相对的转动压块组成，每个转动压块永久性地连接到凹槽里，如图 3-4 所示。

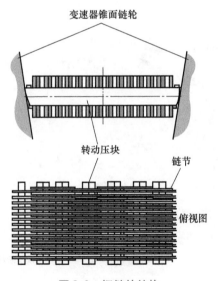

图 3-3　钢链的结构

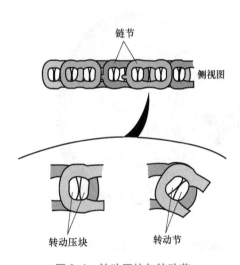

图 3-4　转动压块与转动节

当传动链弯曲时，同一个转动节中的两个转动压块随链节之间弯曲而转动，将相邻链节的弯曲运动变成转动压块互相间的滚动，几乎没有摩擦。在这种情况下，尽管转矩高、弯曲角度大，但动力损失和磨损却降到最小，使其使用寿命延长并且提高了传动效率。

当使用等长的链节时，转动压块按统一间距冲击锥面链轮，导致振动并产生令人厌烦的噪声。

使用两种不同长度的链节可防止传动链运转时的振动，并尽可能减小噪声，如图 3-5 所示。

**2. 按起步装置的类型分类**

（1）以液力变矩器为起步装置的CVT 采用带锁止离合器的液力变矩器作为无级变速系统的起步装置，使起步时的加速性能得到提高，即便在上坡时的起步也变得容易，液力变矩器特有的自动爬行性能提高了极低速行驶性能，减小了由原来驾驶AT汽车到驾驶CVT汽车的不适应感。当车速升高到一定程度，液力变矩器锁止。

（2）以"飞轮减振或双质量飞轮+起步离合器"为起步装置的CVT 在往复式内燃机中，不均匀的燃烧会引起曲轴扭转振动。扭转振动被传递到变速器，会引起共振、产生噪声及变速器部件过载。飞轮减振装置（图3-6）可减缓扭转振动并保证变速器无噪声运转。

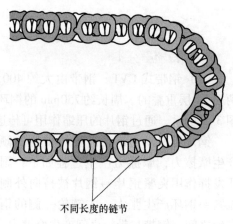

不同长度的链节

图3-5 不等长链节

双质量飞轮是当前汽车上隔振效果较好的装置。一部分飞轮质量（称为初级质量）用于传递发动机的转动惯量，另一部分飞轮质量（称为次级质量）用于提高变速器的转动惯量。如图3-7所示，两部分飞轮之间有一个环形的油腔，在腔内装有弹簧减振器，经一套弹簧减振系统将两部分飞轮连接为一个整体。次级质量能在不增加飞轮的惯性矩的前提下提高传动系统的惯性矩，令共振转速下降到怠速转速以下。采用双质量飞轮可将共振转速降到300r/min，远低于汽车怠速的转速。

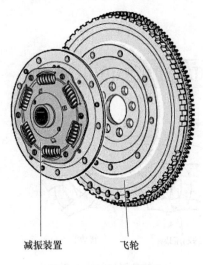

减振装置　　飞轮

图3-6 飞轮减振装置

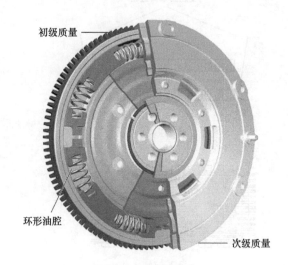

初级质量

环形油腔

次级质量

图3-7 双质量飞轮

起步离合器是一组湿式摩擦离合器，由前进档离合器和倒档制动器组成，类似于AT中的湿式离合器，用于起步和将转矩传递给辅助变速齿轮机构。其与液力变矩器相比，具有重量轻、安装空间小、起动特性适应驾驶状态、爬坡转矩适应驾驶状态等优点。

### 三、CVT 的组成

无级变速器由飞轮减振装置、前进档离合器、倒档制动器、行星齿轮机构、辅助变速齿轮机构、链轮变速器、液压控制单元和变速器控制单元（ECU）等组成。

下面以奥迪轿车01J无级变速器为例，说明其组成，如图3-8所示。

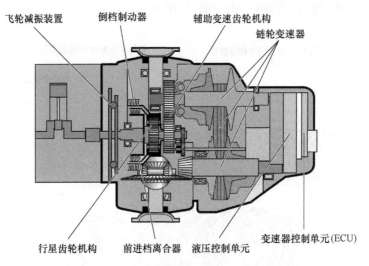

图3-8　无级变速器的组成（见彩插）

无级变速器的组成结构简图如图3-9所示。动力由太阳轮输入，通过前进档离合器或倒档制动器将动力传至行星架，经过一对辅助变速齿轮的啮合将动力传至主动链轮，再通过传

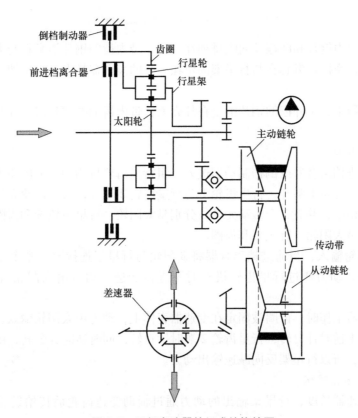

图3-9　无级变速器的组成结构简图

动带传至从动链轮，最终由差速器输出。

**1. 前进档离合器和倒档制动器**

前进档离合器和倒档制动器的结构如图3-10所示。

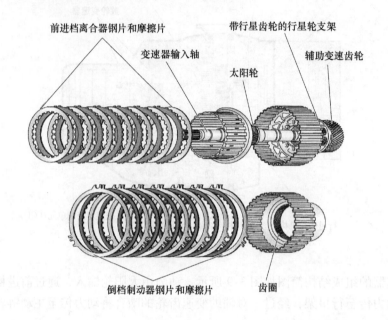

图3-10　前进档离合器和倒档制动器的结构

前进档离合器中钢片和摩擦片间隔排列在一起，带内齿的钢片滑套在与太阳轮固定在一起的离合器鼓上，摩擦片滑套在与行星架固定在一起的离合器鼓上，行星架与辅助变速齿轮固定在一起。

在倒档制动器中，带外齿的钢片滑套在外壳上，带内齿的摩擦片滑套在与齿圈固定在一起的制动器鼓上。

**2. 行星齿轮机构**

动力经过前进档离合器或倒档制动器进入一组行星齿轮机构中，如图3-11所示。

太阳轮与行星齿轮1啮合，行星齿轮1与行星齿轮2啮合，行星齿轮2与齿圈啮合。在这组行星齿轮机构中，共有3个传动元件，分别是太阳轮、行星齿轮架和齿圈，其中当量齿数由小到大依次是太阳轮、行星架和齿圈。

动力由太阳轮输入，当前进档离合器将太阳轮与行星架连接时，整个行星齿轮机构被固定成一个整体，动力通过行星齿轮机构时不进行变速，动力由太阳轮直接传递给辅助齿轮。

当倒档制动器工作时，齿圈被固定在变速器壳体上，动力由太阳轮输入，太阳轮顺时针旋转，行星齿轮1逆时针自转，行星齿轮2顺时针自转，同时逆时针公转，由于行星架当量齿数比太阳轮大，所以行星架反向减速输出动力。

**3. 辅助变速齿轮机构**

为了缩短变速器长度，行星架输出的动力通过辅助变速齿轮后传给链轮变速机构，如图3-12所示。

辅助变速齿轮有不同的速比，以适应发动机的动力输出与车辆的动力需求，使变速器在最佳的转矩范围内工作。奥迪轿车01J无级变速器辅助齿轮的速比为51∶46。

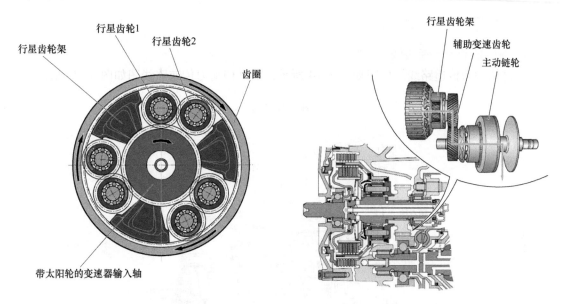

图 3-11　行星齿轮组（见彩插）　　　　　图 3-12　辅助变速齿轮（见彩插）

## 四、CVT 变速原理

在液压油的作用下，传动带被主动链轮和从动链轮夹紧传递动力。主动链轮与从动链轮各由两个锥面钢轮组成，其中一个与轴固定，另一个可在液压缸的作用下沿轴向移动。主动链轮与从动链轮的移动轮不在同一侧，可避免变速时传动带的扭曲，如图 3-13 所示。

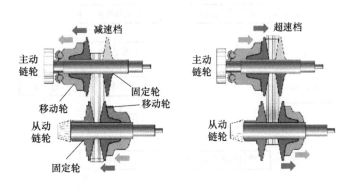

图 3-13　链轮变速原理图

低速档时，在液压油的作用下，主动链轮和从动链轮的移动轮向左移动，传动带与主动链轮的接触半径逐渐变小，与从动链轮的接触半径逐渐增大。其效果相当于较小齿轮带动较大齿轮传动，为减速档状态。

高速档时，在液压油的作用下，主动链轮和从动链轮的移动轮向右移动，传动带与主动链轮的接触半径逐渐增大，与从动链轮的接触半径逐渐减小。其效果相当于较大齿轮带动较小齿轮传动，为超速档状态。

### 五、CVT 动力传递路线

**1. 前进档动力传递路线**

前进档动力传递路线结构图如图 3-14 所示，前进档动力传递路线图如图 3-15 所示。

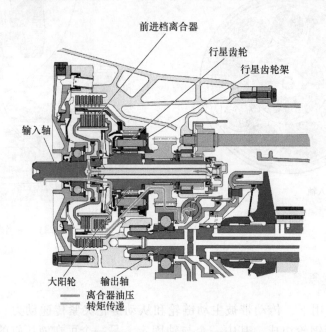

图 3-14　前进档动力传递路线结构图（见彩插）

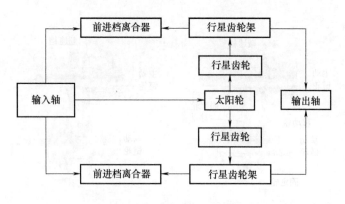

图 3-15　前进档动力传递路线图

**2. 倒档动力传递路线**

倒档动力传递路线简图如图 3-16 所示。

倒档时，动力由太阳轮输入，从行星齿轮架减速反向输出到辅助齿轮，再传递到主动链轮，通过传动带传给从动链轮，最终从差速器输出。

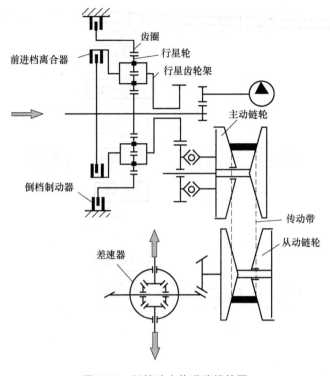

图 3-16　倒档动力传递路线简图

倒档动力传递路线结构图如图 3-17 所示，倒档动力传递路线图如图 3-18 所示。

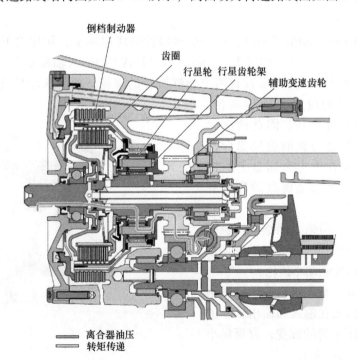

图 3-17　倒档动力传递路线结构图

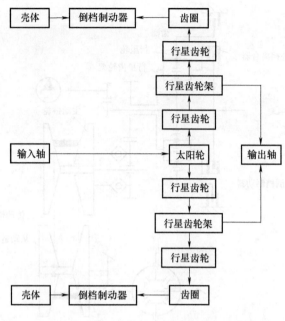

图3-18　倒档动力传递路线图

## 环形 CVT

传动带式 CVT 的传动带受损时，整个变速器就彻底损坏了，相比之下，环形 CVT 的传动部件损坏概率要低得多。如图 3-19 所示，环形 CVT 的输入轴和输出轴被设计成两个彼此相对的锥形金属盘。其间布置有两个能够旋转的滚轮，两个滚轮始终与两锥形金属盘保持接触。滚轮的位置由液压调控，两滚轮在平面内对称旋转，因此两滚轮在任何位置都能始终与锥形金属盘保持接触。由于两滚轮在锥形金属盘上的接触点不断改变，两锥形金属盘的相对旋转状况也随之改变。

超速档时，滚轮与输入轴锥面接触区域是大圆弧，与输出轴锥面接触区域是小圆弧，相当于大齿轮驱动小齿轮。

减速档时，液压系统驱动滚轮绕图中旋转轴旋转，两滚轮在输入和输出轴上的接触点能实现无限平滑的改变，直至最小的减速档，如图 3-20 所示。

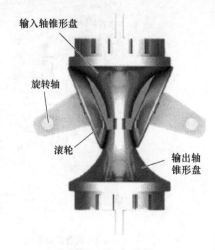

图3-19　超速档

图 3-20　减速档

## 一、链轮变速机构故障分析

### 1. 故障分析

当链轮变速机构发生故障时，可能的故障原因如图 3-21 所示。故障原因有传动链损坏或断裂、链轮磨损划伤、起步离合器摩擦片和钢片磨损烧蚀、行星齿轮机构磨损烧蚀等。

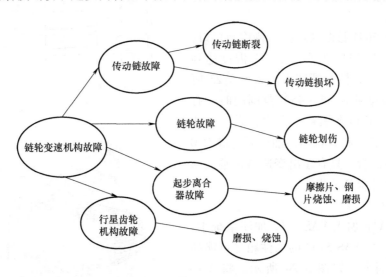

图 3-21　链轮变速机构故障原因

### 2. 故障现象

链轮变速机构出现故障后，会在车辆行驶和变速过程中产生振动和噪声，严重时会导致车辆行驶窜动、变速失常和无法起步等，如图 3-22 所示。

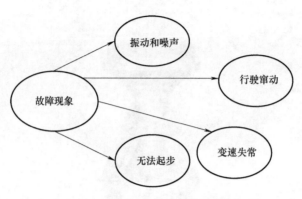

图 3-22  链轮变速机构的故障现象

## 二、链轮变速机构故障检修

下面以奥迪轿车 01J 无级变速器为例，介绍无级变速器的 ATF 检查、加注过程及链轮变速机构故障的诊断过程。

**1. 检查 ATF 油位**

检查油位的前提条件如下：

1）发动机处于怠速运转状态。

2）车辆必须处于水平位置。

踩下制动踏板，将所有档位（P、R、N、D）挂一遍，并且在每一个位置上发动机怠速运转约 2s。

使用 VAS 5051 诊断仪连接车辆诊断接口，读取无级变速器 ATF 温度。当 ATF 温度达到 35℃时，拧出 ATF 检查螺塞 B，如图 3-23 所示。当 ATF 温度处在 35～45℃范围内时，有少量液体从 ATF 检查螺塞中溢出，说明 ATF 油位正确。螺塞 A 和 B 都通往油底壳，螺塞 B 内还有一根溢流管，只有超出变速器正常油面的油液才能从螺塞 B 流出。

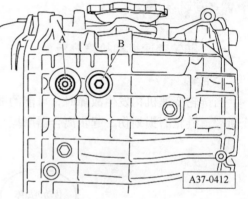

图 3-23  ATF 油位检查螺塞 B
和 ATF 放油螺塞 A

**2. ATF 加注**

将 4.5L ATF 加入 VAS 5162 加注系统中，将 ATF 加注系统 VAS 5162 的加注箱尽可能高地固定在车辆上，如图 3-24 所示。将 VAS 5051 诊断仪连接车辆诊断座。

使用专用工具 3357 拧出 ATF 放油螺塞 A，并将油底壳中的 ATF 全部放掉。

将加注设备的龙头拧到检查口 B 处，开始加注，如图 3-25 所示。

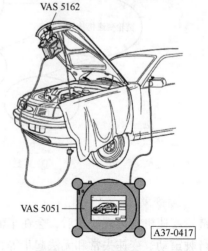

图 3-24  ATF 加注系统

加注 4L ATF，如果 ATF 温度低于 45℃时，只有少量 ATF 从出油口流出，说明 ATF 加注油位正确。如果没有 ATF 流出，则需继续加注更多的 ATF，再重新检查 ATF 油位。

**3. 拆卸检查起步离合器**

拆下变速器后，将变速器垂直固定在装配台上，拧下螺栓，如图 3-26 所示。

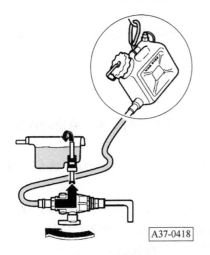

图 3-25　ATF 加注

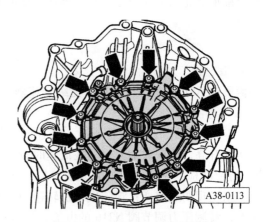

图 3-26　拧下输入轴固定螺栓

把专用工具 T40050 装到变速器输入轴上，将专用工具 T40050 上带有法兰盘的输入轴和前进档离合器从变速器壳体中拔出，如图 3-27 所示。

检查起步离合器的摩擦片与钢片表面是否有严重磨损和烧蚀现象，如果摩擦片衬片剥落或变色，则应更换所有的摩擦片；如果钢片存在发蓝等严重高温现象，则更换所有的钢片，如图 3-28 所示。

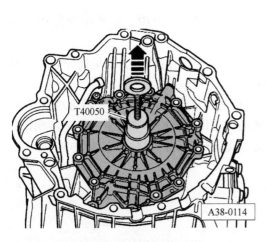

图 3-27　拔出前进档离合器

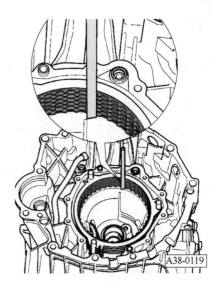

图 3-28　检查离合器钢片与摩擦片

**4. 检查行星齿轮机构**

检查行星齿轮机构的齿轮及轴承状况，如果齿轮存在崩齿、缺齿和发蓝现象，行星齿轮轴承旷量较大，则应更换行星齿轮组。

**5. 拆卸检查传动链磨损情况**

从车身底部拆下变速器总成，拆开变速器外壳，检查传动链转动压块的磨损情况，以及传动链是否断裂。如果存在故障，则更换传动链。

**6. 检查锥形链轮磨损情况**

检查锥形链轮的工作面是否存在划伤，如有划伤，应更换锥形链轮及传动轴总成。

 情境分析

**1. 故障现象**

一辆奥迪 A6L 轿车，装备 01T 无级变速器。该车在低速行驶时，车辆有窜动现象。

**2. 故障诊断与排除**

1）汽车起步后，在低速行驶时，加速时车辆出现窜动现象（俗称为"耸车"现象）。随着车速的升高，该现象消失，只在低速时较明显。

2）将智能检测仪连接到车辆诊断接口，无故障码；观测离合器压力控制阀 N215 的电流变化，未发现明显突变；观测发动机转速与主动链轮转速传感器 G182 的信号，未发现存在转速差；观测压力调节阀 N216 的电流，发现车辆窜动瞬间存在电流波动。

3）拆卸检查变速器传动链与锥面链轮，传动链正常，发现主动和从动锥面链轮的工作面均存在划痕，更换主动锥面链轮及输入轴总成，更换从动锥面链轮总成，故障排除。

**3. 故障原因分析**

链轮变速机构中的力矩传递依靠链轮与传动链间的夹紧力来完成，如果链轮锥面出现划伤与传动链直接的摩擦因数发生变化，会导致动力传递的不连续，从而产生类似"耸车"的现象。

 学习小结

1）钢链由转动压块和链节组成，具有传递力矩大、打滑少、摩擦小和使用寿命长的优点。

2）无级变速器由飞轮减振装置、前进档离合器、倒档制动器、行星齿轮机构、辅助减速齿轮机构、链轮变速器、液压控制单元和 ECU 等组成。

3）起步离合器是一组湿式摩擦离合器，由前进档离合器和倒档制动器组成，类似于 AT 中的湿式离合器，用于起步和将转矩传递给辅助变速齿轮机构。其与液力变矩器相比，具有重量轻、安装空间小、起动特性适应驾驶状态、爬坡转矩适应驾驶状态等优点。

 **学习单元二** 液压控制系统故障检修

 **情境导入**

一辆奥迪 A6 轿车，装备 01J 无级变速器。该车变速器警告灯亮，起步加速无力。经检查，塑料吸气泵管路有裂痕，更换该管路后，故障排除。

**学习目标**

1. 能通过与客户交流、查阅相关维修技术资料等方式获取车辆信息。
2. 能根据故障现象制订正确的维修计划。
3. 能正确选择诊断设备、工具对无级变速器液压控制系统故障现象进行诊断。
4. 能正确记录、分析各种检测结果并做出故障判断。
5. 能分析并排查前进档离合器压紧力液压控制系统故障。
6. 能分析并排查链轮变速机构液压控制系统故障。
7. 能按照正确操作规范进行无级变速器液压控制系统的故障排除。

 **理论知识**

## 一、01J 无级变速器整体结构

01J 无级变速器整体结构如图 3-29 所示，图中各颜色定义如图 3-30 所示。

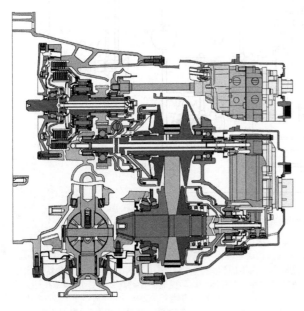

| | |
|---|---|
| ■ | 壳体、螺钉、螺栓 |
| ■ | 液压部分/控制机构 |
| □ | 变速器电子控制部分 |
| ■ | 轴、齿轮 |
| ■ | 钢片离合器 |
| ■ | 活塞、转矩传感器 |
| ■ | 轴承、垫片、弹性挡圈 |
| ■ | 塑料件、密封件、橡胶件 |

图 3-29 01J 无级变速器整体结构（见彩插）　　图 3-30 图中各颜色的定义（见彩插）

01J无级变速器整体油路图如图3-31所示。

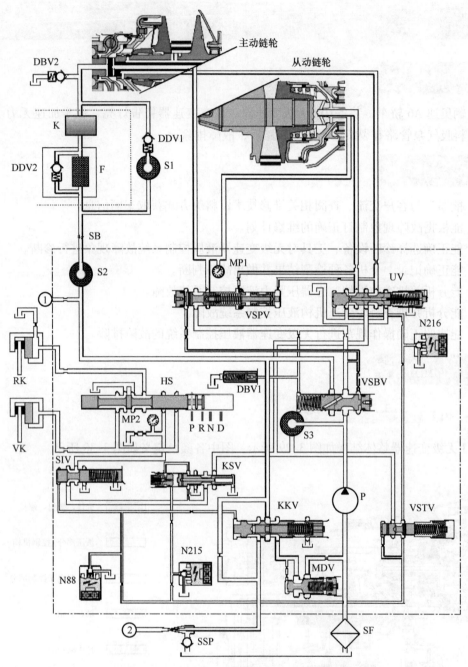

**图 3-31　01J 无级变速器整体油路图**（见彩插）

DBV1—限压阀 1　DBV2—限压阀 2　DDV1—差压阀 1　DDV2—差压阀 2　F—ATF 滤清器　HS—手动换档阀
K—ATF 冷却器　KKV—前进档离合器冷却阀　KSV—前进档离合器控制阀　MDV—最小压力阀　MP1—接触压力
测试点（由 G194 监测）　MP2—前进档离合器压力测试点（由 G193 监测）　N88—电磁阀 1（前进档离合器冷却/
安全切断电磁阀）　N215—自动变速器控制阀 1（前进档离合器）　N216—自动变速器控制阀 2（变速比）　P—油泵
PRND—变速杆位置　RK—倒档制动器　VK—前进档离合器　S1—ATF 滤清器 1　S2—ATF 滤清器 2　S3—ATF
滤清器 3　SB—链轮润滑/冷却 4 喷孔　SF—ATF 进油滤清器　SIV—安全阀　SSP—吸气喷射泵　UV—减压阀
VSBV—体积改变率限制阀　VSPV—施压阀　VSTV—输导压力阀　①—飞溅润滑油罩盖　②—到前进档离合器

油路主要分为以下三个部分。

**1. 电磁阀调制油压**

电磁阀调制油压的作用是将油泵泵出的油压调制成 5bar（1bar = 101kPa）的常压，再将这个 5bar 的常压输送到各个电磁阀，由电磁阀在 5bar 的基础上改变油压，用改变后的油压通往滑阀的一侧来改变滑阀的位置，从而改变油路的油压大小。

电磁阀调制油压产生的油路：油液通过滤清器 SF，经过油泵 P 加压，通过滤清器 S3，流向 VSTV，VSTV 可调制出 5bar 的常压，供往各个电磁阀。

**2. 前进档离合器控制油路**

油泵泵出的油压流向前进档离合器控制阀 KSV，KSV 通过改变自身位置调节最终通向前进档离合器油压的大小。KSV 的自身位置由其左侧的受 N215 控制的油压决定。油液通过 KSV 后，经过 SIV、HS，最终流向 VK 前进档离合器。

前进档离合器油路：油液通过滤清器 SF，经过油泵 P 加压，通过滤清器 S3，流向 KSV 前进档离合器控制阀，再通往 SIV 安全切断阀，经过 HS 手动换档阀，最终流向 VK 前进档离合器。

**3. 链轮变速油路**

主动链轮和从动链轮的油缸压力大小取决于 UV 减压阀的位置，UV 减压阀的位置受作用在其左侧的来自 N216 电磁阀的油压的控制。变速所需的油压来自油泵。

链轮变速油路：油液通过滤清器 SF，经过油泵 P 加压，通过滤清器 S3，流向 UV 减压阀，再流向主动和从动链轮变速油缸。

## 二、前进档离合器液压控制

前进档离合器液压控制油路如图 3-32 所示。VSTV 的作用是将主油路的油压调制成 5bar 常压，提供给电磁阀使用。KSV 经过 N215 调节后处于一定的位置，将主油路油压调制后输送到 SIV，再输送到 HS，最终到达前进档离合器或倒档制动器。SIV 起到安全切断的作用，当前进档离合器或倒档制动器油压持续过高时，SIV 会切断去往前进档离合器或倒档制动器的油路。HS 随变速杆的位置而移动，将油路引向前进档离合器或倒档制动器。前进档离合器压力控制与发动机输出转矩成正比，与系统压力无关。

D 位时，油泵将液压油经过滤清器泵入主油路，流向 VSTV，该阀可以将油压引到阀的左侧与右侧弹簧产生平衡，将出油口开到一定大小，向 N215 输送一个 5bar 的常压。N215 通过自身对卸油量的控制，可控制输往 KSV 左侧的油压，使 KSV 处于一定的位置。油泵泵出的经过主调压阀调节后的油液经过处于一定位置时的 KSV 时，被再次调节油液压力，再通往 SIV。在正常工作时，SIV 左侧是没有油压的，在弹簧作用下，SIV 阀芯位于左侧，经过 KSV 调节过的油液可通过 SIV 通往 HS。当 HS 位于 D 位时，油液通过 HS 流向 VK，从而控制前进档离合器的接合压力。

变速器控制单元根据发动机及行驶参数计算出控制电流值，控制 N215 的卸油量，产生控制油压流向 KSV，使其处于一定的位置，改变去往前进档离合器的油压大小。

油泵的另一油路直接流向 KSV，根据其被控制的位置，产生特定的油压流向 SIV，再流向 HS。

因当前处于 D 位，液压油则流向 VK，而产生前进档离合器控制压力。

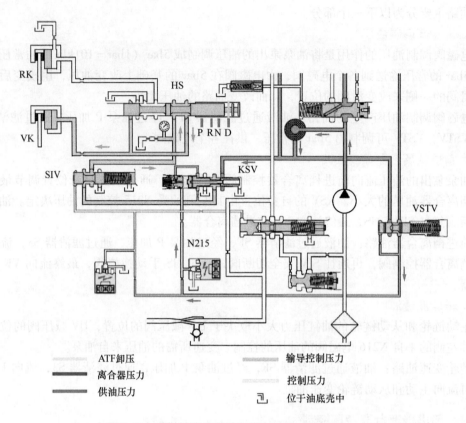

图 3-32　前进档离合器液压控制油路（见彩插）
SIV—安全阀　KSV—前进档离合器控制阀　VSTV—输导压力阀　HS—手动换档阀
N215—前进档离合器压力调节阀　RK—倒档制动器　VK—前进档离合器

### 三、前进档离合器安全切断控制

如果实际前进档离合器压力明显高于变速器控制单元中储存的当前工况的额定压力，则会进入安全紧急故障状态。此时，不论手动换档阀处于何种位置以及其他系统状态如何，前进档离合器压力都将卸掉，如图 3-33 所示。

安全切断是由 SIV 来实现的，确保前进档离合器快速分离。

当前进档离合器压力明显过高时，N88（安全切断阀）被通电关闭，停止卸油。来自输导压力阀的液压油会流向 SIV 左侧，将其阀芯推向右侧，关闭上下沟通的油路。使来自 KSV 的液压油无法通过 SIV 而流向 HS，也就无法流向 VK。

此时，VK 里存留的液压油通过 SIV 卸入油底壳中，VK 的压力被释放而断开动力传递。

### 四、前进档离合器过载保护

在连续上坡、挂车行驶、频繁起步以及制动时，容易导致前进档离合器传递的转矩负荷过高和温度过高。

变速器控制单元可通过装在 ECU 上的油温传感器 G93 获得变速器油温，若测得的变速器油温因前进档离合器过载而超出标定界限，发动机转矩将减小。

发动机转矩被减小到发动机怠速转速上限时，短时间内，发动机对加速踏板信号可能无反应，前进档离合器冷却系统确保短时间内降温，此后迅速重新提供发动机最大转矩，所以前进档离合器不会出现过载现象。

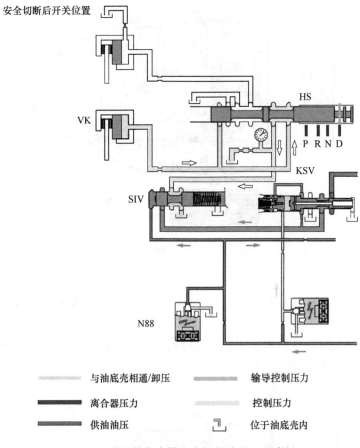

安全切断后开关位置

HS

VK

P R N D

KSV

SIV

N88

| | | | |
|---|---|---|---|
| ~~~~~~~~ 与油底壳相通/卸压 | | ▩▩▩▩▩ 输导控制压力 | |
| ████ 离合器压力 | | ▩▩▩▩▩ 控制压力 | |
| ████ 供油油压 | | ⌐ 位于油底壳内 | |

图 3-33　前进档离合器安全切断控制（见彩插）

## 五、变速器爬行控制

变速器爬行控制是指在前进档状态下，发动机怠速运转时，爬行控制功能将前进档离合器设定到一个额定的打滑转矩。汽车运行状态与带有液力变矩器的自动变速器汽车相同。

其控制的意义为：

1）当车轮处于静止状态选择前进档时，爬行控制允许不踩加速踏板而车辆缓慢移动，因此增强了驾驶舒适性。

2）当车辆停在坡路上，制动力不足而车辆向后溜车时，前进档离合器压力将增大，使汽车停住，提高驾驶的安全性。

3）在爬行控制模式下，实现了前进档离合器控制匹配，优化了前进档离合器控制。

变速器控制单元可根据前进档离合器压力与输入转矩相互协调配合，使汽车具有爬坡功能。根据车辆行驶状态和车速，变速器控制单元通过接收变速器油压传感器（G194）的信号，计算用于精确控制前进档离合器转矩的链轮夹紧力矩，向链轮锥面提供适当的接触压力，来控制链轮变速机构的力矩输出，如图 3-34 所示。

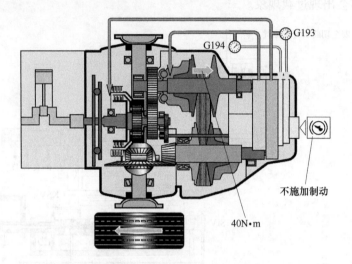

**图 3-34　不施加制动时链轮压紧力控制**（见彩插）

G194—主动链轮缸压紧力信号　G193—前进档离合器压紧力信号

不施加制动时，变速器控制单元控制主动链轮缸的压力为 40N·m，以保证车辆在坡道上不向下溜车。

当稍踩制动踏板时，变速器控制单元可控制主动链轮的压力减小到 15N·m，以保证车辆在坡道上不向下溜车，如图 3-35 所示。

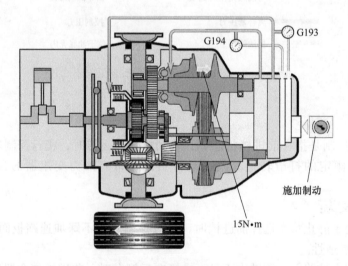

**图 3-35　施加制动时链轮压紧力控制**

## 六、变速器冷却控制

01J 无级变速器工作过程中产生热量最大的部位是前进档离合器及倒档制动器，从冷却器流回的经过冷却的 ATF 被按需输送到前进档离合器或倒档制动器，进行冷却。其涉及的部件包括 KKV、N88、吸气喷射泵（图 3-36）。

在前进档离合器控制单元动作的同时，前进档离合器冷却系统接通。根据变速器油温信号，变速器控制单元向电磁阀 N88 提供一个额定电流，该电流产生一个控制压力控制 KKV。KKV 将压力从冷却油回油管传到吸气喷射泵，再输送到前进档离合器摩擦片，如图 3-36 所示。

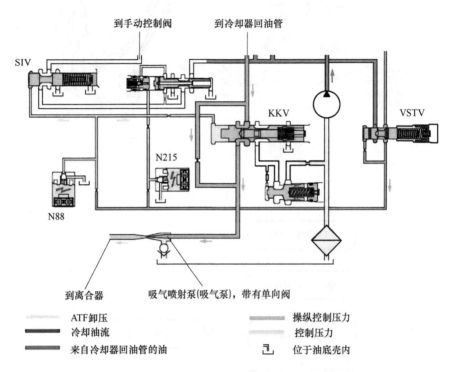

**图 3-36　液压前进档离合器冷却控制**（见彩插）

SIV—安全阀　KKV—前进档离合器冷却阀　VSTV—输导压力阀
N88—前进档离合器冷却/安全切断电磁阀　N215—前进档离合器压力调节阀

吸气喷射泵的目的是消耗更少的发动机能量对前进档离合器或倒档制动器进行冷却喷油。喷射泵将从冷却器回流的 ATF 喷入文丘里孔，油液冲过狭窄孔道后，油道变宽，气压降低，对油液产生负压吸力，并流向前进档离合器，如图 3-37 所示。

前进档离合器冷却控制过程如图 3-38 所示。

### 七、01J 无级变速器液压换档机构工作原理

#### 1. 发动机起动前

当无级变速器停止工作时，压力缸的液压卸回油底壳，主动链轮左侧的膜片弹簧的外侧固定在变速器固定支架上，膜片弹簧内侧将主动链轮的活动锥面轮推向左侧，从动链轮右侧的螺旋弹簧将从动链轮的活动锥面轮推向左侧，使链轮传动机构处于减速档状态，以备下次起动时使用。

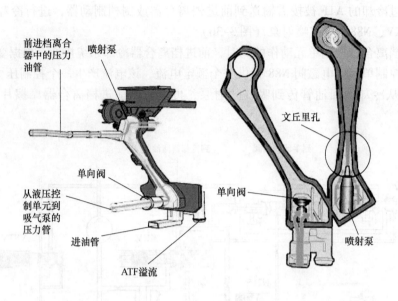

图 3-37 吸气喷射泵工作过程

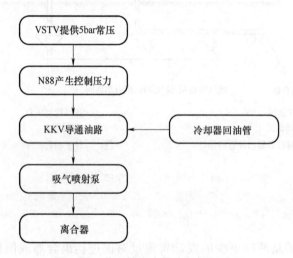

图 3-38 前进档离合器冷却控制过程

**2. 发动机起动后**

01J 无级变速器主动和从动链轮各有一个分离缸和压力缸来进行变速和夹紧钢链，如图 3-39 所示。

压力缸只保证链轮处有一定的夹紧力，不产生变速作用。压力缸内的液压力较低，容积较大，与活动锥面轮的接触面积大，以较小的油压产生较大的压紧力，用来使锥面链轮将传动链夹紧。

分离缸只在变速时起作用，变速器不依靠分离缸的压力保持一定的传动比。分离缸内的液压力较高，容积较小，与活动锥面轮的接触面积小，以较少的液压油量就可以使活动锥面链轮改变位置，用来调节变速比。

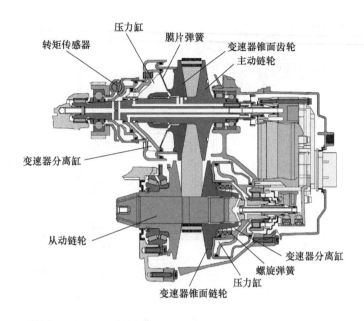

图 3-39　超速档状态结构图（见彩插）

01J 无级变速器的液压变速系统工作过程如图 3-40 所示。

（1）减速档状态　减速档时，VSTV 向 N216 提供一个约 5bar 的常压。N216 根据变速器控制单元计算的控制电流产生控制压力，该压力影响 UV 的位置，如图 3-41 所示。

当控制压力在 1.8～2.2bar 范围内时，UV 关闭。主动链轮和从动链轮的变速油缸的油路被切断，主动链轮和从动链轮的压力油缸在 VSPV 的作用下产生一定的油压，保证主动链轮和从动链轮处于夹紧状态。控制压力大于 2.2bar 时，UV 移动到一定位置，变速油压经过 UV 传递到从动链轮的分离缸，同时主动链轮的分离缸与油底壳相通，变速器朝减速档方向变速。

减速档时分离缸与压力缸油路如图 3-42 所示。主动链轮分离缸将液压油卸入油底壳，主动链轮与传动链处于小半径接触状态。从动链轮分离缸充油，从动链轮与传动链处于大半径接触状态。主动与从动链轮压力缸的油压来自 VSPV，一直处于保持压力状态，链轮将传动链夹紧。

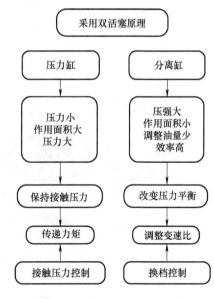

图 3-40　01J 无级变速器的
液压变速系统工作过程

控制压力在 1.8～2.2bar 范围内时，UV 关闭。当控制压力低于 1.8bar 时，从动链轮的分离缸与油底壳相通，从动链轮与传动链为小半径接触状态。主动链轮分离缸充油，主动链轮与传动链为大半径接触状态，变速器朝超速档方向变速，如图 3-43 所示。

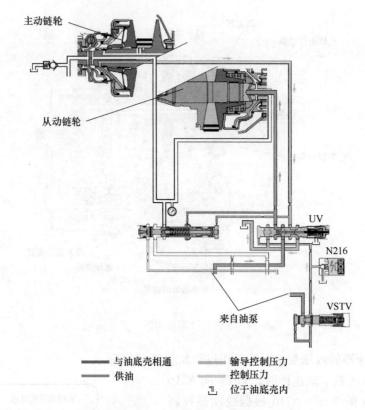

图 3-41　液压变速系统减速档状态（见彩插）

VSTV—输导压力阀　UV—减压阀　N216—压力调节阀

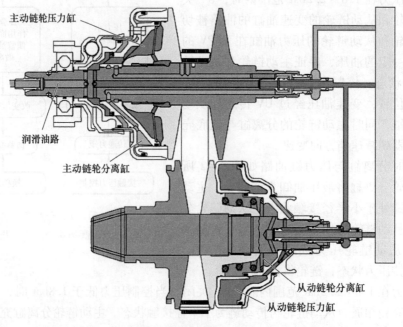

图 3-42　减速档时分离缸与压力缸油路（见彩插）

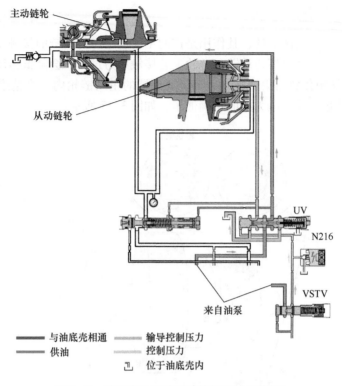

主动链轮

从动链轮

UV

N216

VSTV

来自油泵

━━ 与油底壳相通　━━ 输导控制压力
━━ 供油　　　　　━━ 控制压力
　　　　位于油底壳内

图 3-43　液压变速系统超速档状态（见彩插）

（2）超速档状态　超速档时压力缸与分离缸油路如图 3-44 所示。从动链轮分离缸将液压油卸入油底壳，从动链轮与传动链处于小半径接触状态。主动链轮分离缸充油，主动链轮与传动链处于大半径接触状态。主动与从动链轮压力缸均处于保持压力状态，链轮将传动链夹紧。

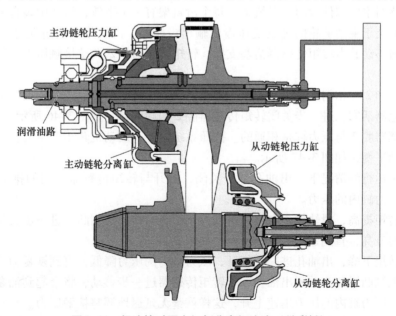

主动链轮压力缸

润滑油路

主动链轮分离缸

从动链轮压力缸

从动链轮分离缸

图 3-44　超速档时压力缸与分离缸油路（见彩插）

## 八、01J无级变速器转矩传感器

转矩传感器是一个机械部件，其作用是控制主动链轮与传动链的接触压力。若接触压力过低，传动链会打滑，会损坏传动链和链轮。若接触压力过高，会降低传动效率。

液力-机械式转矩传感器集成在01J无级变速器的主动链轮内，高精度动态地监控传递到压力缸的实际转矩并建立压力缸的正确油压，如图3-45所示。

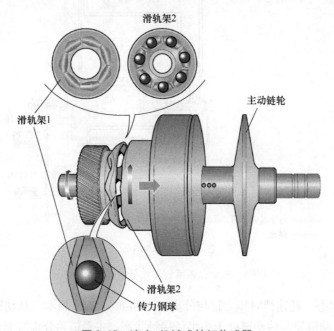

图 3-45　液力-机械式转矩传感器

转矩传感器主要部件为两个滑轨架，每个滑轨架有7个滑轨，滑轨中装有钢球。

滑轨架1装于主动链轮的辅助变速齿轮输出齿轮上。滑轨架2通过花键与主动链轮连接，可以轴向移动并由转矩传感器活塞支撑。转矩传感器活塞调整接触压力并形成转矩传感器腔1和2。

滑轨架1和2互相间突然传递较大的力矩时，会在滑轨架2上产生较大的轴向力，向右移动转矩传感器活塞，进一步关闭转矩传感器腔2的卸油口，如图3-46所示。

转矩传感器腔2与压力缸是相通的。按照系统设计，发动机转矩产生的轴向力与压力缸内的压力达到平衡，如图3-47所示。

汽车稳定运行的情况下，出油孔部分关闭，打开与转矩传感器之间的排油孔后压力下降，可调节压力缸内的压力。

若输入转矩提高，滑轨架2右移，带动控制凸缘右移，控制凸缘进一步关闭出油孔，压力缸内的压力升高，直到建立起新的平衡，如图3-48所示。

若输入转矩下降，出油孔进一步打开，压力缸内的压力降低，直到恢复力平衡。力矩达到峰值时，控制凸缘完全关闭出油孔，若转矩传感器进一步移动，将会起到油泵作用，此时被排挤的油使压力缸内的压力迅速上升，这样就毫无延迟地调整接触压力。

锥面链轮与传动链的夹紧力不仅取决于输入转矩，还取决于变速比。传动比变小时，夹

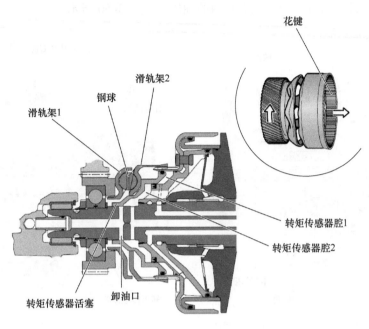

花键

滑轨架2

钢球

滑轨架1

转矩传感器腔1

转矩传感器腔2

转矩传感器活塞

卸油口

图 3-46　转矩传感器工作方式（见彩插）

紧力矩相应减小。

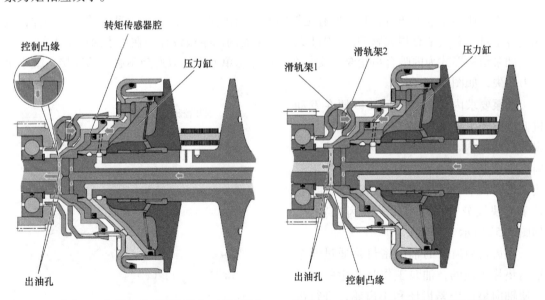

控制凸缘

转矩传感器腔

压力缸

滑轨架2

压力缸

滑轨架1

出油孔

出油孔

控制凸缘

图 3-47　稳定工况下转矩传感器的状态（见彩插）　　图 3-48　高转矩输出工况下转矩传感器的状态

　　当变速比变大时，主动链轮与传动链在小半径位置接触。转矩传感器腔 1 内的压力受主动链轮上的两个横向控制孔影响，该孔通过主动链轮的轴向位移关闭或打开，如图 3-49 所示。此时转矩传感器腔 1 内的油压被卸掉，流向主动链轮与传动链。

　　变速比变小时，主动链轮与传动链处于大接触半径状态，活动锥面链轮向右移动，横向孔与转矩传感器腔 1 接通，该压力克服转矩传感器的轴向力并将转矩传感器活塞向左推动，使控制凸缘的卸油口打开，减小压力缸内的油压，如图 3-50 所示。

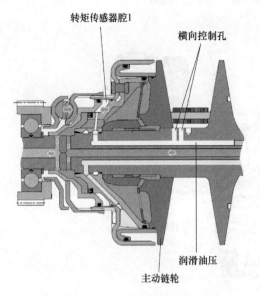

图 3-49　大变速比时转矩传感器腔 1 的状态

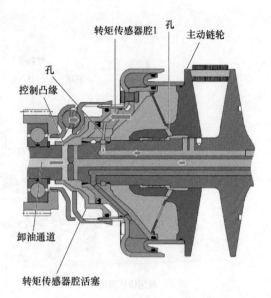

图 3-50　小变速比时转矩传感器腔 1 的状态

## 九、油泵

　　无级变速器正常工作时，必须要有足够的液压油供应。油泵是消耗动力的主要部件，因此其容量对于总效率有很大影响的。01J 无级变速器的油泵被设计为在最小油量下工作。

　　油泵结构形式为内啮合齿轮泵，安装在液压控制单元上，以避免不必要的连接，减小了压力损失，如图 3-51 所示。

　　油泵要求内部密封良好，以便在发动机低速下产生高压。01J 无级变速器油泵的扇形齿块由内、外两个扇形齿块组成。在扇形弹簧的作用力下，内扇形块与外扇形块分开，两者缝隙中进入的液压油使内、外扇形块被分开，与小齿轮和齿环紧贴，如图 3-52 所示。

　　小齿轮和齿环的轴向密封是通过两个轴向垫片实现的，油泵工作时产生的油压会使轴向垫片压紧齿环和小齿轮，进行齿端密封。油泵压力增加时，轴向垫片被更紧地压到月牙密封和油泵齿轮上，补偿了轴向间隙，如图 3-53 所示。

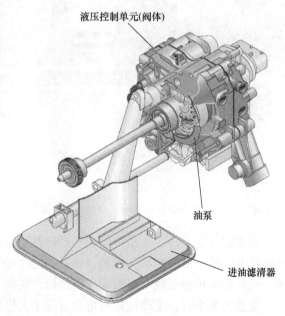

图 3-51　油泵

## 十、飞溅式润滑油罩盖

　　位于从动链轮上的飞溅式润滑油罩盖

（图 3-54）是 01J 无级变速器一个独特的结构，它可以阻止压力缸"动态压力建立"。

当发动机转速很高时，从动链轮压力缸内产生很高的旋转离心力，使压力缸压力上升，此现象称为"动态压力建立"。动态压力的建立对链轮夹紧力控制产生不利影响，封闭在飞溅润滑油罩盖内的液压油也会产生动态离心压力，方向与压力腔内的相反，压力缸内的动态压力就能得到补偿。飞溅润滑油腔通过润滑油喷射孔直接从液压控制单元处获得润滑油，通过此孔，润滑油被连续喷入飞溅润滑油腔入口。当传动比改变时，飞溅润滑油腔容积发生改变，可以使润滑油从供油口排出。

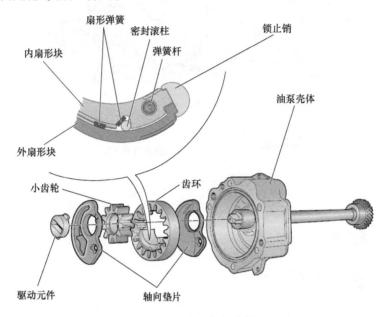

图 3-52　油泵径向密封

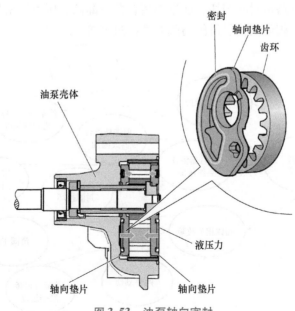

图 3-53　油泵轴向密封

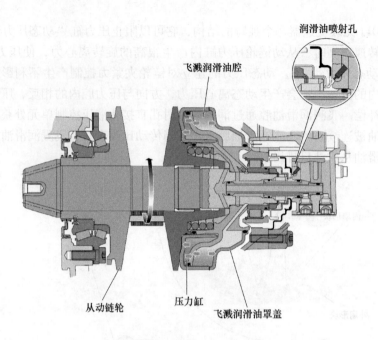

图 3-54　飞溅式润滑油罩盖

## 一、液压控制系统故障分析

### 1. 故障分析

当无级变速器液压控制系统发生故障时，可能的故障原因如图 3-55 所示。故障原因有油泵磨损、油泵输油管路密封圈损坏、前进档离合器鼓漏油、压力缸密封圈损坏、分离缸密封圈损坏、滑阀卡滞、阀体划伤、滑阀与阀套磨损过度等。

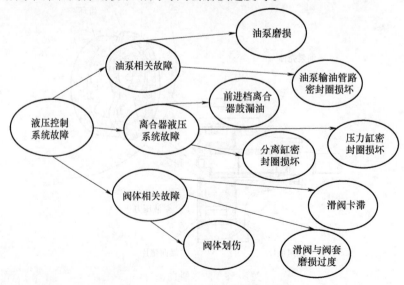

图 3-55　液压控制系统故障原因

### 2. 故障现象

液压控制系统出现故障后，车辆会在行驶和变速过程中产生冲击、加速无力和变速困难等现象，严重时会出现无法起步、导致传动链断裂等现象，如图3-56所示。

## 二、液压控制系统故障检修

下面以奥迪01J无级变速器为例，讲述无级变速器液压控制系统的故障诊断过程。

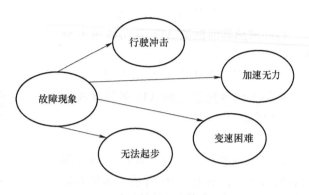

图3-56　液压控制系统故障现象图

### 1. 分离无级变速器与散热器前框架ATF管路接头

分离无级变速器与散热器前框架ATF管路接头如图3-57所示。

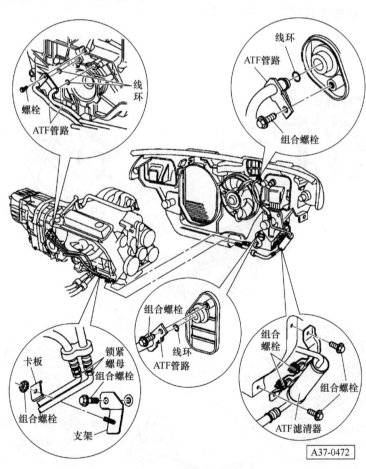

A37-0472

图3-57　分离无级变速器与散热器前框架ATF管路接头

**2. 拆卸散热器前框架 ATF 管路**

拆卸散热器前框架 ATF 管路如图 3-58
所示。

**3. 拆卸无级变速器上的 ATF 管路接头**

拆卸无级变速器上的 ATF 管路接头如
图 3-59 所示。

**4. 拆卸检查油泵**

拆卸检查油泵的齿轮、齿圈、月牙隔
墙和轴向垫片，如图 3-60 所示。如果有较
严重磨损，应更换。

**5. 检查油泵输油管路是否泄漏**

油泵的输油管路是旋入螺钉式的连接
方式。检查油泵输油管路，尤其是旋入螺
钉的密封活塞环处是否有破损、泄漏，如
图 3-61 所示。

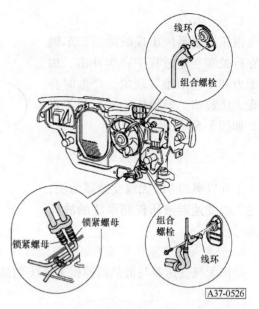

图 3-58　拆卸散热器前框架 ATF 管路

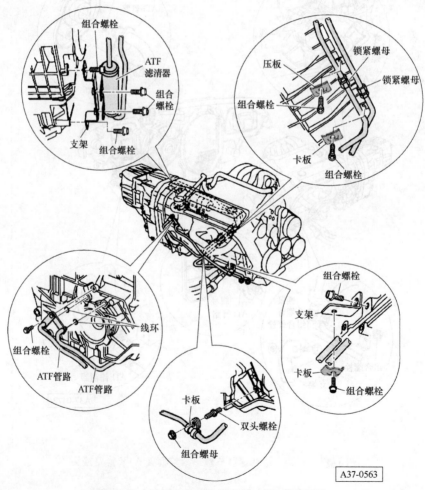

图 3-59　拆卸无级变速器上的 ATF 管路接头

**6. 拆卸检查压力缸、分离缸密封圈是否漏油**

拆卸检查前进档离合器鼓的密封圈是否存在扭曲、变形、撕裂、硬化和老化等现象，如果有应更换，如图 3-62 所示。

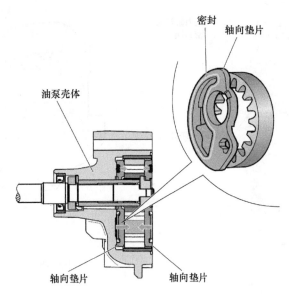

图 3-60　检查油泵轴向垫片

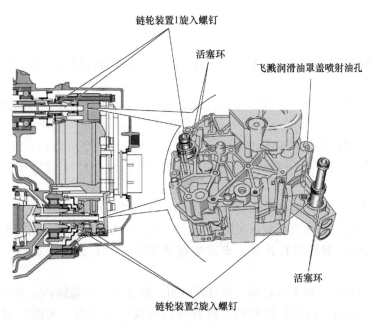

图 3-61　检查油泵旋入螺钉密封环

**7. 检查阀体与滑阀**

检查滑阀是否卡滞，滑阀与阀套是否磨损过度，阀套和滑阀是否划伤。如果存在过度磨损和划伤，应更换阀体，如图 3-63 所示。

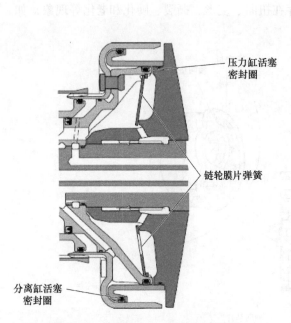

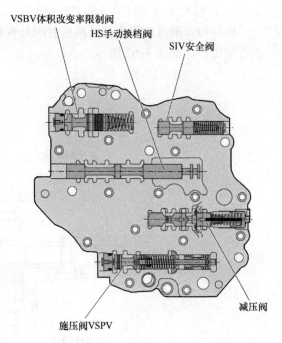

图 3-62　检查压力缸、分离缸密封圈　　　　图 3-63　检查阀体与滑阀

 情境分析

**1. 故障现象**

一辆奥迪 A6 轿车，装备 01J 无级变速器。该车变速器警告灯亮，起步加速无力。

**2. 故障诊断与排除**

1）该车变速器警告灯亮，汽车起步加速无力且有"耸车"现象，同时踩加速踏板加速无力。

2）将智能检测仪连接到车辆诊断接口，通过检查出现 3 个故障码，P1741 前进档离合器匹配达到极限，P1743 前进档离合器打滑监控信号太高，P1774 前进档离合器温度监控太高。

3）拆卸检查油泵总成和油泵输油管路，未发生严重磨损和泄漏现象。

4）拆卸检查前进档离合器液压控制系统，检查前进档离合器鼓的密封圈，检查分离缸与压力缸的密封圈，密封圈有弹性，未发生扭曲变形，没有破损，安装位置正确，没有故障。

5）拆卸检查阀体。取下电磁阀，测量其电阻，都在规定的范围内。拆下滑阀，检查滑阀与阀套的相互运动，运动良好顺畅；检查滑阀和阀套的外观，未出现划伤，密封状态良好。

6）拆卸检查中间管路，发现塑料吸气泵上有一个非常小的裂痕，更换该塑料吸气泵管后，故障排除。行车状态稳定，无"耸车"现象，加速正常。

**3. 故障原因分析**

当油温升高后，塑料吸气泵的缝隙变大，液压油泄漏量加大并影响了前进档离合器的工作过程和自适应匹配过程，从而导致控制单元设置相应的故障码。

 学习小结

1）在连续上坡、挂车行驶、频繁起步以及制动时，容易导致前进档离合器传递的转矩负荷过大和温度过高。

2）变速器爬行控制是指在前进档状态下，发动机怠速运转时，爬行控制功能将前进档离合器设定到一个额定的打滑转矩。汽车运行状态与带有液力变矩器的自动变速器汽车相同。

3）当控制压力在1.8~2.2bar范围内时，UV减压阀关闭。控制压力大于2.2bar时，调整压力传递到从动链轮的分离缸，同时主动链轮的分离缸与油底壳相通，变速器朝减速档方向变速。

 学习单元三　电控系统故障检修

 情境导入

一辆奥迪 A6 轿车，装备 01J 无级变速器。该车行驶时有车辆抖动现象，加速时抖动较为明显。经检查，N215 电磁阀的工作不良，更换该电磁阀后，故障排除。

 学习目标

1. 能通过与客户交流、查阅相关维修技术资料等方式获取车辆信息。
2. 能根据故障现象制订正确的维修计划。
3. 能正确记录、分析各种检测结果并做出故障分析判断。
4. 能分析并排查电磁阀系统故障。
5. 能分析并排查传感器系统故障。
6. 能按照正确操作规范进行无级变速器液压控制系统的故障排除。

理论知识

**一、01J 无级变速器换档轴和停车锁**

01J 无级变速器变速杆位置 P、R、N、D 在变速杆通道与变速器之间仍使用机械拉索连接，如图 3-64 所示。

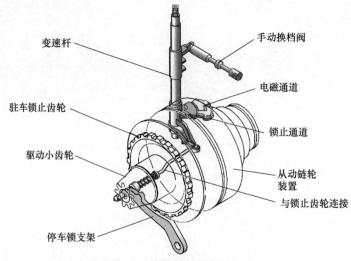

图 3-64　换档轴与停车锁机构

通过变速杆可完成触发液压控制单元手动换档阀的位置操作，还可控制停车锁并触发档位开关，由电子装置识别变速杆位置。

当变速杆处于 P 位时，与锁止齿相连的连杆轴向移动，停车锁支架被压向停车锁齿轮，

停车锁啮合。

## 二、液压阀体上的电磁阀

液压阀体上共有 3 个电磁阀，分别为 N88、N215、N216，如图 3-65 所示。

N88 用于控制 SIV（安全阀）的切断和控制 KKV（离合器冷却阀）的流通量。

N215 用于控制 KSV（离合器控制阀）的位置，确定离合器的接触压力。

N216 用于控制 UV（减压阀）的位置，控制主动和从动链轮的分离缸压力，进行变速。

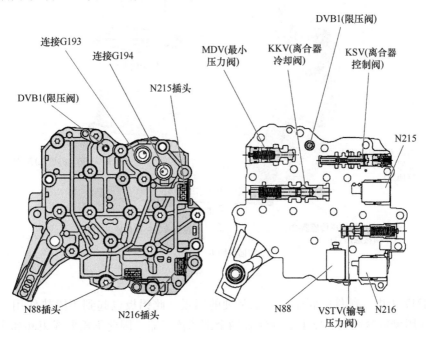

图 3-65　电磁阀在阀体上的位置

G193—离合器压力传感器　G194—压力缸压力传感器

3 个电磁阀所控制的滑阀的位置如图 3-65 所示。

N88、N215、N216 这 3 个电磁阀均为电流控制的比例阀，其结构如图 3-66 所示。

电磁阀的控制压力与控制电流成正比，如图 3-67 所示。

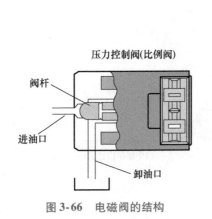

图 3-66　电磁阀的结构

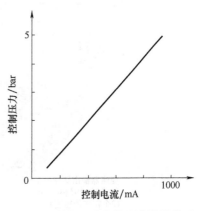

图 3-67　控制压力与控制电流的关系

## 三、无级变速器 ECU J217

ECU J217 集成在自动变速器内，直接用螺栓固定在液压阀体上。3 个压力调节电磁阀与 ECU 之间通过坚固的插接插头连接，没有连接导线。ECU J217 自身用一个 25 针的小型插头与发动机 ECU 连接，如图 3-68 所示。

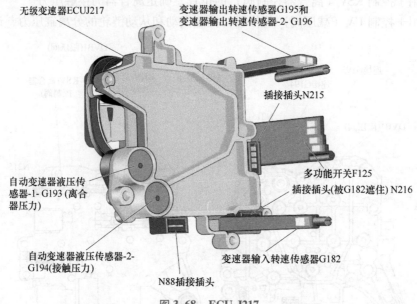

图 3-68　ECU J217

ECU J217 上电气部件的底座是一个坚硬的铝板，此铝板也起到了隔热作用。壳体材料为塑料，并用铆钉紧固到底座上。壳体容纳全部的传感器，因此不需要线束和插头，这种结构大大提高了电气部件及电路的可靠性，如图 3-69 所示。

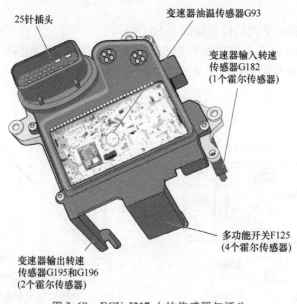

图 3-69　ECU J217 上的传感器与插头

## 四、无级变速器转速传感器

01J 无级变速器输入转速传感器 G182、输出转速传感器 G195 和 G196 为霍尔传感器，如图 3-70 所示。若某个传感器损坏，变速器 ECU 可从车载网络 ECU 中获得信息，汽车仍可保持行驶。

变速器输入转速传感器 G182 监控主动链轮的转速，提供实际的变速器输入转速，还可与发动机转速一起用于离合器微量打滑的控制。若 G182 损坏，变速器的微量打滑控制和离合器匹配功能失效，发动机转速将被作为替代值。

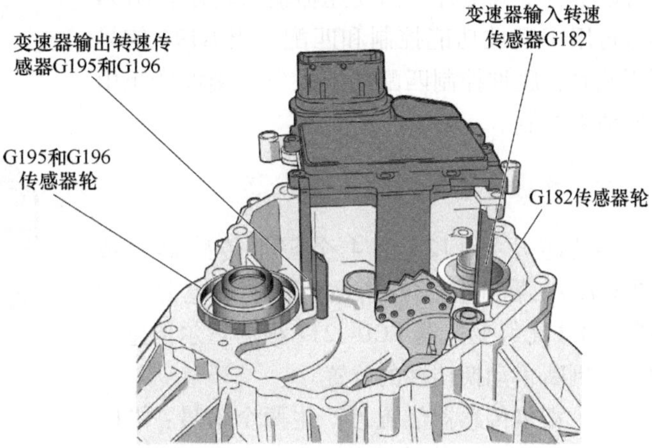

变速器输出转速传感器 G195 和 G196 用来监控从动链轮转速。G195 的信号可监测输出转速，G196 的信号可区别旋转方向。若 G195 损坏，变速器输出转速可从 G196 的信号获取，但坡道停车功能失效。若 G196 损坏，坡道停车功能失效。若两个传感器都损坏，可用轮速传感器的信号作为替代值。

图 3-70　输入、输出转速传感器

## 五、无级变速器液压传感器

G193 液压传感器安装在自动变速器 ECU J217 上，用来检测前进档和倒档离合器压力，如图 3-71 所示。

离合器压力对于无级变速器安全工作非常重要，在多数情况下 G193 的失效都会使安全阀被切断。

G194 液压传感器的安装位置如图 3-72 所示。

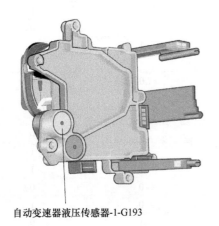

自动变速器液压传感器-1-G193

图 3-71　G193 液压传感器

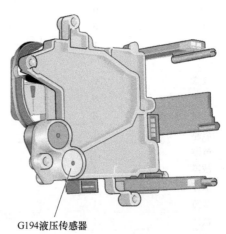

G194 液压传感器

图 3-72　G194 液压传感器的安装位置

**179**

G194 液压传感器用来检测链轮接触压力。接触压力是由转矩传感器调节的。接触压力总是与实际变速器输入转矩成比例，根据 G194 的信号可以十分准确地计算出变速器输入转矩。G194 信号可用于爬坡功能控制和匹配，当 G194 信号不正确时，爬坡控制匹配功能失效，爬坡转矩由存储值来控制。

### 六、无级变速器档位开关 F125

多功能开关 F125 由 4 个霍尔传感器组成（图 3-73），霍尔传感器由换档轴上的电磁通道控制。01J 无级变速器 ECU J217 根据霍尔传感器的信号判断手动换档轴的位置。

一个霍尔传感器位置可产生两个信号："1"和"0"，4 个霍尔传感器能产生 16 种不同的换档组合。其中，4 个换档组合用于识别换档位置 P、R、N、D，2 个换档组合检测中间位置（P-R、R-N-D），10 个换档组合用于故障分析。多功能开关 F125 换档组合见表 3-1。

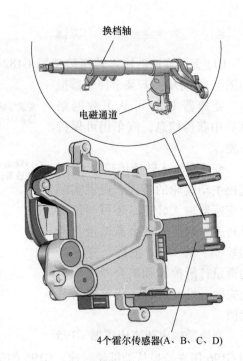

图 3-73 多功能开关 F125

表 3-1 多功能开关 F125 换档组合

| 变速杆位置 | 霍尔传感器 | | | |
|---|---|---|---|---|
| | A | B | C | D |
| | 换档组合 | | | |
| P | 0 | 1 | 0 | 1 |
| P-R 间 | 0 | 1 | 0 | 0 |
| R | 0 | 1 | 1 | 0 |
| R-N 间 | 0 | 0 | 1 | 0 |
| N | 0 | 0 | 1 | 1 |
| N-D 间 | 0 | 0 | 1 | 0 |
| D | 1 | 0 | 1 | 0 |
| 故障 | 0 | 0 | 0 | 0 |
| 故障 | 0 | 0 | 0 | 1 |
| 故障 | 0 | 1 | 1 | 1 |
| 故障 | 1 | 0 | 0 | 0 |
| 故障 | 1 | 0 | 0 | 1 |
| 故障 | 1 | 0 | 1 | 1 |
| 故障 | 1 | 1 | 0 | 0 |
| 故障 | 1 | 1 | 0 | 1 |
| 故障 | 1 | 1 | 1 | 0 |
| 故障 | 1 | 1 | 1 | 1 |

## 七、Tiptronic（手自一体）开关 F189

Tiptronic 开关 F189 集成在换档机构的鱼鳞板中，由 3 个霍尔传感器组成，霍尔传感器由位于鱼鳞板上的电磁阀激活，如图 3-74 所示。

鱼鳞板上有 7 个 LED 指示，4 个用于变速杆位置显示，1 个用于"制动动作"信号，其余 2 个用于 Tiptronic 护板上的"＋"和"－"信号。每个变速杆位置 LED 都由单独的霍尔传感器控制。

## 八、01J 无级变速器对外信息交换

在无级变速器中，除少量接口外，信息都是通过 CAN 总线在变速器 ECU J217 和局域网络 ECU 间进行交换的。01J 无级变速器对外信息交换图如图 3-75 所示。

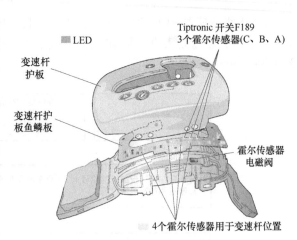

图 3-74 Tiptronic 开关 F189

A—减档传感器　B—Tiptronic 识别传感器　C—升档传感器

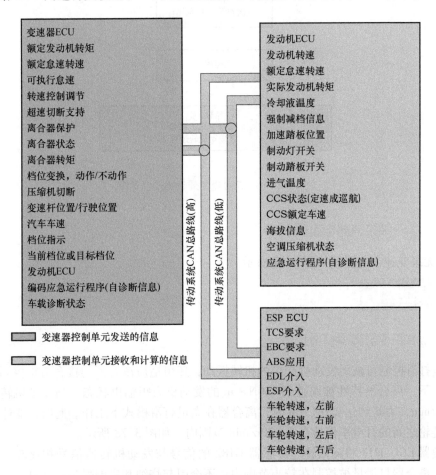

图 3-75 01J 无级变速器对外信息交换图

### 九、01J 无级变速器动态控制策略

01J 无级变速器 ECU J217 有一个动态控制程序，其功能是使操纵性能尽可能与驾驶人输入相适应，使驾驶人有如同在机械模式下驾驶的感觉。01J 无级变速器动态控制策略如图 3-76 所示。

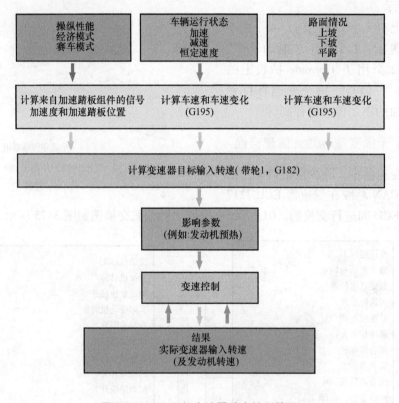

图 3-76　01J 无级变速器动态控制策略

### 十、01J 无级变速器电路图

01J 无级变速器电路图如图 3-77 所示。

#### 01J 无级变速器微量打滑控制

微量打滑控制可减缓发动机产生的扭转振动，还可适应离合器的接合力矩控制。在部分负荷状态下，离合器特性被调整到 160N·m 的发动机力矩输出状态。当发动机转速上升到约 1800r/min，力矩约达 220N·m 时，离合器在微量打滑模式下工作。此时，变速器输入轴和主动链轮之间的打滑率保持在 5~20r/min 范围内，如图 3-78 所示。

变速器 ECU J217 将输入转速传感器 G182 的信号与发动机转速信号相比较，获得实际打滑率。离合器打滑量被控制在较小范围内，不会引起烧蚀和影响燃油经济性。

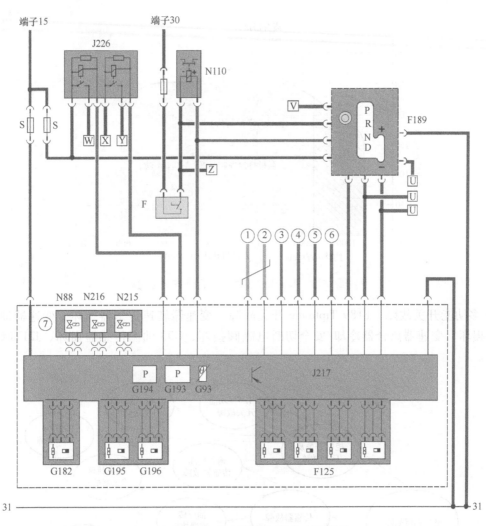

**图 3-77　01J 无级变速器电路图**（见彩插）

F—制动灯开关　F125—多功能开关　F189—Tiptronic 开关　G93—变速器油温传感器　G182—变速器输入
转速传感器　G193—离合器压力传感器　G194—链轮接触压力传感器　G195—变速器输出转速传感器 1
G196—变速器输出转速传感器 2　N88—离合器冷却/安全切断电磁阀　N110—变速杆锁止电磁阀
N215—离合器压力控制电磁阀　N216—变速控制电磁阀　J217—无级变速器 ECU　J226—起动
锁止和倒车灯继电器　S—熔丝　U—到 Tiptronic 转向盘　V—来自接线柱 58d　W—到倒车灯
X—来自点火开关到接线柱 50　Z—到制动灯
1—传动系统 CAN 总线（低）　2—传动系统 CAN 总线（高）　3—换档指示信号
4—车速信号　5—发动机转速信号　6—诊断插头

**实践技能**

## 一、电控系统故障分析

### 1. 故障分析

当无级变速器电控系统发生故障时，可能的故障原因如图 3-79 所示。故障原因有

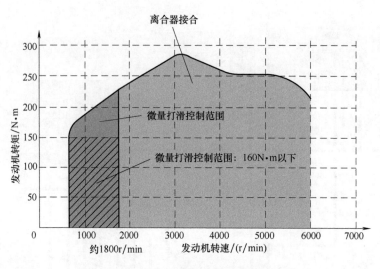

图3-78  01J 无级变速器离合器打滑控制

F125 多功能开关故障、F189 Tiptronic 开关故障、变速器转速传感器损坏、变速器油压传感器损坏、变速器离合器冷却/安全切断电磁阀损坏、G93 油温传感器损坏、J217ECU 损坏等。

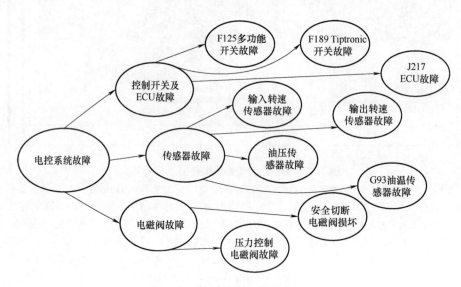

图3-79  液压控制系统故障原因

**2. 故障现象**

电控系统出现故障后，车辆会出现无法行驶、加减速困难、行驶冲击和加速无力等现象。

液压控制系统故障现象图如图 3-80 所示。

**二、电控系统故障检修**

下面以奥迪轿车 01J 无级变速器为例，讲述无级变速器电控系统的故障诊断过程。

**1. 观察仪表板上的变速杆位置显示**

01J 无级变速器的电控系统故障大部分是通过自诊断功能来诊断的，根据故障对驾驶安全性的影响程度，故障信息可通过仪表板上的变速杆位置指示显示给驾驶人。根据 ECU 对故障的识别结果，会有 3 种不同的显示状态。

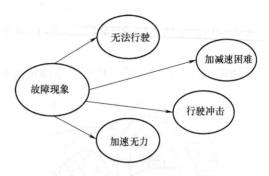

图 3-80　液压控制系统故障现象

1）当出现的故障对驾驶安全影响较小时，替代程序能够使汽车继续运转，此故障不显示给驾驶人，驾驶人根据汽车的行驶状况可注意到该故障，并到维修站进行检测维修，如图 3-81 所示。

图 3-81　故障被储存时的档位显示

2）如电控系统出现故障，对于驾驶安全性影响不严重，但需尽快检修的仪表档位显示如图 3-82 所示。

图 3-82　故障不严重，但需尽快检修的档位显示

3）出现较严重故障，对驾驶安全性较大的影响时，仪表板档位显示将全部变红并闪烁，此时驾驶人应立即将车开到维修站进行检修，如图 3-83 所示。

图 3-83　故障较严重，需尽快检修的档位显示

**2. 使用诊断仪读取故障码和数据流**

使用专用诊断仪 VAS 5054（图 3-84）对变速器 ECU 进行数据流和故障码读取。

**3. 检查换档操纵机构**

拆卸换档操纵机构面板，检查、更换鱼鳞板及相关电路装置，如图 3-85 所示。

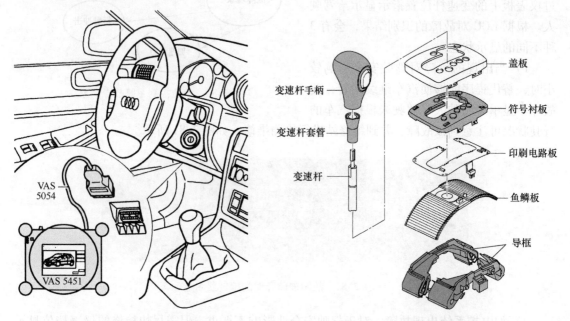

图 3-84　专用诊断仪 VAS 5054　　　　　图 3-85　拆卸换档操纵机构

**4. 更换变速杆锁电磁铁 N110**

更换变速杆锁电磁铁，变速杆锁电磁铁位于换档操纵机构内，如图 3-86 中箭头所示。

**5. 更换变速器 ECU J217**

01J 无级变速器所有的传感器都集成在 ECU J217 上，传感器故障时需要更换整个 ECU J217，如图 3-87 所示。

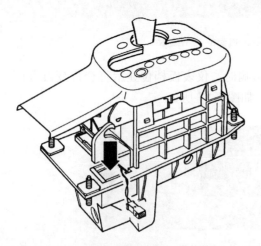

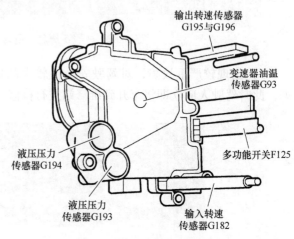

图 3-86　更换变速杆锁电磁铁 N110　　　　图 3-87　更换变速器 ECU J217

### 6. 检查更换电磁阀

阀体上共有 3 个电磁阀，插接安装在液压阀体上，可单独更换，如图 3-88 所示。

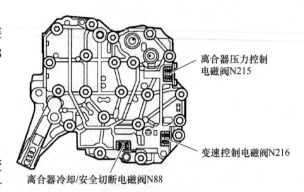

图 3-88 检查更换电磁阀

#### 1. 故障现象

一辆奥迪 A6 轿车，装备 01J 无级变速器。该车行驶时有冲击现象，加速时抖动较为明显。

#### 2. 故障诊断与排除

1）该车挂入前进档时，不踩加速踏板时车辆不能行驶，踩加速踏板时车辆有冲击现象。

2）将智能诊断仪连接到车辆诊断接口，读取故障码，变速器系统和发动机系统无故障码。

3）拆卸检查变速器阀体，重点对电磁阀和前进档离合器控制阀进行检查，并无卡滞现象。

4）拆卸检查离合器，对离合器进行密封性实验，结果正常；检查摩擦片，无烧蚀现象也无过度磨损；拆开离合器活塞，活塞良好，密封圈良好。

5）重新装车，依照维修手册的数据对传感器信号和电磁阀输入电流进行比对，发现大转矩输入时控制电流为 0.995A，但实际离合器油压为 640kPa，与手册资料不对应，油压值偏小，更换 N215 电磁阀后，故障排除。

#### 3. 故障原因分析

发动机输出大转矩时，变速器应加大离合器控制电流，提高离合器接触油压，但实际控制的离合器油压偏低，不满足使用要求，使离合器压力控制出现错误，影响了行驶品质，产生了冲击。

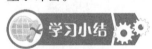

1）通过变速杆，可完成触发液压控制单元手动换档阀的位置操作，还可控制停车锁，并触发多功能开关，由电子装置识别变速杆位置。

2）ECU J217 集成在自动变速器内，直接用螺栓固定在液压阀体上。3 个压力调节电磁阀与 ECU 之间通过坚固的插接插头连接，没有连接导线。

3）多功能开关 F125 由 4 个霍尔传感器组成，霍尔传感器由换档轴上的电磁通道控制。01J 无级变速器 ECU J217 根据霍尔传感器的信号判断手动换档轴的位置。

# 学习情境四

## DCT 故障检修

 **学习单元一** **齿轮变速机构故障检修**

 **情境导入**

一辆大众迈腾轿车，装备 02E 双离合变速器。该车低速跟车行驶时有车辆窜动现象，加、减速时窜动非常明显。经检查，双离合器摩擦片磨损较为严重，更换双离合器总成后故障排除。

 **学习目标**

1. 能通过与客户交流、查阅相关维修技术资料等方式获取车辆信息。
2. 能根据故障现象制订正确的维修计划。
3. 能正确记录、分析各种检测结果并做出故障分析判断。
4. 能分析并排查双离合器系统故障。
5. 能分析并排查齿轮变速系统故障。
6. 能按照正确操作规范进行双离合变速器齿轮变速机构的故障排除。

**理论知识**

### 一、双离合变速器的基本原理

DCT（Dual Clutch Transmission）即双离合变速器，又称为"直接换档变速器"。该变速器综合了手动变速器与自动变速器的优点，实现了机、电、液的组合，由两个相互独立的传动机构组成。每个传动机构的结构与手动变速器类似，但均配备了湿式多片离合器（如大众 02E 离合器）或干式离合器（如大众 0AM 离合器）。

目前装备 DCT 的主流车型有：福特新福克斯装备 Powershift 六速干式双离合变速器（6DCT250）；大众装备 1.4T 发动机的速腾、朗逸、迈腾、帕萨特等装备了七速干式双离合变速器（DQ200）；大众装备 1.8T 发动机的速腾、迈腾等装备了六速湿式双离合变速器（DQ250）。

在 02E（大众汽车公司内部代号 DQ250）双离合变速器中，两个多片式离合器均为湿式离合器，需要使用 ATF 参与工作，其机械电子系统根据将要挂入的档位进行调节、分离和啮合。

在 02E 双离合变速器中，1 档、3 档、5 档和倒档通过湿式多片离合器 K1 进行换档，2 档、4 档、6 档通过湿式多片离合器 K2 进行换档，如图 4-1 所示。

总是有一个传动机构在传递动力，而同时另一个传动机构已经挂上邻近的档位，只是这个档位的离合器没有接合而已。各档齿轮都配有传统手动变速器的同步装置和换档机构。

### 二、02E 双离合变速器的基本结构

02E 双离合变速器不但具有手动变速器的效率高和坚固耐用的优点，而且具有自动变速

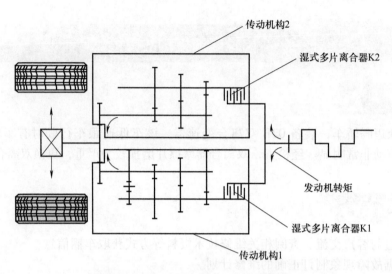

图 4-1  双离合变速器的工作原理图

器的舒适性好、换档时动力中断小的特点。该变速器可直接换档且换档迅速无冲击，提高了驾驶乐趣，车辆燃油消耗率与装备手动变速器的车辆相当。

02E 双离合变速器具有 6 个前进档和 1 个倒档，其机械装置、液压控制单元、电控装置都整合在变速器内部。该变速器的最大输出转矩为 350N·m，质量为 109kg，ATF 容量为 7.2L，ATF 型号为 G052182，其结构如图 4-2 所示。

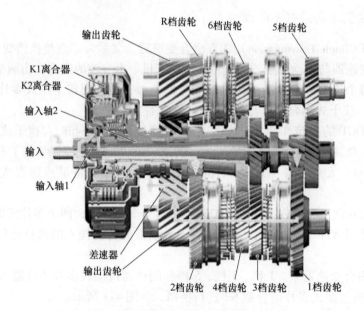

图 4-2  02E 双离合变速器的结构（见彩插）

### 三、02E 双离合变速器的双离合器

发动机转矩通过曲轴传递给双质量飞轮。双离合器输入轴毂上的双质量飞轮花键将转矩

传到湿式多片离合器主动盘。主动盘通过离合器 K1 的外盘支架与离合器主毂连接。离合器 K2 的外盘支架连接在主毂上，如图 4-3 所示。

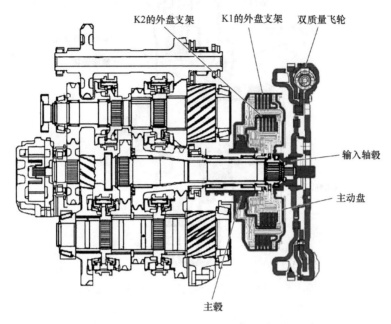

图 4-3　02E 双离合变速器双离合器的结构

转矩经外盘支架传递到相应的离合器，离合器接合时转矩被传递到内盘支架，最后传递到相应的输入轴，始终有一个湿式多片离合器在传递动力。

**1. 湿式多片离合器 K1**

离合器 K1 是一个湿式多片离合器，将转矩传递到 1 档、3 档、5 档和倒档的输入轴 1 上，如图 4-4 所示。

将 ATF 压入离合器 K1 的 ATF 机油压力腔，该离合器即啮合。于是活塞 1 沿轴向移动，将 K1 的离合器片组压靠在一起。转矩经内盘支架的片组传递到输入轴 1。离合器分离时，碟形弹簧将活塞 1 压回初始位置。

**2. 湿式多片离合器 K2**

离合器 K2 也是湿式多片离合器，将转矩传递到 2 档、4 档和 6 档的输入轴，如图 4-5 所示。

将 ATF 压入离合器 K2 的机油压力腔内，即可使离合器 K2 啮合，然后活塞 2 通过离合器片组将动力传递到输入轴 2

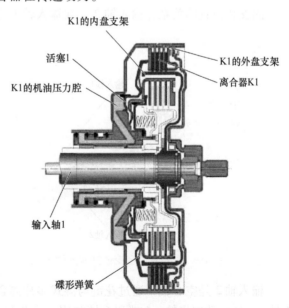

图 4-4　02E 双离合变速器双离合器
K1 的结构（见彩插）

（输入轴 2 套在输入轴 1 的外面）。离合器分离时，螺旋弹簧将活塞 2 压回初始位置。

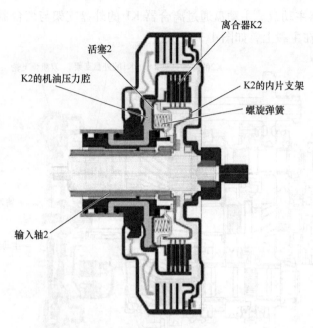

图 4-5　02E 双离合变速器双离合器 K2 的结构

## 四、02E 双离合变速器的输入轴与输出轴

发动机转矩经湿式多片离合器 K1 和 K2 传递到输入轴，如图 4-6 所示。

### 1. 输入轴 2

因安装位置的关系，输入轴 2 放在输入轴 1 之前，如图 4-7 所示。

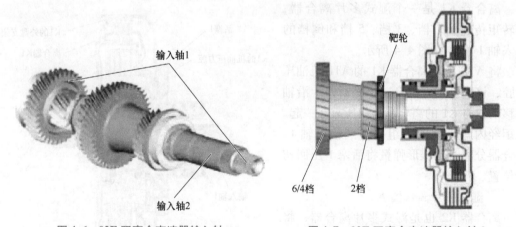

图 4-6　02E 双离合变速器输入轴　　　　图 4-7　02E 双离合变速器输入轴 2

输入轴 2 是空心轴，通过花键与湿式多片离合器 K2 连接在一起。输入轴 2 上装有 2 档、4 档、6 档主动斜齿轮，4 档和 6 档共用一个齿轮。为测量输入轴 2 的转速，在轴的齿轮旁边装有一个靶轮，该靶轮用于安装输入轴 2 的转速传感器 G502。

### 2. 输入轴 1

输入轴 1 在空心输入轴 2 内旋转，通过花键与湿式多片离合器 K1 连接。输入轴 1 上装有1档、3档、5档和倒档齿轮，如图4-8所示。

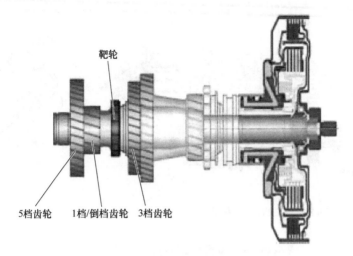

靶轮

5档齿轮　1档/倒档齿轮　3档齿轮

图4-8　02E 双离合变速器输入轴1

为了测量该轴转速，在1档/倒档主动齿轮和3档主动齿轮之间装有一个靶轮，该靶轮用于安装输入轴1的转速传感器 G501。

3. 输出轴1

为与两输入轴相对应，02E 双离合变速器内还装有两根输出轴。由于1档/倒档共用一个主动齿轮，4档/6档共用一个主动齿轮，所以缩短了变速器的长度，如图4-9所示。

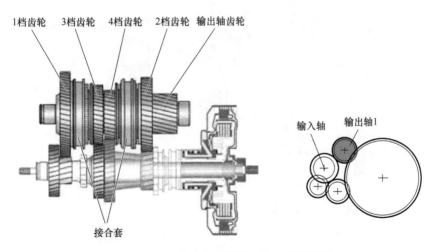

1档齿轮　3档齿轮　4档齿轮　2档齿轮　输出轴齿轮

输入轴　输出轴1

接合套

图4-9　02E 双离合变速器输出轴1（见彩插）

输出轴1上的各档齿轮与输出轴1空套，可通过移动接合套将各档齿轮与输出轴1接合。输出轴1上的输出轴齿轮作为主减速器主动齿轮输出动力。

4. 输出轴2

输出轴2和输出轴1上的输出轴齿轮同时与主减速器从动齿轮啮合，但只有一个在输出动力，另一个空转。输出轴2上有测量转速的靶轮 G195 和 G196、5档从动齿轮、6档从动齿轮、倒档从动齿轮，如图4-10所示。

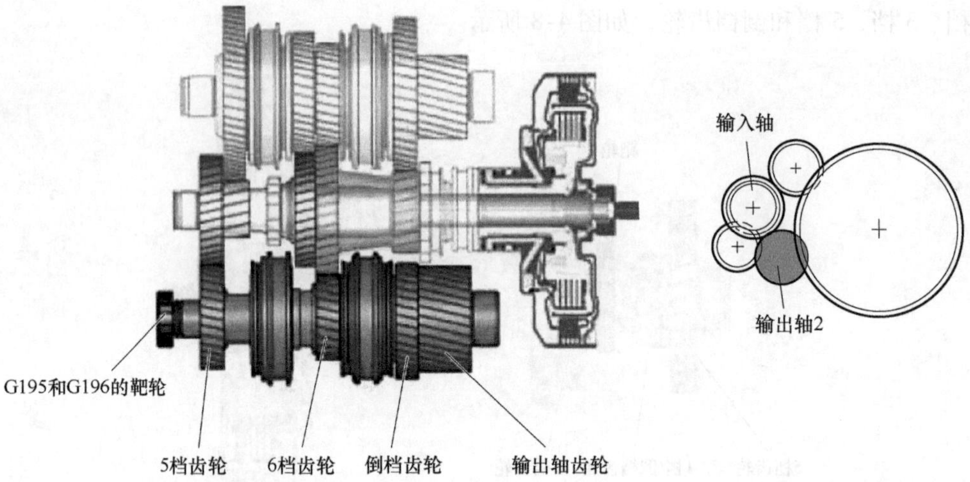

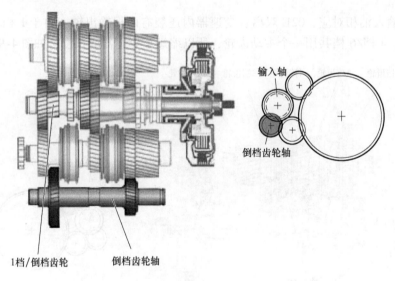

图 4-10　02E 双离合变速器输出轴 2（见彩插）

**5. 倒档齿轮轴**

倒档齿轮轴用于改变输出轴 2 的旋转方向，随之改变了主减速器的旋转方向。倒档齿轮轴与输出轴 1 的 1 档/倒档齿轮啮合，又与输出轴 2 的倒档齿轮啮合，如图 4-11 所示。

图 4-11　02E 双离合变速器倒档齿轮轴（见彩插）

**6. 差速器**

两输出轴将转矩传递到主减速器的从动齿轮中，再将动力经传动轴传递到车轮，如图 4-12 所示。

**五、02E 双离合变速器动力传递路线**

发动机转矩既可通过离合器 K1 传递到变速器输入轴 1，也可通过离合器 K2 传递到输入轴 2。输入轴 1 由离合器 K1 驱动，输入轴 2 由离合器 K2 驱动。

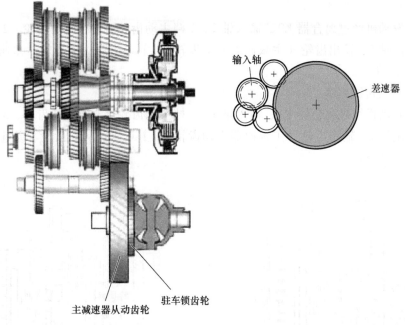

图4-12　02E双离合变速器差速器（见彩插）

### 1. 1档动力传递路线

动力由发动机经过离合器K1、输入轴1、1档主动齿轮、1档从动齿轮、1档接合套和花键毂、输出轴1、输出齿轮（主减速器主动齿轮）、主减速器从动齿轮、差速器到驱动车轮，如图4-13所示。

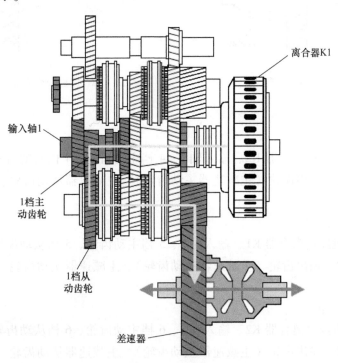

图4-13　02E双离合变速器1档动力传递路线（见彩插）

**2. 2 档动力传递路线**

动力由发动机经过离合器 K2、输入轴 2、2 档主动齿轮、2 档从动齿轮、2 档接合套和花键毂、输出轴 1、输出齿轮（主减速器主动齿轮）、主减速器从动齿轮、差速器到驱动车轮，如图 4-14 所示。

**3. 3 档动力传递路线**

动力由发动机经过离合器 K1、输入轴 1、3 档主动齿轮、3 档从动齿轮、3 档接合套和花键毂、输出轴 1、输出齿轮（主减速器主动齿轮）、主减速器从动齿轮、差速器到驱动车轮，如图 4-15 所示。

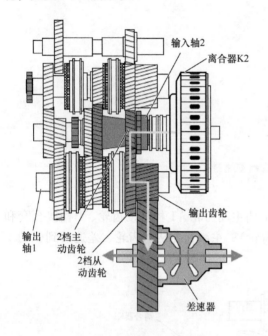

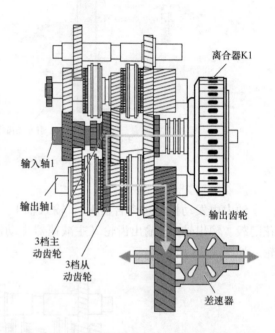

图 4-14　02E 双离合变速器 2 档动力　　　图 4-15　02E 双离合变速器 3 档动力传递路线
　　　传递路线（见彩插）

**4. 4 档动力传递路线**

动力由发动机经过离合器 K2、输入轴 2、4 档主动齿轮、4 档从动齿轮、4 档接合套和花键毂、输出轴 1、输出齿轮（主减速器主动齿轮）、主减速器从动齿轮、差速器到驱动车轮，如图 4-16 所示。

**5. 5 档动力传递路线**

动力由发动机经过离合器 K1、输入轴 1、5 档主动齿轮、5 档从动齿轮、5 档接合套和花键毂、输出轴 2、输出齿轮（主减速器主动齿轮）、主减速器从动齿轮、差速器到驱动车轮，如图 4-17 所示。

**6. 6 档动力传递路线**

动力由发动机经过离合器 K2、输入轴 2、6 档主动齿轮、6 档从动齿轮、6 档接合套和花键毂、输出轴 2、输出齿轮（主减速器主动齿轮）、主减速器从动齿轮、差速器到驱动车轮，如图 4-18 所示。

### 7. 倒档动力传递路线

动力由发动机经过 K1 离合器、输入轴 1、1/R 档主动齿轮、倒档轴、倒档从动齿轮、输出轴 2、输出齿轮（主减速器主动齿轮）、主减速器从动齿轮、差速器到驱动车轮，如图 4-19 所示。

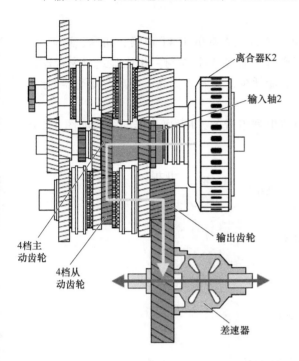

图 4-16　02E 双离合变速器 4 档动力传递路线

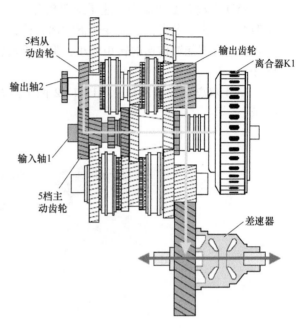

图 4-17　02E 双离合变速器 5 档动力传递路线

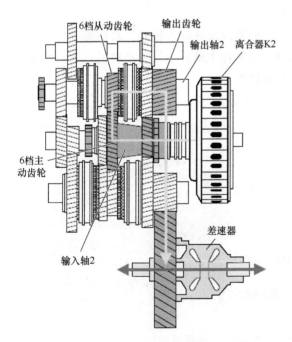

图 4-18　02E 双离合变速器 6 档动力传递路线

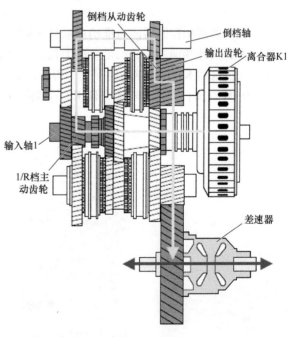

图 4-19　02E 双离合变速器倒档动力传递路线

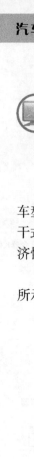

### 0AM 双离合变速器

0AM 双离合变速器为 7 速干式双离合变速器，装备在大众的 1.4T 速腾、朗逸、迈腾等车型上。其离合器类似手动变速器的离合器，工作时不需要 ATF 参与。相比湿式双离合器，干式双离合器能够传递的转矩较小，但是重量轻、能耗少，进一步提高了双离合变速器的经济性。

0AM 双离合变速器是由 K1 和 K2 两个离合器串列组成的，K1 离合器的结构如图 4-20 所示。

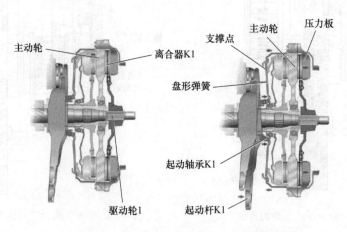

图 4-20　0AM 双离合变速器双离合器 K1 的结构

离合器液压控制器向右推动启动杆 K1 时，膜片弹簧内端被向右推动，盘形弹簧靠在支撑点上，其外端向左拉动，带动压力板将离合器 K1 压紧在主动轮上。发动机的动力由主动轮经过离合器 K1 传到驱动轮 1 上，再传入双离合变速器。

0AM 双离合变速器双离合器 K2 的结构如图 4-21 所示。

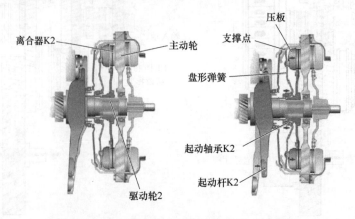

图 4-21　0AM 双离合变速器双离合器 K2 的结构

离合器液压控制器向右推动启动杆 K2，膜片弹簧内侧向右移动，膜片弹簧外侧向左压在支撑点上，盘形弹簧中部将压板向右压，将离合器 K2 压紧在主动轮上，此时发动机动力由主动轮经离合器 K2 传到驱动轮 2 上，再传入变速器。

 **实践技能**

## 一、齿轮变速机构故障分析

**1. 故障分析**

当双离合变速器齿轮变速机构发生故障时，可能的故障原因如图 4-22 所示。故障原因有双离合器摩擦片磨损严重或烧蚀、输入轴花键磨损、换档同步器磨损等。

**2. 故障现象**

齿轮变速机构出现故障后，车辆会出现无法行驶、加减速困难、行驶冲击和加速无力等现象。

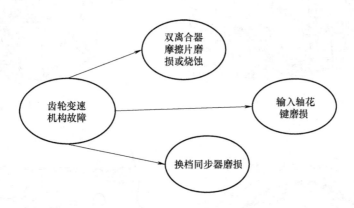

图 4-22　齿轮变速机构故障原因

## 二、齿轮变速机构故障检修

下面以大众汽车 02E 双离合变速器为例，讲述双离合变速器齿轮变速机构故障的检修过程。

**1. 02E 双离合变速器的换油过程**

换油时，拧出放油螺塞 A，该孔中有一根塑料溢流管，溢流管的长度决定了变速器中的油位高度。使用 8mm 内六角工具拆卸该溢流管，排出变速器底部存留的变速器油，如图 4-23 所示。

向下装入新滤清器、O 形密封圈及其滤芯，如图 4-24 所示。

**2. 检查双离合器**

拆卸卡环（再安装时，必须更换卡环），如图 4-25 所示。

取下双离合器，如图 4-26 所示。注意不要让离合器盖或其他零件掉落，切勿反转离合器。

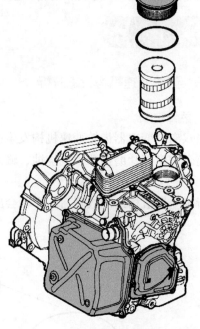

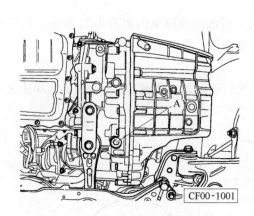

图 4-23　02E 双离合变速器放油螺塞　　　　图 4-24　02E 双离合变速器滤清器

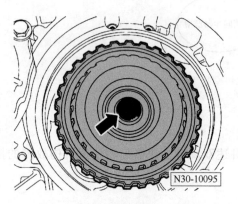

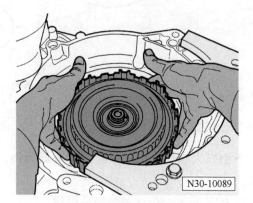

图 4-25　拆卸 02E 双离合器卡环　　　　　图 4-26　取下 02E 双离合器

　　检查卡环的状态和厚度、离合器盖的密封唇面油封，若油封破损、硬化，应更换，如图 4-27 所示。

　　检查双离合器摩擦片是否严重磨损或烧蚀，如图 4-28 所示。

　　3. 检查同步器

　　检查换档机构中的接合套及同步器。检查同步器锁环的外环与中间环的摩擦间隙，同步器锁环的内环与齿轮的摩擦圆锥的摩擦间隙，如图 4-29 所示。

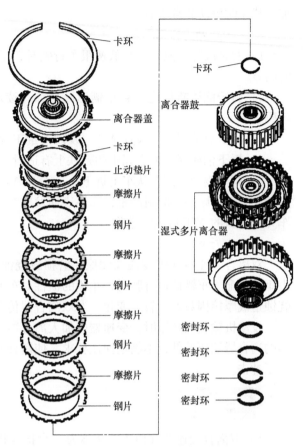

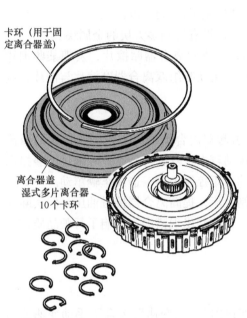

图 4-27　检查双离合器卡环和离合器盖油封

图 4-28　检查双离合器摩擦片

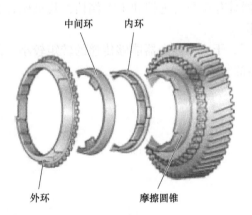

图 4-29　检查同步器

**1. 故障现象**

一辆大众迈腾轿车，装备 02E 双离合变速器。该车低速跟车行驶时有车辆窜动现象，加、减速时窜动非常明显。

**2. 故障诊断与排除**

1）验证故障现象：该车低速跟车行驶时，车速不稳定，车辆有窜动现象，加减速时非常明显。

2）将智能诊断仪连接到车辆诊断接口，读取故障码，变速器系统和发动机系统无故障码。

3）拆下放油螺塞，检查 ATF，发现油量正常，油质发黑，有焦煳味。

4）拆下油底壳，油底壳中的磁铁上有适量的铁屑，没有特别多大块的金属块。

5）将双离合变速器从车上拆下，拆下双离合器，检查双离合器摩擦片，发现某些钢片发蓝，一部分摩擦片磨损严重，摩擦表面发黑、碳化。更换整组双离合器摩擦片与钢片，装车并加注新的 ATF 后故障排除。

**3. 故障原因分析**

双离合变速器 ATF 变质及摩擦片磨损或烧蚀会引起双离合器的压力控制与传递的摩擦力矩不匹配。车辆低速行驶时，车辆的惯性对车速扰动较大，双离合器摩擦片因过度磨损和烧蚀造成摩擦因数产生较大变化，对双离合器传递的力矩控制失准，造成车辆窜动。

发动机输出大转矩时，变速器因加大离合器控制电流，提高离合器接触油压，但实际控制的离合器油压偏低，不满足使用要求，使离合器压力控制出现错误，影响了行驶品质，产生了冲击。

**学习小结**

1）双离合变速器（DCT）又称为"直接换档变速器"，该变速器综合了手动变速器与自动变速器的优点，实现了机、电、液的组合。

2）02E 双离合变速器具有 6 个前进档和 1 个倒档，其机械装置、液压控制单元、电控装置都整合在变速器内部。

3）相比湿式双离合器，干式双离合器能够传递的转矩较小，但是重量轻、能耗少，进一步提高了双离合变速器的经济性。

 学习单元二　液压控制系统故障检修

 **情境导入**

　　一辆大众迈腾轿车，装备02E双离合变速器。该车偶发性没有倒档，并且前进档有时无法换档，车辆仪表内档位显示灯会亮并不停闪烁，更换液压阀体后故障排除。

 **学习目标**

1. 能通过与客户交流、查阅相关维修技术资料等方式获取车辆信息。
2. 能根据故障现象制订正确的维修计划。
3. 能正确记录、分析各种检测结果并做出故障分析判断。
4. 能分析并排查液压控制系统故障。
5. 能按照正确操作规范进行双离合变速器液压控制系统的故障排除。

**理论知识**

### 一、02E双离合变速器的基本油路

02E双离合变速器所有的结构共用一个ATF循环系统，总的ATF容量为7.2L。

ATF在双离合变速器中的作用如下：

1）润滑/冷却双离合器、齿轮。

2）驱动双离合器和档位调节活塞。

ATF必须满足下述要求：

1）保证双离合变速器调节和液压控制。

2）在整个工作温度范围内黏度稳定。

3）能承受高机械负荷。

4）不起泡沫。

　　油泵被油泵轴驱动，将ATF从粗滤器过滤后泵入液压阀体，阀体经过调压控制双离合器的接合压力和换档执行机构的动作进行换档，一部分油通过ATF冷却器冷却后经过ATF滤清器，最终从喷油管喷出，冷却齿轮，如图4-30所示。

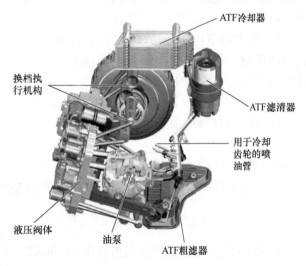

图4-30　02E双离合变速器的基本油路

### 二、02E双离合变速器油泵

　　02E双离合变速器油泵为月牙隔墙式齿轮泵，最大供油量为100L/min，主油压力为20bar。

该泵为湿式多片离合器、离合器冷却油路、换档液压机构、齿轮润滑油路供应 ATF。

02E 双离合变速器油泵由一根和发动机转速相同的油泵轴驱动，该轴作为第 3 根轴安装在输入轴 1 和 2 内，如图 4-31 所示。

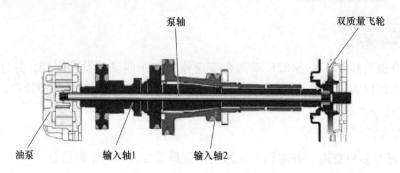

图 4-31　02E 双离合变速器油泵轴

02E 双离合变速器油泵的结构如图 4-32 所示。

### 三、02E 双离合变速器主调压油路

ATF 经过滤清器进入油泵，泵出的油被主调压阀调节后去往离合器、换档电磁阀、ATF 冷却器和离合器冷却阀等，如图 4-33 所示。

油泵泵出的油分为以下 4 路：

1）主油路压力过高时，通过限压阀卸压，油液流回油泵的吸油侧。限压阀保证 ATF 最大压力不超过 32bar。

2）压力调节电磁阀 N217 受电控系统控制，调节卸油量，从而调节主调压阀右侧的液压力，使主调压阀处于一定的位置。

3）主调压阀的位置决定了去往油泵的回油量和去往 ATF 冷却器的油量，也改变了主油路中的油压。

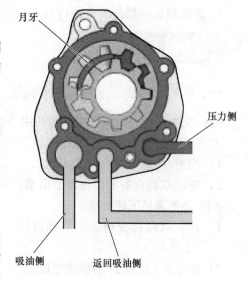

图 4-32　02E 双离合变速器油泵的结构

4）被调节后的主油路油压流向离合器 K1 和 K2，还流向换档机构，进行离合器接合压力的控制与换档控制。

### 四、02E 双离合变速器换档油路控制

被调节后的主油路油压流向离合器 K1 和 K2、多路转换电磁阀、换档电磁阀，如图 4-34 所示。

主油路油压去往换档机构共分为以下 3 路：

1）油液经过安全切断阀 N233 去往离合器 K1、换档电磁阀 N88、换档电磁阀 N89。

2）油液经过安全切断阀 N371 去往离合器 K1、换档电磁阀 N90、换档电磁阀 N91。

3）油液从主油路去往多路转换电磁阀 N92，再去往多路转换阀。

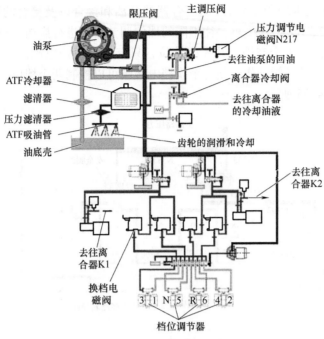

图4-33　02E双离合变速器主调压油路（见彩插）

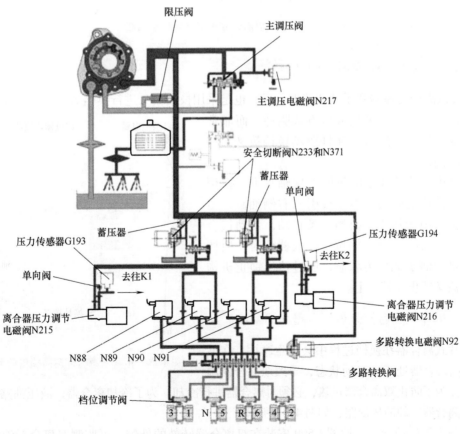

图4-34　02E双离合变速器换档油路

通往离合器 K1 与 K2 的油液可控制离合器的分离和接合以及接合的压力。油液通过换档电磁阀 N88、N89、N90、N91 可去往不同的档位调节器，进行换档。02E 双离合变速器有 6 个前进档、1 个倒档、1 个空档，共 8 个档位，只有 4 个换档电磁阀，所以需要多路转换电磁阀 N92 推动多路转换阀动作，使一个换档电磁阀可以控制两个档位。02E 双离合变速器详细换档油路如图 4-35 所示。

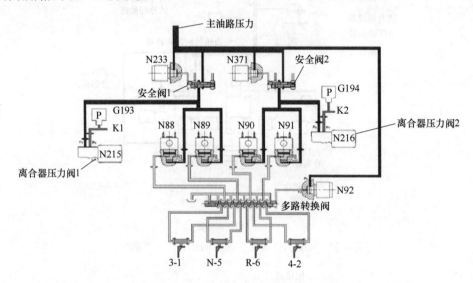

图 4-35　02E 双离合变速器详细换档油路

## 五、02E 双离合变速器档位调节器

02E 双离合变速器和手动变速器一样，也是采用换档拨叉进行换档的，一个拨叉可以控制两个档位。该拨叉采用液压方式驱动，而非常规手动变速器那样通过变速杆驱动换档拨叉，如图 4-36 所示。

换档拨叉轴装在油缸里的滚珠轴承上。换档时，来自换档电磁阀的液压被引入右侧油缸，由于左侧油缸中无压力，换档拨叉移动，带动接合套移动，从而挂入相应档位。挂入档位时，换档拨叉油缸卸油至无压力状态，通过档位锁止机构将换档拨叉锁止在档位上。

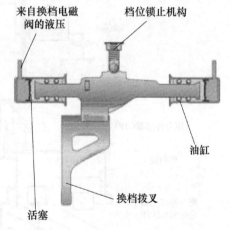

图 4-36　02E 双离合变速器档位调节器

## 六、02E 双离合变速器离合器冷却系统

多片式离合器在换档过程中会产生摩擦，在低速行驶时离合器处于半联动状态，导致双离合器温度升高。为了防止双离合器过热，必须对离合器进行冷却。为了冷却离合器，液压油路中设有单独的离合器冷却液压回路，如图 4-37 所示。

双离合器油液温度传感器 G509 安装在双离合器转鼓的外侧，可监测双离合器液流出的油液温度。根据测得的温度，ECU 控制冷却压力调节阀 N218 改变离合器冷却阀的位置，从而控制通往双离合器的冷却油量。油液进入双离合器的根部，在双离合器旋转离心力的作用下，油液从内向外流过离合器片，对双离合器进行冷却。

冷却油量最大为 20L/min，最大压力为 2bar。

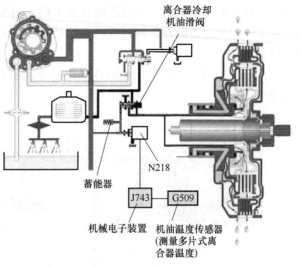

图 4-37　02E 双离合变速器冷却系统（见彩插）

### 七、02E 双离合变速器安全切断功能

当需要传递的转矩较大、离合器片打滑时，离合器压力控制电磁阀会增大离合器的油压，提高接合压力；如果仍然存在打滑，离合器油压会继续提高。当离合器油压过高时，为了保护离合器，安全切断阀会切断通往离合器的油路，对离合器进行保护。02E 双离合变速器安全切断油路控制如图 4-38 所示。

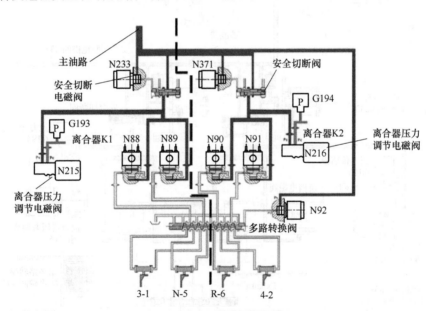

图 4-38　02E 双离合变速器安全切断油路控制

主油路的油压必须通过安全切断阀才能进入离合器压力调节系统和换档控制系统，当 02E 变速器 ECU 检测到离合器油压过高时，会使安全切断电磁阀通电并向右移动，切断通往离合器和换档机构的油压，离合器和换档机构中残存的油压通过安全切断阀的卸油口卸压。

### 八、02E 双离合变速器换档油路

02E 双离合变速器的换档控制策略是先挂入档位，再接合相应的离合器。例如车辆以 2

档行驶且处在加速状态时，变速器将挂入 3 档，当车速适合换入 3 档时，将 3 档的离合器接合、将 2 档的离合器断开，进行换档。换档总是提前进行的，车辆最终的行驶档位是靠离合器切换的。

1）"1 档"时，油泵泵出的液压油经过主调压电磁阀 N217 调节后来到安全切断阀，如图 4-39 所示。

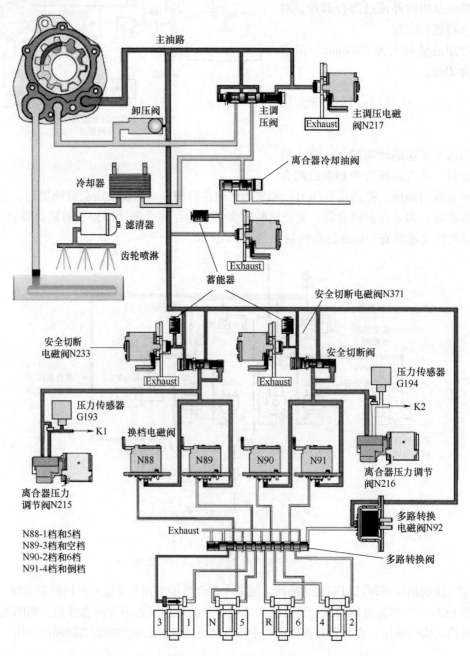

图 4-39　02E 双离合变速器 1 档油路（见彩插）

安全切断电磁阀 N233 不通电，液压油可以经过安全切断阀去往换档电磁阀 N88。多路

转换电磁阀 N92 不通电，多路转换阀的右端没有液压油，多路转换阀在左侧弹簧的作用下位于右侧。经过 N88 换档电磁阀的液压油流向多路转换阀，再流向换档拨叉的油缸，推动拨叉向 1 档方向移动，挂入 1 档。经过安全切断阀的另一路液压油去往离合器压力调节阀 N215，经过其控制后流向离合器 K1，使离合器 K1 接合。双离合变速器的换档过程是先挂入档位，再使相应的离合器接合。

2）"2 档"时，油泵泵出的液压油经过主调压电磁阀 N217 调节后来到安全切断阀，如图 4-40 所示。

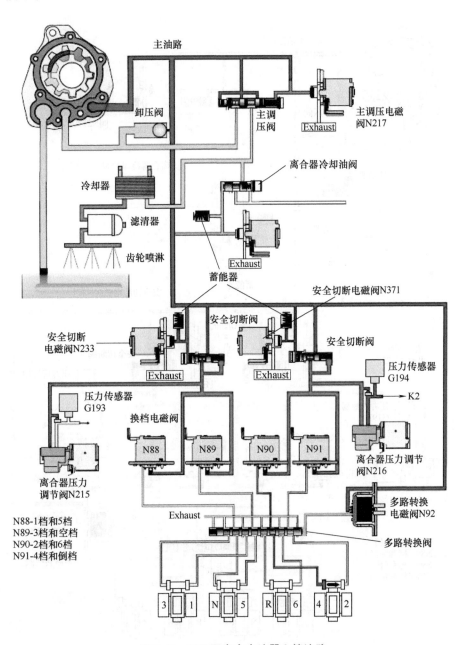

图 4-40　02E 双离合变速器 2 档油路

安全切断电磁阀 N371 不通电，液压油可以经过安全切断阀去往换档电磁阀 N90。多路转换电磁阀 N92 通电，多路转换阀的右端有液压油，多路转换阀在液压油的作用下克服弹簧力位于左侧。经过 N90 换档电磁阀的液压油流向多路转换阀，再流向换档拨叉的油缸，推动拨叉向 2 档方向移动，挂入 2 档。经过安全切断阀的另一路液压油去往离合器压力调节阀 N216，经过其控制后流向离合器 K2，使离合器 K2 接合。

3）"3 档"时，油泵泵出的液压油经过主调压电磁阀 N217 调节后来到安全切断阀，如图 4-41 所示。

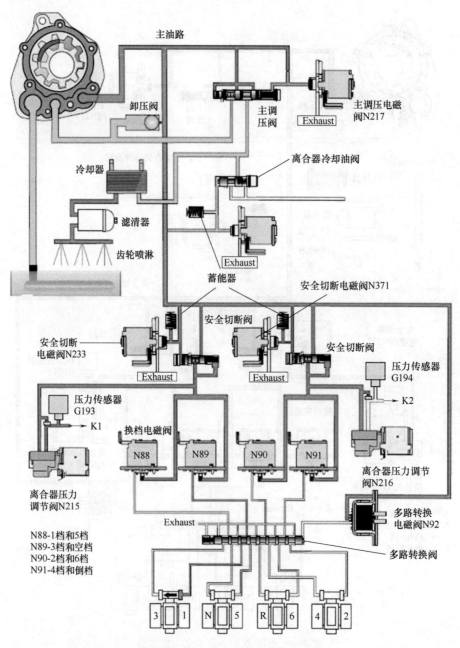

图 4-41　02E 双离合变速器 3 档油路

安全切断电磁阀 N233 不通电，液压油可以经过安全切断阀去往换档电磁阀 N89。多路转换电磁阀 N92 不通电，多路转换阀的右端没有液压油，多路转换阀在弹簧力的作用下位于右侧。经过 N89 换档电磁阀的液压油流向多路转换阀，再流向换档拨叉的油缸，推动拨叉向 3 档方向移动，挂入 3 档。经过安全切断阀的另一路液压油去往离合器压力调节阀 N215，经过其控制后流向离合器 K1，使离合器 K1 接合。

4）"4 档"时，油泵泵出的液压油经过主调压电磁阀 N217 调节后来到安全切断阀，如图 4-42 所示。

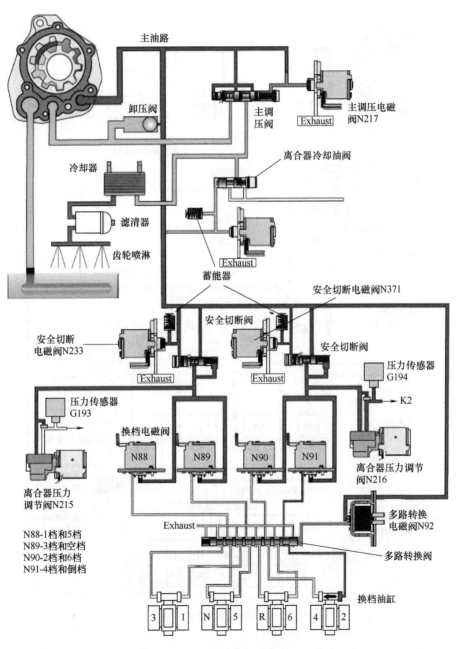

图 4-42　02E 双离合变速器 4 档油路

安全切断电磁阀 N371 不通电，液压油可以经过安全切断阀去往换档电磁阀 N91。多路转换电磁阀 N92 通电，多路转换阀的右端有液压油，多路转换阀在液压油作用下克服弹簧力位于左侧。经过 N91 换档电磁阀的液压油流向多路转换阀，再流向换档拨叉的油缸，推动拨叉向 4 档方向移动，挂入 4 档。经过安全切断阀的另一路液压油去往离合器压力调节阀 N216，经过其控制后流向离合器 K2，使离合器 K2 接合。

5）"5 档"时，油泵泵出的液压油经过主调压电磁阀 N217 调节后来到安全切断阀，如图 4-43 所示。

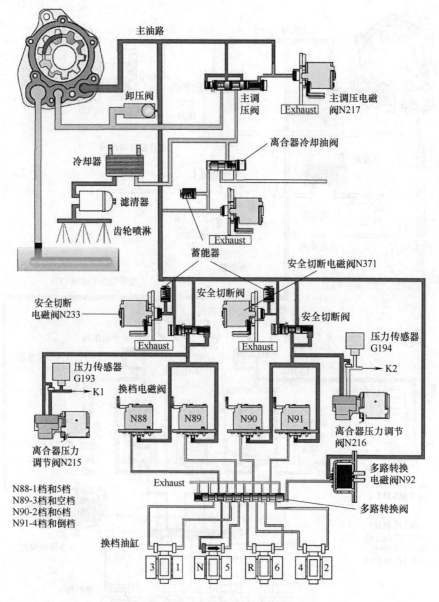

图 4-43　02E 双离合变速器 5 档油路

安全切断电磁阀 N233 不通电，液压油可以经过安全切断阀去往换档电磁阀 N88。多路

转换电磁阀 N92 通电，多路转换阀的右端有液压油，多路转换阀在液压油的作用下克服弹簧力位于左侧。经过 N88 换档电磁阀的液压油流向多路转换阀，再流向换档拨叉的油缸，推动拨叉向 5 档方向移动，挂入 5 档。经过安全切断阀的另一路液压油去往离合器压力调节阀 N215，经过其控制后流向离合器 K1，使离合器 K1 接合。

6）"6 档"时，油泵泵出的液压油经过主调压电磁阀 N217 调节后来到安全切断阀，如图 4-44 所示。

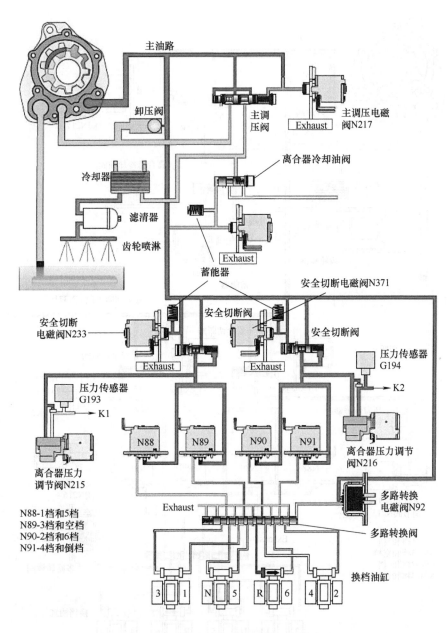

图 4-44　02E 双离合变速器 6 档油路

安全切断电磁阀 N371 不通电，液压油可以经过安全切断阀去往换档电磁阀 N90。多路

转换电磁阀 N92 不通电，多路转换阀的右端无液压油，多路转换阀在弹簧力的作用下位于右侧。经过 N90 换档电磁阀的液压油流向多路转换阀，再流向换档拨叉的油缸，推动拨叉向 6 档方向移动，挂入 6 档。经过安全切断阀的另一路液压油去往离合器压力调节阀 N216，经过其控制再流向离合器 K2，使离合器 K2 接合。

7）"R 位"时，油泵泵出的液压油经过主调压电磁阀 N217 调节后来到安全切断阀，如图 4-45 所示。

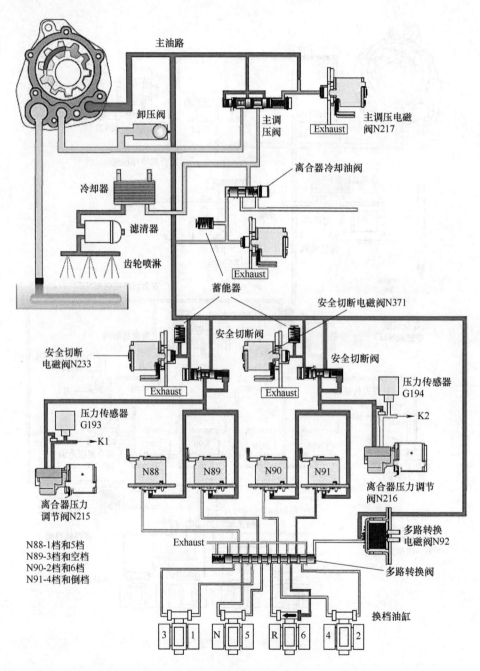

图 4-45  02E 双离合变速器 R 位油路

安全切断电磁阀 N371 不通电，液压油可以经过安全切断阀去往换档电磁阀 N91。多路转换电磁阀 N92 不通电，多路转换阀的右端无液压油，多路转换阀在弹簧力的作用下位于右侧。经过 N91 换档电磁阀的液压油流向多路转换阀，再流向换档拨叉的油缸，推动拨叉向 R 位方向移动，挂入 R 位。经过安全切断阀的另一路液压油去往离合器压力调节阀 N216，经过其控制再流向离合器 K2，使离合器 K2 接合。

### 02E 双离合变速器阀体

02E 双离合变速器上下阀体的构造如图 4-46 和图 4-47 所示。

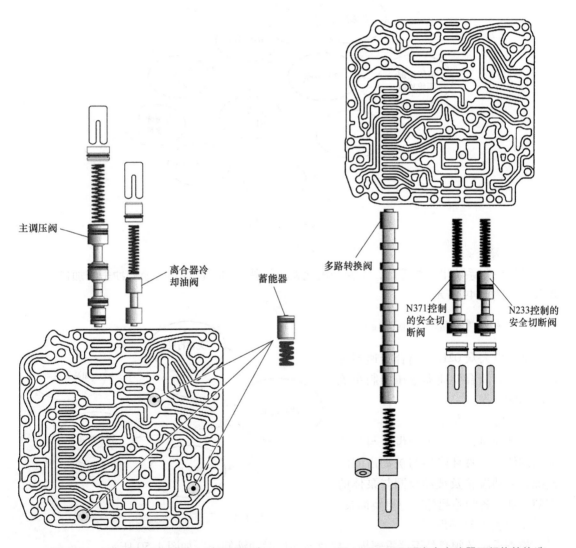

主调压阀

离合器冷却油阀

蓄能器

多路转换阀

N371控制的安全切断阀

N233控制的安全切断阀

图 4-46　02E 双离合变速器上阀体的构造　　　图 4-47　02E 双离合变速器下阀体的构造

实践技能

## 一、液压控制系统故障分析

### 1. 故障分析

当双离合变速器液压控制系统发生故障时，可能的故障原因如图 4-48 所示。故障原因有滑阀磨损、滑阀划伤卡滞、蓄能器损坏、油泵磨损、滑阀弹簧卡滞损坏、单向球阀磨损、阀体滤网堵塞、液压管路油封损坏。

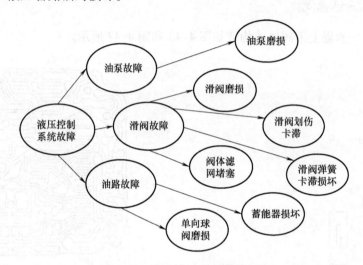

图 4-48　液压控制系统故障原因

### 2. 故障现象

液压控制系统出现故障后，车辆会出现无法行驶、加减速困难、换档冲击和加速无力等现象，如图 4-49 所示。

## 二、液压控制系统故障检修

下面以大众 02E 双离合变速器为例，讲述双离合变速器液压控制系统故障诊断过程。

### 1. 检查油泵间隙

拆卸油泵，检查主动齿轮与月牙隔墙的侧隙、月牙隔墙与被动齿圈的侧隙、主动齿轮及被动齿圈与泵体的端隙。如果各间隙超标，应更换油泵。

### 2. 检查阀套及滑阀

检查滑阀及阀套是否严重磨损，导致高油压时油液卸压，如图 4-50 所示。

### 3. 检查阀体滤网

检查阀体滤网是否破损、堵塞或丢失，如图 4-51 所示。

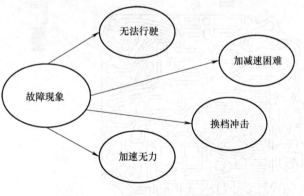

图 4-49　液压控制系统的故障现象

图 4-50　检查滑阀

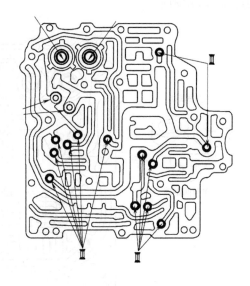

图 4-51　检查阀体滤网

**4. 检查滑阀弹簧是否卡滞或折断**

检查滑阀弹簧是否因夹入铁屑、铁块造成卡滞，弹簧是否折断，如图 4-52 所示。

**5. 检查蓄能器**

检查蓄能器密封圈是否翻折、破损，蓄能器弹簧是否卡滞或折断，如图 4-53 所示。如果有故障，应更换。

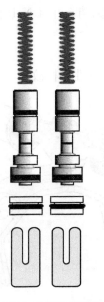

图 4-52　检查滑阀弹簧

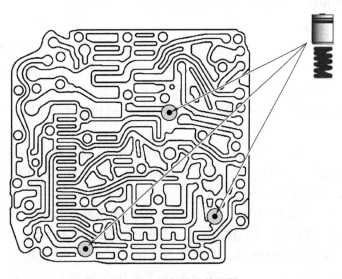

图 4-53　拆卸检查蓄能器

**6. 检查单向球阀**

检查单向球阀是否存在钢球磨损、密封不严、钢球丢失的现象，如图 4-54 所示。如果损坏或丢失，应更换钢球。

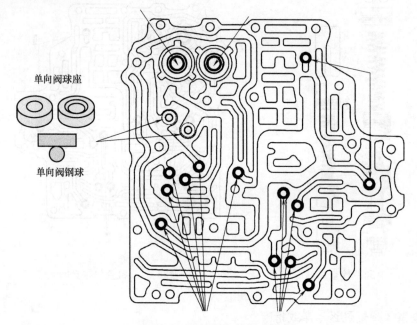

单向阀球座

单向阀钢球

图 4-54　拆卸检查单向球阀

**1. 故障现象**

一辆大众迈腾轿车，装备 02E 双离合变速器。该车偶发性没有倒档，并且 N-D 偶发性换档困难，车辆仪表内档位显示灯会亮并不停闪烁。

**2. 故障诊断与排除**

1）将智能诊断仪连接到车辆诊断接口，读出 P2271 故障码：机械性脱档故障。清除故障码后，故障现象暂时消失。反复试验后，出现 D-N 时换档拨叉不能迅速回位，需连续多次移动变速杆才能退到 N 位，而且出现新的故障码 19143：齿轮机械脱离无信号/通信。

2）观察 02-08-006 组数据，观测 N215 离合器压力控制电磁阀的控制电流，在 P/N 位时，其电流为 0，在 D 位时，其电流为 0.456A，离合器控制功能正常。

3）检查换档拨叉是否严重磨损或变形卡滞，如图 4-55 所示。经检查，换档拨叉正常无变形，换档顺畅。

4）检查换档同步器，同步器工作状态良好，齿端倒角良好，无严重磨损。更换全新电子液压控制单元后故障

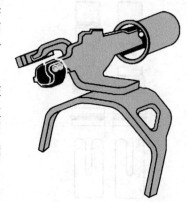

图 4-55　检查换档拨叉

排除。

### 3. 故障原因分析

当变速杆由 N-D 切换后，K1 离合器要做好传递动力准备，变速器内部换档拨叉在多路转换电磁阀 N92 未通电情况下，由 N88 电磁阀瞬间通电后将 1-3 档同步器拨叉切换到 1 档，之后 N88 电磁阀又切换到无电状态，紧接着 N92 电磁阀再由断电状态切换至通电状态，同时 N90 电磁阀也由原来断电状态切换到通电状态，将 2-4 档同步器拨叉切换至 2 档。

在此过程中，离合器控制、换档拨叉、同步器状态正常。可能的故障原因是电子液压阀体损坏，所以更换电子液压阀体。

 学习小结

1）主调压阀的位置决定了去往油泵的回油量和去往 ATF 冷却器的油量，也改变了主油路中的油压。

2）02E 双离合变速器和手动变速器一样，也是采用换档拨叉进行换档的，一个拨叉可以控制两个档位。该拨叉采用液压方式驱动，而不是和常规手动变速器一样通过变速杆驱动换档拨叉。

3）02E 双离合变速器的换档控制策略是先挂入档位，再接合相应的离合器。例如车辆以 2 档行驶且处在加速状态时，变速器将挂入 3 档，当车速适合换入 3 档时，将 3 档的离合器接合、将 2 档的离合器断开，进行换档。换档总是提前进行的，车辆最终的行驶档位是靠离合器切换的。

 学习单元三 电控系统故障检修

### 情境导入

一辆大众迈腾轿车，装备 02E 双离合变速器。该车加速行驶时，在每个换档点均有严重的冲击现象。更换电控液压控制单元后故障排除。

### 学习目标

1. 能通过与客户交流、查阅相关维修技术资料等方式获取车辆信息。
2. 能根据故障现象制订正确的维修计划。
3. 能正确记录、分析各种检测结果并做出故障分析判断。
4. 能分析并排查电控系统故障。
5. 能按照正确操作规范进行双离合变速器电控系统的故障排除。

### 理论知识

**一、02E 双离合变速器电控系统的组成与作用**

电控系统是 02E 双离合变速器控制系统的中心，它装在变速器内部，根据发动机 ECU、ABS ECU 以及内部各传感器传递过来的信息和运动参数，以及 ECU 内部设置的程序，向各个执行元件发出指令，实现对变速器的各种控制。

02E 双离合变速器电控系统包括传感器、ECU、电磁阀和档位开关，如图 4-56 所示。

**二、02E 双离合变速器电控液压单元**

电控液压单元装在变速器内部，浸在 ATF 中，由液压控制单元（图 4-57）和 ECU（图 4-58）组成。所有传感器信号和来自其他控制单元的信号均汇集到电控液压单元，再由其发出控制信号并监控。

该电控液压单元装有 12 个传感器，仅有 2 个传感器布置在电控液压单元外面，其余的传感器都安装在电控液压单元内部。

该电控液压单元装有 11 个电磁阀（6 个压力调节阀和 5 个换档阀），可控制和调节 8 个档位调节器，同时还控制双离合器的冷却油压力和流量。

02E 双离合变速器电控液压控制单元的特点如下：

1）大部分传感器集成在电控液压单元内部。
2）电磁阀直接安装在电控液压单元上。
3）整个电控液压单元通过一个中央插头与整车电气系统连接。

传感器与电磁阀和电控液压单元直接连接，而不使用导线，因此减少了插头和导线的数量，提高了变速器电气系统的效率并减轻了重量。

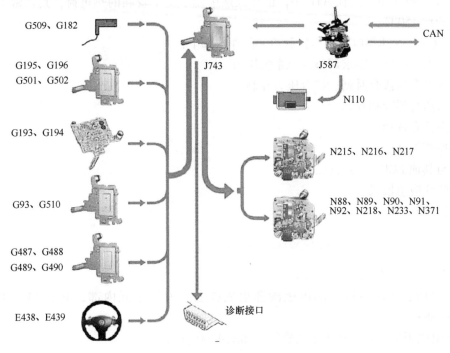

图 4-56　02E 双离合变速器电控系统的组成

G509—湿式多片离合器油温度传感器　G182—变速器输入转速传感器　G195 和 G196—变速器输出转速传感器
G501 和 G502—输入轴 1 和 2 的转速传感器　G193 和 G194—液压力传感器　G93—变速器油温度传感器
G510—ECU 温度传感器　G487、G488、G489、G490—档位调节器传感器　E438 和 E439—转向盘
Tiptronic 开关　J587—变速杆传感器控制单元　N110—变速杆锁止电磁阀　N215、N216、N217—压力
调节阀　N88、N89、N90、N91、N92、N218、N233、N371—开关式电磁阀

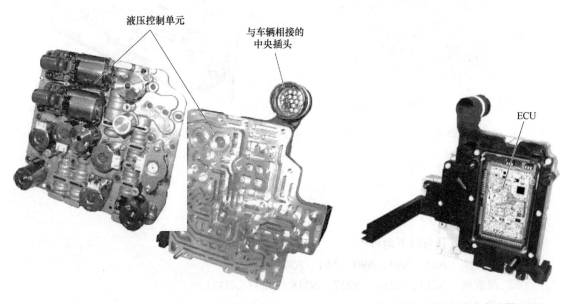

图 4-57　02E 双离合变速器液压控制单元　　　　　图 4-58　02E 双离合变速器 ECU

整个电控液压单元浸在 ATF 中，也导致该单元承受了较高的热负荷，其正常工作温度范围为 −40 ~ 150℃。

02E 双离合变速器电控液压控制单元的作用如下：

1）根据变速器的需求调整液压系统压力。

2）双离合器接合时刻、接合压力控制。

3）双离合器冷却控制。

4）换档点选择。

5）换档控制。

6）与其他 ECU 交换信息。

7）激活应急模式。

8）自诊断。

### 三、02E 双离合变速器电控液压单元电磁阀

**1. 电磁阀的安装位置**

02E 双离合变速器所有的电磁阀都集成在电控液压单元内部，共有 11 个电磁阀，如图 4-59 所示。

拆下电路板后，可看到 3 个电磁阀，如图 4-60 所示。

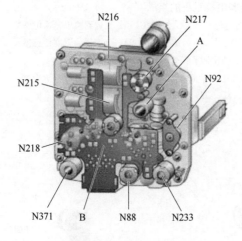
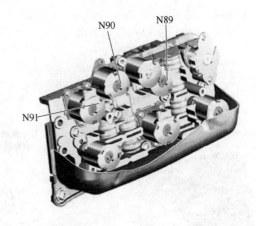

图 4-59　02E 双离合变速器电控液压单元的电磁阀

A—卸压阀　B—电路板　N88—档位调节电磁阀 1
N92—多路转换电磁阀　N215—压力调节电磁阀 1
N216—压力调节电磁阀 2　N217—主压力调节电磁阀
N218—冷却油量调节阀　N233/N371—安全切断电磁阀

图 4-60　02E 双离合变速器电路板下的电磁阀

N89—档位调节电磁阀 2　N90—档位调节电磁阀 3
N91—档位调节电磁阀 4

这些电磁阀可分为以下两种类型：

（1）开关阀　N88、N89、N90、N91、N92。

（2）调节阀　N215、N216、N217、N218、N233、N371。

**2. 各开关电磁阀的作用**

调节电磁阀与开关电磁阀的区别是调节电磁阀不但能控制电磁阀的开启和关闭，还可控

制电磁阀开启的量，可以控制油压的大小；开关电磁阀只能控制油路的开闭。

（1）换档执行机构电磁阀 N88、N89、N90、N91　这 4 个电磁阀是开关式电磁阀，通过多路转换阀控制至所有换档执行机构的油压。未通电时，电磁阀处于闭合位置，油压无法到达换档执行机构处，无法进行换档，如图 4-61 所示。

N88 电磁阀控制 1 档和 5 档的选档油压；N89 电磁阀控制 3 档和空档的选档油压；N90 电磁阀控制 2 档和 6 档的选档油压；N91 电磁阀控制 4 档和倒档的选档油压。

（2）多路转换电磁阀 N92　多路转换电磁阀 N92 用于操纵多路转换阀的位置，在 4 个换档电磁阀的基础上使用 N92，可以控制 8 个档位（6 个前进档，1 个空档，1 个倒档）的调节油缸，如图 4-62 所示。

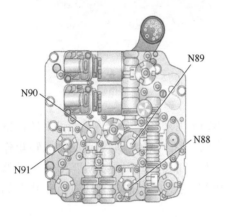

图 4-61　02E 双离合变速器换档电磁阀

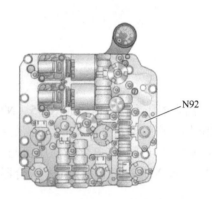

图 4-62　02E 双离合变速器多路
转换电磁阀 N92

多路转换电磁阀 N92 未通电时，被弹簧压在初始位置，此时变速器可以换入 1 档、3 档、6 档和倒档。当 N92 通电时，右侧建立油压，油压克服弹簧压力将多路转换阀压到另一个位置，此时变速器可以换入 2 档、4 档、5 档和空档。

**3. 各调节电磁阀的作用**

02E 双离合变速器电控液压单元中的调节电磁阀包括主压力调节电磁阀 N217，离合器冷却调节电磁阀 N218，离合器压力调节电磁阀 N215、N216，离合器安全切断电磁阀 N233、N371。

（1）主压力调节电磁阀 N217　N217 根据 ECU 的控制信号控制主油压调节器的位置，调节液压控制系统中的工作油压，如图 4-63 所示。

N217 可控制以下几种油压：

1）经冷却器—压力滤清器—喷油管的 ATF 回流。

2）回流到油泵的 ATF。

3）操作 N215、N216 使离合器 K1、K2 接合或分离。

4）操作 4 个换档电磁阀 N88、N89、N90、N91，以便挂入相应档位。

如果 N217 失效，系统将以最大的油压工作，油耗上升，换档噪声变大。

（2）离合器冷却调节电磁阀 N218　N218 通过控制离合器冷却调节阀调节冷却油液的流量。ECU 通过采集 G519（离合器油温度传感器）的信号来控制 N218，如图 4-64 所示。

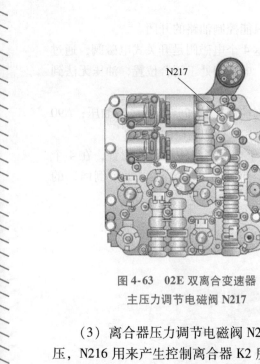

图 4-63 02E 双离合变速器
主压力调节电磁阀 N217

图 4-64 02E 双离合变速器离合器
冷却调节电磁阀 N218

（3）离合器压力调节电磁阀 N215、N216 N215 用来产生控制离合器 K1 所需的控制油压，N216 用来产生控制离合器 K2 所需的控制油压。ECU J743 将当前发动机转矩作为离合器油压控制的基准值，将离合器油压值与离合器片当前的摩擦因数相匹配，不断修正油压值。当 N215 或 N216 电磁阀失效时，离合器 K1 和 K2 对应的档位将无法进行工作，如图 4-65 所示。

（4）离合器安全切断电磁阀 N233、N371 两个离合器各对应一个安全阀，K1 对应的是 N233，K2 对应的是 N371，如图 4-66 所示。

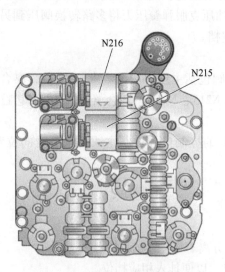

图 4-65 02E 双离合变速器离合器压力
调节电磁阀 N215 与 N216

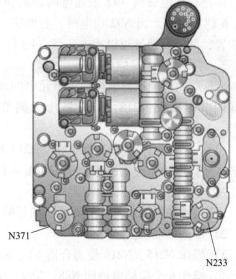

图 4-66 02E 双离合变速器离合器安全
切断电磁阀 N233 与 N371

离合器安全切断电磁阀的作用是：当离合器油缸的实际压力超过规定值时，必须让离合器分离，N233 和 N371 可切断通往离合器的油路，以保护离合器。压力传感器 G193 和 G194 用于监控 K1 和 K2 上的压力。变速器 ECU J743 通过 G193 和 G194 的反馈信息得知当前离合器油缸的真实压力，控制 N233 和 N371。

安全切断电磁阀失效后，变速器的部分档位将无法实现。N233 失效时，变速器只能以 2 档行驶，N371 失效时，变速器只能以 1 档和 3 档行驶。

### 四、02E 双离合变速器电控液压单元传感器

02E 双离合变速器传感器主要有转速传感器、油压传感器、温度传感器和位移传感器 4 类。

转速传感器用来监控离合器鼓、输入轴与输出轴的转速，识别离合器 K1 与 K2 的滑移量，从而控制离合器油缸油压，控制离合器的半离合状态，还可监控挂入的档位是否正确。

油压传感器用来检测离合器油缸的油压，ECU J743 可根据油压信号，不断修正离合器油缸油压来调整离合器接触压力，控制离合器传递的力矩和滑移量。

温度传感器用来监控不同部位 ATF 的温度，ECU J743 会对不同温度传感器的信号进行比较，确定变速器内部各部位的温度，控制冷却油的流量进行冷却控制，当温度过高时，J743 还可降低发动机输出转矩来为变速器降温。

位移传感器用来监控换档拨叉是否移动到相应档位的位置。每个位移传感器可以监控 1 个换档拨叉的位置，可监控两个档位的位置。J743 监控位移传感器的信号，精确控制换档所需的油压，控制换档电磁阀的动作。如果某个位移传感器不再发送信号，那么对应的档位就无法使用。

**1. 转速传感器**

转速传感器的安装位置如图 4-67 所示。

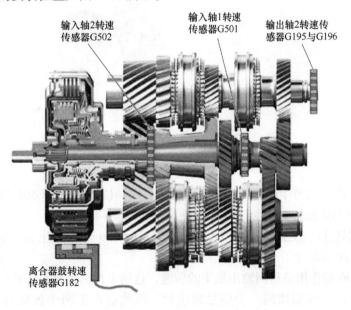

图 4-67　02E 双离合变速器转速传感器的安装位置

（1）离合器鼓转速传感器 G182　G182 位于变速器壳体内部，具体位置如图 4-68 所示。

G182 传感器为霍尔效应传感器。其功能是计算双离合器鼓的转速，其转速信号与发动机转速相同。G182 的信号与 G501 和 G502 信号一起进行对比，计算出 K1 和 K2 离合器的滑移量，从而控制离合器油缸的油压，以精确控制离合器的接合与分离。

当 G182 信号中断后，变速器 ECU J743 利用发动机转速信号作为 G182 的替代信号。

（2）输入轴转速传感器 G501、G502　G501 与 G502 传感器集成在 ECU J743 上面，如图 4-69 所示。

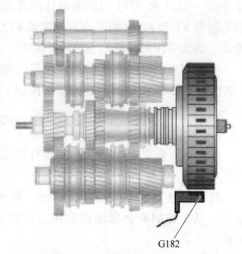

图 4-68　离合器鼓转速传感器 G182

G501 记录输入轴 1 的转速，G502 记录输入轴 2 的转速。这两个传感器都是霍尔效应式的。变速器 ECU J743 通过对比输入轴 1 或 2 的转速（G501 或 G502 信号）与双离合器鼓的转速（G182 信号），可识别出离合器的滑移量，从而识别出离合器的接合与分离状态以及半离合状态，再对离合器油缸油压进行控制。ECU J743 还可利用 G501 与 G502 信号对比 G182 信号，识别挂入的档位是否正确。

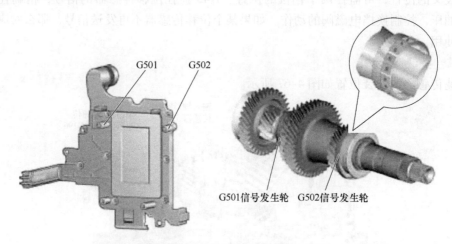

图 4-69　输入轴转速传感器 G501 与 G502

当 G501 或 G502 信号中断后，相应离合器对应的档位被切断。G501 损坏时，变速器只能以 2 档行驶；G502 损坏时，变速器只能以 1 档和 3 档行驶。

（3）输出轴转速传感器 G195 与 G196　G195 与 G196 信号发生轮安装在输出轴 2 上，传感器探头安装在 ECU 上，如图 4-70 所示。

G195 和 G196 的作用是检测输出轴 2 的转速，这两个传感器是霍尔效应式的。两个传感器彼此错开安装，共同扫描同一个信号发生轮，因此会产生两个彼此错开的信号，如果 G195 的信号为"高"，则 G196 的信号就为"低"。变速器 ECU J743 利用这两个信号不仅可

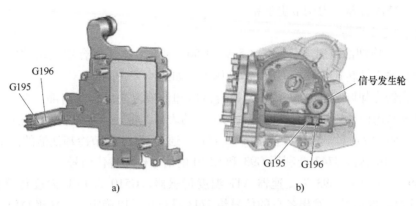

图 4-70 输出轴转速传感器 G195 与 G196

识别出车速，还可根据两个信号的"高""低"变化顺序识别出车辆行驶方向。如果行驶方向发生变化，这两个信号就会以相反的顺序传递到 J743。

当 G195 和 G196 信号中断后，J743 会使用 ABS ECU 的车速信号和行驶方向信号来替代。

**2. 油压传感器**

油压传感器 G193 和 G194 集成在电控液压阀体上，如图 4-71 所示。

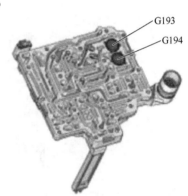

G193 用来检测离合器 K1 油缸的油压，G194 用来检测离合器 K2 油缸的油压。离合器油缸的油压决定离合器接触压力，对离合器能传递的转矩以及半打滑状态控制非常重要。变速器 ECU J743 根据 G193 和 G194 反馈的离合器油压信号控制离合器压力调节电磁阀 N215 和 N216，来调节离合器油压。

图 4-71 油压传感器 G193 与 G194

油压传感器 G193 和 G194 由两个平行布置的导电板构成，如图 4-72 所示。

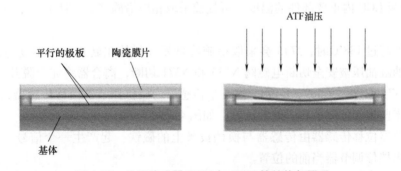

图 4-72 油压传感器 G193 与 G194 的结构与原理

上面的极板固定在陶瓷膜片上，作用在极板上的油压变化时，膜片会随着弯曲。下面的极板与陶瓷基体固定刚性连接在一起，基体不会随油压的变化而变形。当油压变化时，两个极板之间的距离会发生改变，从而产生一个可靠的油压信号。

G193 与 G194 把监测到的离合器 K1 和 K2 油缸压力反馈给 ECU J743，不断修正离合器的接合压力，使离合器压力调节更加精确。

**3. 油液温度传感器**

（1）离合器冷却油液温度传感器 G509　G509 用来检测从离合器流出的冷却油液的温度，它集成在输入轴转速传感器 G182 的壳体上，如图 4-73 所示。

经过离合器冷却调节电磁阀 N218，离合器冷却油液流向离合器内部，在离心力的作用下，冷却油液从内向外流过离合器摩擦片与钢片的表面，带走离合器表面的热量，冷却油液甩出后会被 G509 检测到，将信号传至 ECU J743，通过 N218 调节冷却油液的流量。

G509 信号中断后，J743 会利用 G93 和 G510 的信号作为替代信号。

（2）G93 和 G510　G93 为变速器 ATF 温度传感器，G510 为 ECU 温度传感器。G93 和 G510 独立检测温度信号，发出各自的信号给 J743 进行比较以确定一个精确数值，如图 4-74 所示。

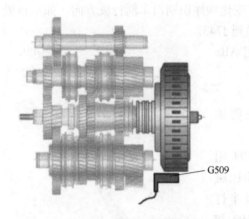

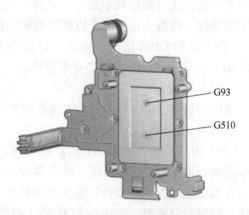

图 4-73　离合器冷却温度传感器 G509　　图 4-74　变速器 ATF 温度传感器 G93 和
ECU 温度传感器 G510

由于 ECU J743 被 ATF 包围并被其加热，温度过高会影响电控系统的正常工作。G93 和 G510 直接检测 ECU 内重要部件的温度，可提前采取相应措施降低 ATF 温度，避免电控系统过热。

ATF 温度超过 138℃时，J743 会采取措施降低发动机输出转矩；当温度超过 145℃时，离合器液压油缸油压被安全切断电磁阀 N233 和 N371 切断，离合器将完全脱开。

（3）G487、G488、G489、G490　这 4 个传感器为档位调节器位移传感器，都是霍尔效应式的，用来监控档位调节器所处的位置，如图 4-75 所示。

档位调节器位移传感器由传感器与换档拨叉上的磁铁一起产生一个信号，J743 根据该信号可识别出档位调节器当前的位置。

02E 变速器内共有 4 个档位调节器，控制 8 个档位的换档。每个档位调节器位移传感器监控一个档位调节器（换档拨叉）的移动，G487 用于 1 档/3 档，G488 用于 2 档/4 档，G489 用于 6 档/R 档，G490 用于 5 档/N 档。J743 根据精确的档位调节器位移信号，将油压通过换档电磁阀作用在换档活塞上，进行换档。

当某个档位调节器位移传感器信号中断，对应的档位将会无法使用。

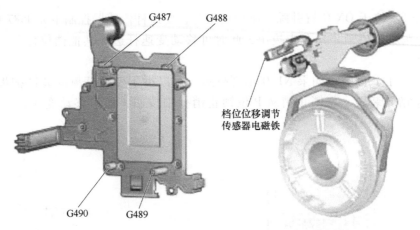

档位位移调节
传感器电磁铁

图 4-75　档位调节器位移传感器 G487、G488、G489、G490

### 五、02E 双离合变速器变速杆传感器控制单元 J587

J587 集成在变速杆上，如图 4-76 所示。

J587 既是控制单元也是传感器。作为控制单元，它操纵变速杆锁止电磁铁 N110 的动作，将变速杆锁止在 P 位或 N 位，避免变速杆被无意移动。作为传感器，它集成了用于识别变速杆位置的霍尔传感器和用于手动加减档的霍尔传感器。这些信息通过 CAN 总线被发送到 ECU J743 上和仪表控制单元上。

变速杆处于档位"P"时，变速杆锁止电磁铁 N110 将锁止销锁止在销孔中，防止变速杆被意外移动，如图 4-77 所示。

手动加减档的
霍尔传感器

变速杆传感
器控制单元

霍尔传感器

图 4-76　变速杆传感器控制单元 J587

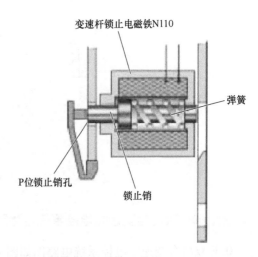

变速杆锁止电磁铁N110

弹簧

P位锁止销孔

锁止销

图 4-77　变速杆锁止电磁铁 N110（P 位锁止时状态）

当点火开关位于 ON 位置并踩下制动踏板时，变速杆传感器控制单元 J587 向 N110 供电，将锁止销从 P 位锁止销孔中拔出，此时可移动变速杆进入其他档位位置，如图 4-78 所示。

变速杆处于 P 位时，如果 N110 出现故障，可以拆下变速杆侧的装饰护板，手动按下手动应急解锁装置，将锁止销从 P 位锁止销孔中按回，即可移动变速杆，如图 4-79 所示。

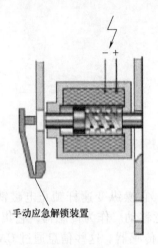
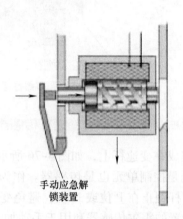

图 4-78　变速杆锁止电磁铁　　　　图 4-79　变速杆锁止电磁铁

N110 解锁时状态　　　　　　　　N110 应急解锁状态

如果变速杆停留在档位"N"的时间超过 2s，变速杆传感器控制单元 J587 会给 N110 通电，锁止销被压入档位"N"的锁止销孔内，变速杆不会被意外移入前进档。踩下制动踏板即可松开锁止销，如图 4-80 所示。

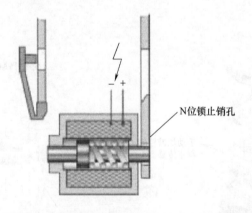

图 4-80　变速杆锁止电磁铁 N110（N 位时状态）

## 六、02E 双离合变速器电控系统电路图

02E 双离合变速器电控系统电路图如图 4-81 所示。

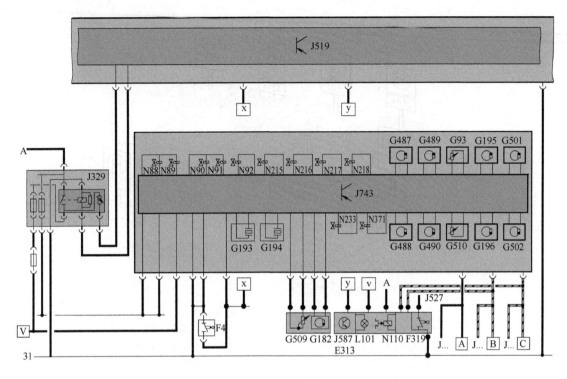

**图 4-81　02E 双离合变速器电控系统电路图**（见彩插）

A—蓄电池　E313—变速杆　F4—倒车灯开关　F319—变速杆 P 位锁止开关　G93—变速器油液温度传感器　G182—变速器输入转速传感器　G193—离合器油缸油压传感器 1　G194—离合器油缸油压传感器 2　G195—变速器输出转速传感器 1　G196—变速器输出转速传感器 2　G487—档位调节器位移传感器 1　C488—档位调节器位移传感器 2　G489—档位调节器位移传感器 3　G490—档位调节器位移传感器 4　G501—输入轴转速传感器 1　G502—输入轴转速传感器 2　G509—离合器油液温度传感器　G510—控制单元温度传感器　J329—15 号接线柱供电继电器　J527—转向柱 ECU　J587—变速杆传感器控制单元　J743—变速器 ECU　N88—换挡电磁阀 1　N89—换挡电磁阀 2　N90—换挡电磁阀 3　N91—换挡电磁阀 4　N92—多路转换电磁阀　N110—变速杆锁止电磁铁　N215—离合器油压调节电磁阀 1　N216—离合器油压调节电磁阀 2　N217—主油压调节电磁阀　N218—离合器冷却压力控制阀　N233—安全切断电磁阀 1　N371—安全切断电磁阀 2

**02E 双离合变速器电控系统 CAN 总线连接**

02E 双离合变速器电控系统 CAN 总线连接状况如图 4-82 所示。

## 一、电控系统故障分析

### 1. 故障分析

当双离合变速器电控系统发生故障时，可能的故障原因如图 4-83 所示。故障原因有变

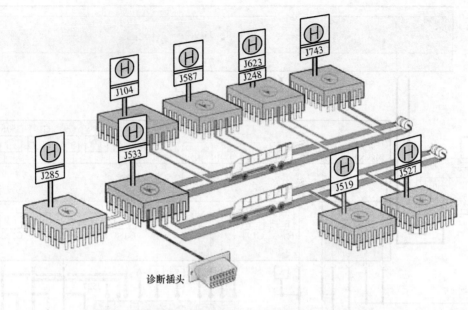

**图4-82 02E双离合变速器电控系统 CAN 总线连接状况**

J104—带 EDS 的 ABS 控制单元　J248—柴油直喷装置控制单元　J285—带有显示屏的组合仪表控制单元

J519—供电控制单元　J527—转向柱 ECU　J533—数据总线诊断接口　J587—变速杆传感器控制单元

J623—发动机控制单元　J743—变速器 ECU

速杆传感器控制单元 J587 故障、变速杆锁止电磁铁 N110 故障、输入转速与输出转速传感器故障、离合器油压传感器故障、油温传感器故障、安全切断电磁阀故障、油压调节电磁阀故障。

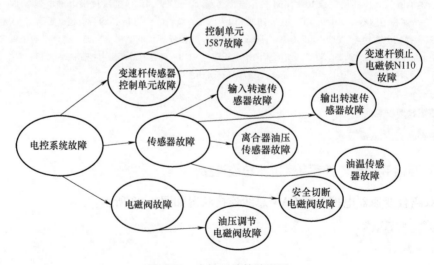

**图4-83　电控系统故障原因**

2. **故障现象**

电控系统出现故障后，车辆会出现无法行驶、加减速困难、换档冲击和加速无力等现象。

## 二、电控系统故障检修

下面以大众02E双离合变速器为例,讲述双离合变速器电控系统故障诊断过程。

### 1. 连接大众专用诊断仪 VAS 5054

连接 VAS 5054 至车辆诊断座,读取故障码,根据故障码提示,分析故障范围,判断故障分布在机械、液压还是电控系统。如果判断故障出现在电控系统,对电控系统相应部件进行检查;如果无故障码,但判断故障存在于电控系统,应对电磁阀、传感器各工况的实际数据与正确数据做比对,确定相应故障部位。

### 2. 检查电磁阀

按图 4-84 中所示顺序拆卸下电控液压单元,检查电控液压单元。

测量电磁阀的电阻。02E 变速器电磁阀的安装位置如图 4-85 所示。

1)测量电磁阀电阻,对比维修资料中的电阻阻值。如果超出范围,需更换。

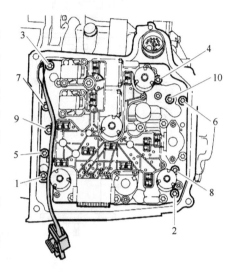

图 4-84　拆卸 02E 变速器电控液压单元

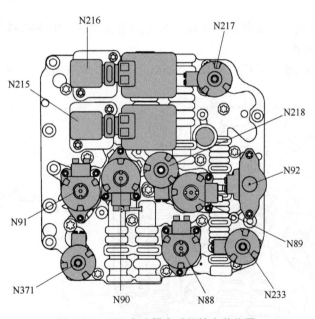

图 4-85　02E 变速器电磁阀的安装位置

N215、N216—离合器油压调节电磁阀　N217—主压力调节电磁阀　N218—冷却调节电磁阀　N92—多路转
换电磁阀　N88、N89、N90、N91—换档电磁阀　N233、N371—离合器安全切断电磁阀

2)检查开关型电磁阀(N88、N89、N90、N91)的磨损情况,其安装位置如图 4-86 所示。

**233**

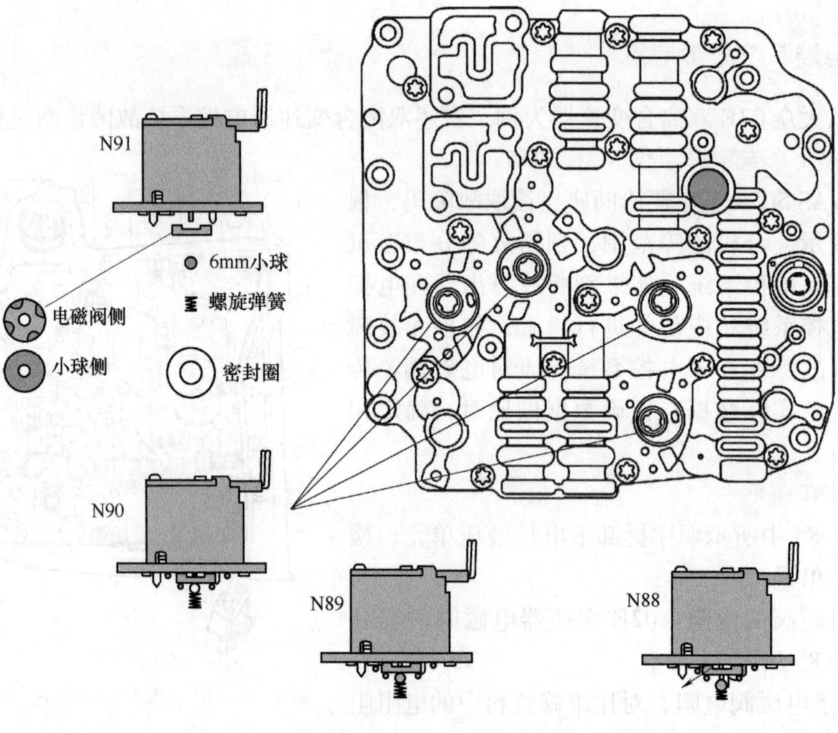

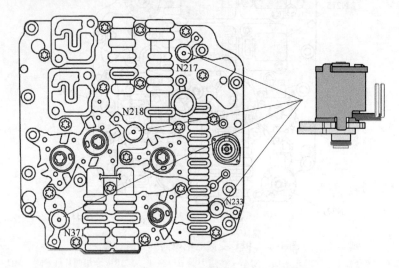

图 4-86　02E 变速器开关电磁阀的安装位置

检查钢球的磨损情况，如果钢球失圆、密封圈老化损坏、电磁阀侧和钢球侧阀片磨损过度，应更换换档电磁阀。

3）检查线性电磁阀（N217、N218、N233、N371），其安装位置如图 4-87 所示。

图 4-87　02E 变速器线性电磁阀的安装位置

N217—主压力调节电磁阀　N218—冷却调节电磁阀　N233—离合器 K1 的安全切断电磁阀

N371—离合器 K2 的安全切断电磁阀

使用试灯或使用滑动变阻器将电磁阀串接在蓄电池上，给线性电磁阀供电，调节滑动变速器的阻值，观察电磁阀的动作，如果电磁阀杆的移动卡滞、不顺畅，应更换电磁阀。

4）检查离合器油压调节电磁阀（N215、N216），其结构如图4-88所示。

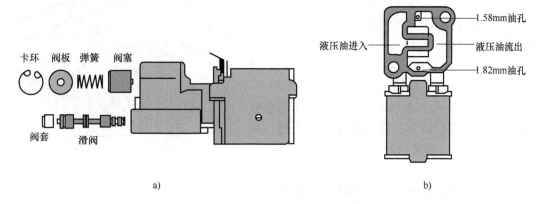

图4-88　02E变速器离合器油压调节电磁阀的检查

离合器压力调节电磁阀是线性电磁阀，为了保证离合器油压调节响应迅速和精确控制，离合器压力调节电磁阀的油压调节方式没有采用传统的电磁阀控制滑阀再控制油路压力的方式，而是在电磁阀内安装有滑阀，由电磁阀直接控制油路压力。

使用滑动变阻器串联蓄电池测试油压调节电磁阀的动作，然后拆卸电磁阀检查滑阀状况，如果存在较大的磨损和划伤，应更换该电磁阀。

**3. 拆卸更换ECU J743**

使用诊断仪检测故障码和查看传感器数据，如果传感器实际数据与维修手册出现明显偏差，应更换整个ECU，因为变速器的传感器集成在ECU J743上，不能单独拆下，如图4-89所示。

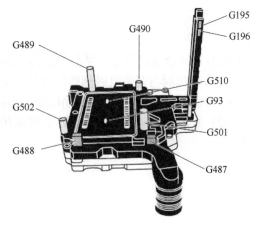

图4-89　02E变速器上的传感器

G487、G488、G489、G490—档位调节阀位移传感器　G501、G502—输入转速传感器　G93、G510—油液温度传感器　G195、G196—变速器输出转速传感器

**1. 故障现象**

一辆大众迈腾轿车，装备02E双离合变速器。该车加速行驶时，在每个换档点均有严重的冲击现象。

**2. 故障诊断与排除**

1）验证该车故障现象，在加速行驶时，换档过程都存在冲击现象，起步时的冲击尤为明显。

2）将智能诊断仪连接到车辆诊断接口，没有故障码。

3）检查变速器油油位。起动发动机，用智能诊断仪观察变速器油温达到60℃时，拆下变速器放油口，油液从溢流管上方流出，油位正常。

4）行车过程中换档时，观察离合器压力传感器的动态数据流，发现离合器接合时接合压力变动较大，对比观察输入和输出转速传感器，在换档点时，输入转速下降较多。

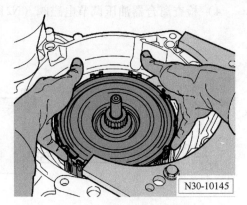

5）拆卸更换双离合器，如图4-90所示。装车加注ATF后试车，换档点仍然存在冲击现象。

6）拆卸更换电控液压阀体，重新装车后加注适量的ATF。进行试车，换档感觉比较平稳，换档冲击现象消失，故障排除。

图4-90　拆卸更换双离合器

**3. 故障原因分析**

在换档控制过程中，ECU J743对重叠换档的控制很关键，如果两个离合器的压力在接通和释放过程中存在问题，导致重叠时间过长，就会产生换档点的冲击现象。故障部位在离合器压力调节电磁阀N215和N216。

 学习小结

1）02E双离合变速器电控系统包括传感器、ECU、电磁阀和档位开关。

2）调节电磁阀与开关电磁阀的区别是调节电磁阀不但能控制电磁阀的开启和关闭，还可控制电磁阀开启的量，可以控制油压的大小；开关电磁阀只能控制油路的开闭。

3）02E双离合变速器传感器主要有转速传感器、油压传感器、温度传感器和位移传感器4类。

# 半轴/主减速器/差速器
# 故障检修

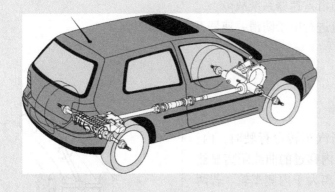

 学习单元一　电子差速器差速不良故障检修

 情境导入

　　一辆大众途观，装备 Haldex 差速器。该车在冰雪坡道路面起步时，前轮打滑，后轮没有驱动力。更换 Haldex 偶合器泵后，故障排除。

学习目标

1. 能通过与客户交流、查阅相关维修技术资料等方式获取车辆信息。
2. 能根据故障现象制订正确的维修计划。
3. 能正确记录、分析各种检测结果并做出故障分析判断。
4. 能分析并排查电子防滑差速器系统故障。
5. 能按照正确操作规范进行电子防滑差速器系统的故障排除。

 理论知识

### 一、防滑差速器的作用

　　轮间差速器的作用：当汽车转弯行驶时，内、外两侧车轮中心在同一时间内移过的曲线距离显然不同，即外侧车轮移过的距离大于内侧车轮。若两侧车轮都固定在同一刚性转轴上，两轮角速度相等，若此时外轮是边滚动边滑移，则内轮必然是边滚动边滑转。同样，汽车在不平路面上直线行驶时，两侧车轮实际移过曲线距离也不相等。即使路面平直，但由于轮胎尺寸制造误差、磨损程度不同，各个轮胎的滚动半径实际上不可能相等。为了保证各驱动轮能以不同的角速度旋转，必须安装轮间差速器。

　　中央差速器的作用：四轮驱动汽车前、后两个驱动桥间由传动轴相连，由于转向时同侧的前轮比后轮转弯半径大，转向时两个前轮走过的距离比两个后轮距离长，所以此时前桥要比后桥转速快。如果没有中央差速器，四驱车辆就无法转弯。四驱车辆也会因轮胎尺寸误差和磨损不同，造成轮胎滚动半径的不同，引起前桥和后桥之间的速度差。中央差速器可以调节前、后桥之间的速度差，保证四驱车辆的顺利转向和平稳正常行驶，如图 5-1 所示。

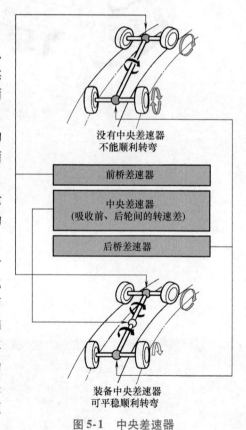

没有中央差速器
不能顺利转弯

| 前桥差速器 |
|---|
| 中央差速器<br>（吸收前、后轮间的转速差） |
| 后桥差速器 |

装备中央差速器
可平稳顺利转弯

图 5-1　中央差速器

普通锥齿轮式差速器具有平均分配力矩的特性，当车辆行驶在湿滑路面上，一个车轮出现打滑时，该车的大部分动力会通过打滑车辆的滑转而流失，在良好路面上的车辆无法获得足够的转矩，而无法脱困。

防滑差速器不仅用在左、右车轮间，也用于四驱车辆的轴间。

防滑差速器应用在两个驱动轮之间时，能够克服普通锥齿轮差速器因平均分配给左、右轮而带来的在坏路面（泥泞、冰雪路面）上行驶时，因一侧驱动轮接触泥泞、冰雪路面而原地打滑，另一侧在好路面上的驱动轮却处在不动状态使车辆通过能力降低的缺点。

防滑差速器应用在前桥和后桥之间时，也起到相同的作用。

## 二、防滑差速器的分类

防滑差速器主要可分为强制锁止差速器和自锁式差速器两大类。

### 1. 强制锁止差速器

强制锁止差速器是在普通差速器上增加了强制锁止机构构成的，当发生一侧车轮打滑时，驾驶人可通过电动、气动或机械的方式操作锁止机构，拨动接合套将差速器壳与半轴锁成一体，从而暂时失去差速的作用。这种方式结构简单，但必须由驾驶人主动进行操作，到良好路面上后停止锁止，恢复差速器的作用，如图5-2所示。

### 2. 自锁式差速器

自锁式差速器是在差速器中安装黏性偶合器或摩擦离合器构成的，当发生一侧车轮打滑时，两侧半轴出现转速差，黏性偶合器或摩擦离合器就自动产生摩擦阻力，使另一侧车轮得

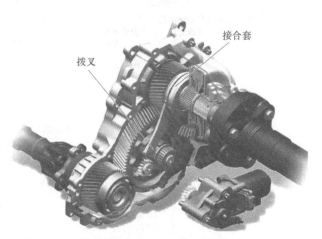

图5-2 强制锁止差速器（见彩插）

到一定的转矩而驱动车辆继续行驶。当两侧车轮没有转速差时，摩擦阻力消失，自动恢复差速作用。因其不需要驾驶人进行操作，目前在越来越多的车辆上得到应用。

（1）黏性偶合器 黏性偶合器在一些适时四驱SUV中使用较为普遍，典型应用是在本田CR-V汽车上，在丰田汽车一些较老的车型上也有采用，如图5-3所示。

图5-4所示为丰田汽车E150F2的动力分配路线。动力由主减速器从动齿轮传入中央差速器，由两个半轴齿轮传向前桥差速器壳和后桥传动轴，再由前桥差速器向两个前轮分配动力，后桥传动轴将动力传递到后桥差速器，分配给两个后轮。前桥差速器壳与后桥传动轴之间存在黏性偶合器，当前、后桥转速差较大时，黏性偶合器中的钢片与摩擦片搅动偶合器中的油液，温度上升，黏性偶合器接合，将前、后桥连接在一起，中央差速器失去差速作用。

黏性偶合器的结构如图5-5所示。

黏性偶合器在工作之前，外壳和内轴各自独立转动，钢片通过外齿卡在外壳内侧并可沿外壳轴向移动，摩擦片通过内齿卡在内轴的外表面并可沿内轴轴向移动。外壳内装有硅油，当连接后桥的外壳与连接前桥的内轴转速差较大时，摩擦片与钢片相对旋转，搅动硅油使其

温度急剧上升，体积膨胀，将钢片和摩擦片紧紧挤在一起，产生摩擦力将前桥和后桥连接在一起，使前桥和后桥失去差速作用。

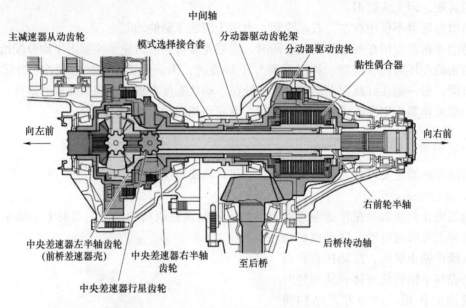

图 5-3　丰田汽车 E150F2 的黏性偶合器（见彩插）

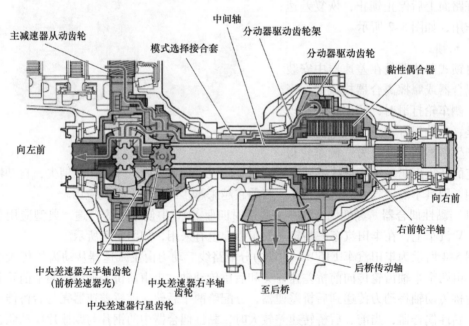

图 5-4　丰田汽车 E150F2 的动力分配路线

（2）电子防滑差速器　电子防滑差速器在城市 SUV 上使用较为普遍，如丰田新 RAV4、大众途观和日产奇骏等。电子防滑差速器根据驱动轮的滑移量，通过电子控制装置来控制发动机转速和汽车制动力进行工作。

大众途观汽车 Haldex 电子防滑差速器的结构如图 5-6 所示。

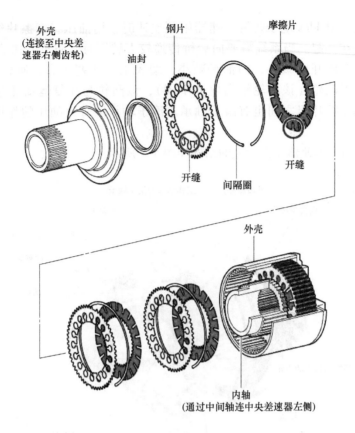

图 5-5　黏性偶合器的结构

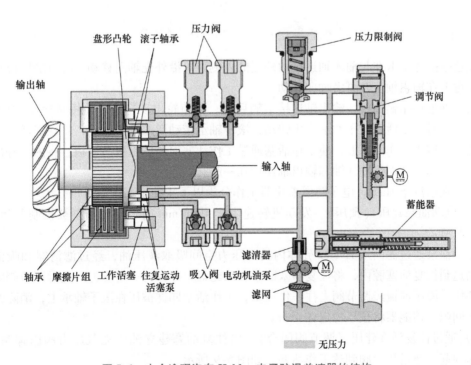

图 5-6　大众途观汽车 Haldex 电子防滑差速器的结构

**241**

大众途观汽车 Haldex 电子防滑差速器限制差速时，用油压将摩擦片组接合，将输入轴和输出轴连接在一起。当系统需要向后桥传递较大转矩时，防滑差速器 ECU 控制调节阀电动机，使调节阀开度减小，回油量减小，增大工作活塞压力，使离合器压得更紧。输出轴右侧有盘形凸轮（该凸轮轴向厚度不同），该凸轮与往复运动活塞之间有滚子轴承，工作活塞与摩擦片组之间也有滚子轴承。滚子轴承因管道油压的作用，紧贴在盘形凸轮上。

Haldex 电子防滑差速器摩擦片组的结构如图 5-7 所示。

图 5-7　Haldex 电子防滑差速器摩擦片组的结构（见彩插）

蓝色摩擦片组卡在与输入轴连接的外壳的内侧并可沿外壳轴向移动，红色的摩擦片组通过内花键卡在输出轴上并可沿轴向移动。

输入轴连接车辆前桥，输出轴连接车辆后桥，当前轮出现打滑，前桥转速超过后桥时，盘形凸轮相对往复活塞滚子轴承产生转动，滚子轴承带动活塞轴向运动，将往复活塞内的油液通过油管挤入工作活塞腔，使工作活塞通过工作活塞滚子轴承压向压板，将内、外齿摩擦片压紧在一起，从而将输入轴和输出轴连接在一起。

大众观途汽车 Haldex 电子防滑差速器工作分为以下 4 种工况：

1）电动油泵建压（预压）。发动机转速大于 400r/min 时，电动油泵被控制开始工作，如图 5-8 所示。

电动油泵通过滤网从 Haldex 壳体内的无压力空间吸取液压油，经过滤清器和吸油阀将液压油送到往复活塞腔内，将往复活塞贴紧在凸轮盘上并保持一定压力。此时调节阀的状态不能卸压，液压油流经调节阀去往工作活塞，工作活塞同样被压在滚子轴承上，消除摩擦片组中的间隙。蓄能器将预压稳定在 4bar。

2）通过往复活塞建压（调节阀闭合）。由往复活塞建立油压克服压力阀内弹簧压力，将钢球顶起，通过压力阀到达工作活塞，如图 5-9 所示。

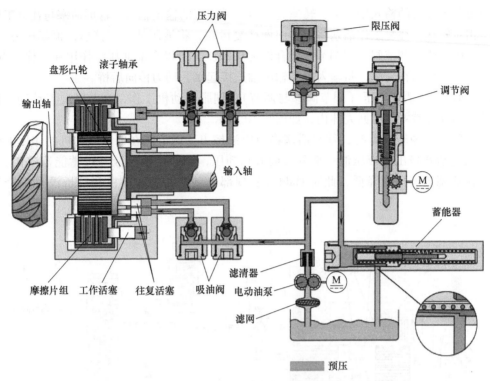

图 5-8　**Haldex** 电子防滑差速器电动油泵建压状态（见彩插）

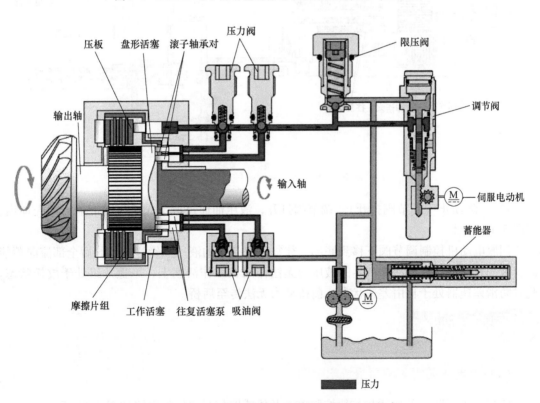

图 5-9　**Haldex** 电子防滑差速器往复活塞建压状态

当与前桥连接的输入轴打滑，转速高于与后桥连接的输出轴时，盘形活塞与往复工作活塞产生相对转动，往复工作活塞将沿轴向做往复运动，将液压油加压挤出，顶起压力阀后，一部分液压油流向调节阀，因调节阀闭合而无法卸压，所以全部油压将作用在工作活塞上，使摩擦片组被压紧在一起，将输入轴和输出轴连接起来，动力传向后桥。

3) 通过往复活塞建压（调节阀参与调节）。伺服电动机工作，调节阀向下移动，使一部分液压油通过蓄能器流回壳体内，如图 5-10 所示。

前、后桥出现转速差时，往复活塞将液压油挤出，调节阀在伺服电动机的作用下向下移动，往复活塞挤出的液压油一部分被调节阀卸压，被卸压的油液经过蓄能器流回壳体。流向工作活塞的液压力降低，此时 Haldex 实现部分差速状态，前桥和后桥没有完全失去差速。

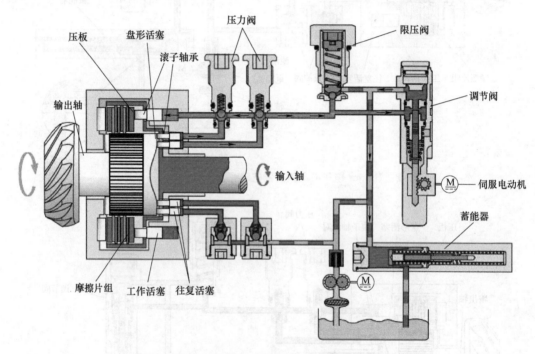

图 5-10　Haldex 电子防滑差速器往复活塞建压调节状态

4) 解除锁止（调节阀打开）。调节阀打开，液压油通过调节阀经过蓄能器流回壳体内，如图 5-11 所示。

伺服电动机控制调节阀下移到底部，往复活塞产生的液压油经过调节阀后全部流向蓄能器，流回壳体内。往复活塞产生的液压力无法作用在工作活塞上，摩擦片组处于放松状态。此时防滑差速器处于自由差速状态，前桥动力无法传至后桥。

**Haldex 电子防滑差速器系统电路图**

Haldex 电子防滑差速器与其他控制单元及传感器相互通信的电路如图 5-12 所示。

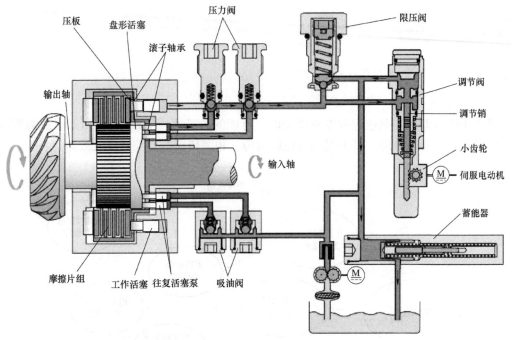

图 5-11  Haldex 电子防滑差速器解除锁止状态

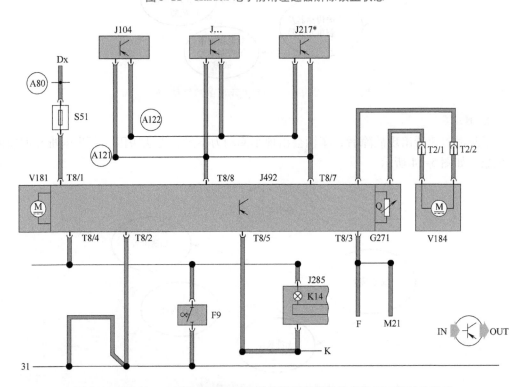

图 5-12  Haldex 电子防滑差速器与其他控制单元及传感器相互通信的电路

Dx—点火起动开关  F—制动信号灯开关  F9—驻车制动指示开关  G271—液压油温度传感器  J—发动机控制单元
J104—ABS 控制单元  J217—自动变速器控制单元  J285—带显示单元的控制单元  J492—全轮驱动控制单元
K—连接  K14—驻车制动指示灯  M21—左侧制动信号灯灯泡  S51—熔丝  V181—液压伺服电动机
V184—Haldex 离合器泵  A80—连接仪表板线束  A121—连接高位总线  A122—连接低位总线

## 一、电子防滑差速器差速不良故障分析

### 1. 故障分析

当电子防滑差速器差速过程发生故障时，可能的故障原因如图 5-13 所示。故障原因有电子防滑差速器总成故障、开关及电气电路故障、相关传感器及控制单元故障等。

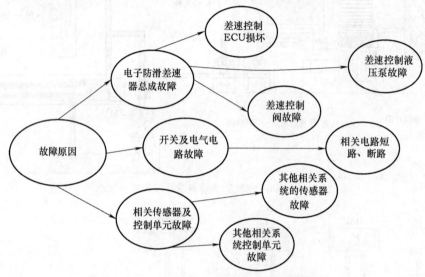

图 5-13　电子差速器差速不良的故障原因

### 2. 故障现象

电子防滑差速器出现故障后，车辆会出现车辆动力不足、无法脱困、起步困难和加速困难等现象，如图 5-14 所示。

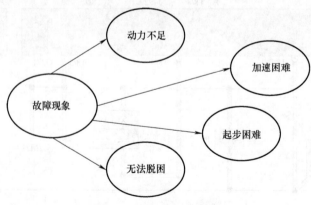

图 5-14　四驱系统故障现象

## 二、电子防滑差速器差速不良故障检修

下面以大众途观轿车电子防滑差速器为例，介绍电子防滑差速器差速不良故障诊断

过程。

**1. 连接大众专用诊断仪 VAS 5054**

关闭点火开关，将诊断仪 VAS 5054 连接至诊断接口，开始"引导性故障查询"，再接通点火开关，按压屏幕上的"引导性故障查询"按钮，进行引导查询，如图 5-15 所示。

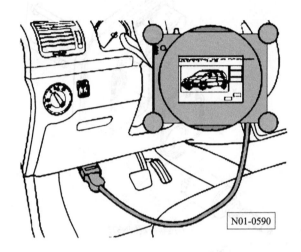

图 5-15　引导性查询

根据引导提示，分析故障范围，对各部件总成及电路分别进行检查。

**2. 检查 Haldex 电子防滑差速器总成的油位**

连接诊断仪 VAS 5054，系统显示 Haldex 电子防滑差速器油液温度在 20 ~ 40℃时，旋出 Haldex 电子防滑差速器油加注口螺塞，如果液面距离加注口在 3mm 以内，则液面位置正确，如图 5-16 所示。

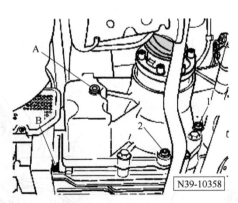

图 5-16　检查 Haldex 电子防滑差速器液位
A—加油口　B—放油口　1、2—前、后壳体紧固螺栓

**3. 检查其他相关传感器及控制单元**

根据 VAS 5054 的引导性提示，检查制动信号灯开关、ABS 控制单元、自动变速器控制单元、组合仪表等工作状态是否正常，否则维修更换。

**4. 检查电子防滑差速器相关部件**

拆卸检查电子防滑差速器控制阀，如图 5-17 所示。

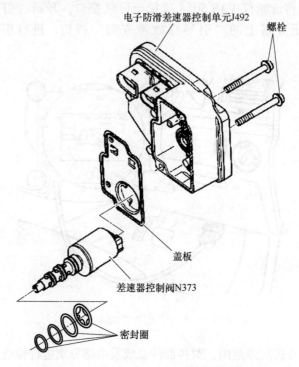

图 5-17 拆卸检查电子防滑差速器控制阀

用蓄电池给电子防滑差速器控制阀通电，观察其转动情况，如果存在故障，应将其与电子防滑差速器控制单元一同更换。检查密封圈，如果存在破损，则更换密封圈，如图 5-18 所示。

**5. 拆卸检查液压泵**

若根据引导程序检查发现在主动激活时，液压泵并无动作，则应拆卸检查液压泵，如图 5-19 所示。

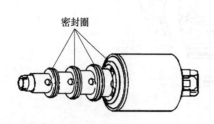

图 5-18 检查电子防滑差速器控制阀密封圈

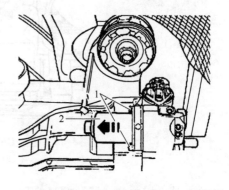

图 5-19 拆卸检查液压泵
1、2—拆卸螺栓

 情境分析

**1. 故障现象**

一辆大众途观，装备 Haldex 电子防滑差速器。该车在冰雪坡道路面起步时，前轮打滑，后轮没有驱动力。

**2. 故障诊断与排除**

1）验证该车故障现象：在泥泞路面时，前轮打滑，后桥没有驱动力，踩下加速踏板时前轮加速打滑，后轮并无转动。

2）将智能诊断仪 VAS 5054 连接到车辆诊断接口，进入引导性程序，操作主动激活控制时发现液压泵没有动作，激活失败。

3）检查与液压泵连接的相关电路，如图 5-20 所示。电源供电及搭铁电路正常。

4）拆卸检查 V181 液压泵，如图 5-21 所示。

使用蓄电池为液压泵通电，液压泵没有动作，更换 V181 液压泵后故障排除，后桥可以获得驱动力。

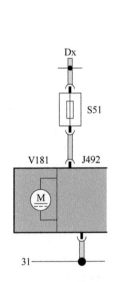

图 5-20　检查与液压泵连接的相关电路

V181—液压泵　J492—Haldex 电子防滑差速器
控制单元　Dx—点火开关电路　31—搭铁线

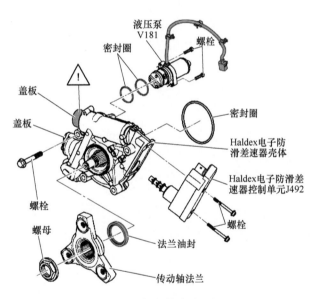

图 5-21　拆卸检查液压泵

**3. 故障原因分析**

液压泵 V181 用来给 Haldex 电子防滑差速器系统提供液压力，使系统维持 4bar 的液压力提供给往复活塞和工作活塞使用，用于在前、后桥出现速度差时将摩擦片组压紧接合，把动力由前桥传递至后桥。液压泵 V181 损坏后，系统无法产生液压力，后桥就无法接收到驱动力。

 学习小结

1）防滑差速器能够克服普通锥齿轮差速器因平均分配给左、右轮而带来的在坏路面

（泥泞、冰雪路面）上行驶时，因一侧驱动轮接触泥泞、冰雪路面而原地打滑，另一侧在好路面上的驱动轮却处在不动状态使车辆通过能力降低的缺点。

2）强制锁止差速器是在普通差速器上增加了强制锁止机构构成的，当发生一侧车轮打滑时，驾驶人可通过电动、气动或机械的方式操作锁止机构，拨动接合套将差速器壳与半轴锁成一体，从而暂时失去差速的作用。

3）自锁式差速器是在差速器中安装黏性偶合器或摩擦离合器构成的，当发生一侧车轮打滑时，两侧半轴出现转速差，黏性偶合器或摩擦离合器就自动产生摩擦阻力，使另一侧车轮得到一定的转矩而驱动车辆继续行驶。

 **学习单元二** 两驱、四驱转换困难故障检修

 **情境导入**

一辆丰田 RAV4 汽车，装备主动转矩控制四驱系统。该车在泥泞道路行驶过程中，当前桥打滑时，后桥无法获得足够的转矩脱困。更换四驱系统线性电磁阀后，故障排除。

**学习目标**

1. 能通过与客户交流、查阅相关维修技术资料等方式获取车辆信息。
2. 能根据故障现象制订正确的维修计划。
3. 能正确记录、分析各种检测结果并做出故障分析判断。
4. 能分析并排查四驱系统故障。
5. 能按照正确操作规范进行四驱系统的故障排除。

 **理论知识**

## 一、四驱系统的分类

四驱系统汽车 4 个车轮都能得到驱动力，发动机动力被分配给 4 个车轮，可提高车辆的通过能力和行驶稳定性，但相比两轮驱动会更耗油。四驱系统主要分为分时四驱、适时四驱和全时四驱。

### 1. 分时四驱

分时四驱是一种驾驶人可以在两驱和四驱之间手动选择的四驱系统，由驾驶人根据路面情况通过接通或断开分动器来切换四驱和两驱模式，这是越野汽车最常见的驱动模式，如图 5-22 所示。

分时四驱的优点是：结构简单，稳定性高，坚固耐用。

分时四驱的缺点是：驱动模式转换需要手动操作，同时还需停车操作，分时四驱没有中央差速器，前桥和后桥之间不能差速所以转速相同，所以不能在铺装路面使用四驱系统，特别是在弯道行驶时不能顺利转弯。

分时四驱的代表车型有路虎卫士、吉普牧马人和长城哈弗等。

分时四驱的使用可分为两种状态。

### 2. 适时四驱

适时四驱是只有在适当的时候才会由两

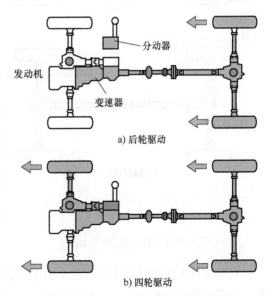

图 5-22 分时四驱系统

**251**

驱模式切换到四驱模式的四驱系统（如两驱行驶出现打滑时），而在其他情况下仍然是两轮驱动的驱动系统。适时四驱和分时四驱的区别是适时四驱可根据路况自动切换两驱模式和四驱模式，而分时四驱需要手动切换，如图 5-23 所示。

适时四驱的优点是：相比全时四驱，适时四驱结构简单，成本低，质量小，传动效率高，且适合前横置发动机前驱平台的车型配备，这使很多基于轿车平台打造的 SUV 有了装备四驱系统的可能。

适时四驱的缺点是：目前绝大多数适时四驱车型受制于结构本身的缺陷，无法将超过 50% 的动力分配给后桥，这使适时四驱在主动安全控制方面没有全时四驱的调整范围大，相比分时四驱，它在应对恶劣路面时的物理结构极限偏低。

适时四驱的代表车型有丰田 RAV4、本田 CRV 和雷诺科雷傲等。

**3. 全时四驱**

全时四驱指汽车在任何行驶时间，所有车轮均被分配动力。

全时四驱的优点是：相比两驱和适时四驱车型，全时四驱有更优异的安全驾驶基础，转向更加中性，尤其是在极限路况和激烈驾驶（此时对车轮附着力要求很高）时，如图 5-24 所示。

全时四驱的缺点是：因始终需要将动力传输到 4 个驱动轮，造成传动效率较低，整个传动系统重量较大，结构复杂。

全时四驱的代表车型有奥迪 Q7、宝马 X5 和讴歌 MDX 等。

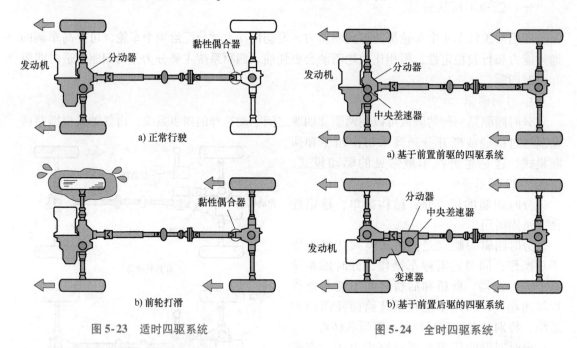

图 5-23　适时四驱系统　　　　　　图 5-24　全时四驱系统

## 二、丰田 RAV4 汽车四驱系统

丰田 RAV4 汽车是基于卡罗拉平台的一款城市 SUV，配备了主动转矩可控的四轮驱动系统，其原理是根据车辆在不同路况行驶时，通过对后差速器内的电磁控制万向节进行控制，使发动机驱动力按需向后桥输出驱动力，最大可将 50% 的驱动力传给后桥，如图 5-25 所示。

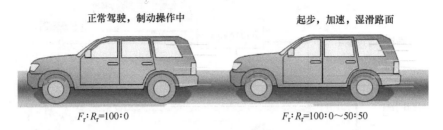

正常驾驶，制动操作中 $F_f : R_r = 100 : 0$

起步，加速，湿滑路面 $F_f : R_r = 100 : 0 \sim 50 : 50$

图 5-25　丰田 RAV4 汽车四驱系统动力分配

**1. 丰田 RAV4 汽车主动转矩控制四驱系统概况**

（1）丰田 RAV4 汽车四驱系统的特点

1）牵引性能：实现稳定的车辆起步和加速性能。

2）行驶稳定性：实现稳定的转弯性能。

3）燃油经济性：通过在需要时向后轮传输适量的转矩实现良好的燃油经济性。

驾驶人通过操作开关，能在 AUTO 和 LOCK 模式间进行转换。

（2）丰田 RAV4 汽车四驱系统的工作模式

1）AUTO 模式。AUTO 模式时，四轮驱动锁止开关和指示灯为关闭状态。根据各传感器提供的信号，在车辆起步期间保持最佳的起步性能。低速转弯期间抑制由于前轮之间的转速不同而施加制动的情况。系统判定车辆行驶时，减少分配给后轮的转矩，提高燃油经济性。制动减速期间，将分配给后轮的转矩减至最小。

2）LOCK 模式。LOCK 模式时，四轮驱动锁止开关和指示灯为开启状态。向后轮分配最大极限转矩。低速转弯时，分配最大转矩。制动减速期间，将转矩分配减至最小。

（3）丰田 RAV4 汽车四驱系统的组成　四驱控制 ECU 通过 CAN 总线与发动机 ECM、防滑控制 ECU、车身控制 ECU 和组合仪表 ECU 进行通信，使四驱控制 ECU 实时获知车辆的行驶状态，根据路况的需要进行分析计算，对前后轮分配最佳驱动力。

四驱控制 ECU 需要获得信号的传感器和开关有节气门位置传感器、曲轴位置传感器、转速传感器、制动灯开关、环境温度传感器、驻车制动开关、四驱锁止开关、空档起动开关等，如图 5-26 所示。

**2. 丰田 RAV4 汽车四驱系统后桥差速器的结构**

丰田 RAV4 汽车的传动系统在通常行驶条件下是前驱行驶，在前桥出现打滑时，四驱控制 ECU 会控制电控离合器以一定程度接合，把动力传输到后驱动桥。后桥差速器的结构如图 5-27 所示。

四驱系统 ECU 判断需要将动力传输到后桥时，电控离合器开始接合，来自传动轴的动力经过电控离合器传到后桥的主减速器主动齿轮，再将动力传送到差速器壳，最终通过差速器传送到后桥的两根半轴上。

**3. 丰田 RAV4 汽车四驱系统电控离合器的结构**

电控离合器位于后桥差速器前部，由主离合器、控制离合器、线性电磁阀、衔铁、钢球

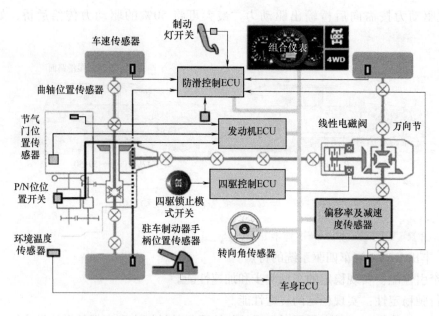

图 5-26　丰田 RAV4 汽车四驱系统的传感器与通信

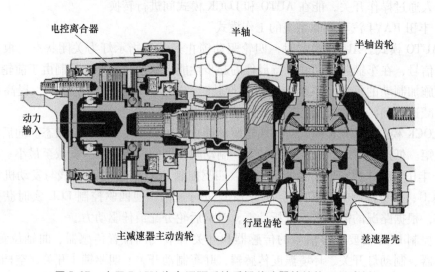

图 5-27　丰田 RAV4 汽车四驱系统后桥差速器的结构（见彩插）

和前后凸轮等组成，如图 5-28 所示。

前壳体与传动轴相连，后壳体与差速器壳固定在一起。前壳体内有主离合器、衔铁、钢球凸轮机构和控制离合器。钢片通过外花键与前壳体相连并可沿前壳体轴向滑动。摩擦片通过内花键与输出轴相连，摩擦片也可沿输出轴轴向滑动。前凸轮与输出轴滑动连接，与后凸轮之间夹着钢球。后凸轮与前壳体之间有间隔排列的钢片和摩擦片，衔铁在线性电磁阀的吸力下，可将后凸轮与前壳体之间的摩擦片和钢片组压紧在一起。线性电磁阀安装在差速器壳体上。

**4. 丰田 RAV4 汽车四驱系统电控离合器的工作原理**

丰田 RAV4 汽车四驱系统电控离合器的工作原理图如图 5-29 所示。

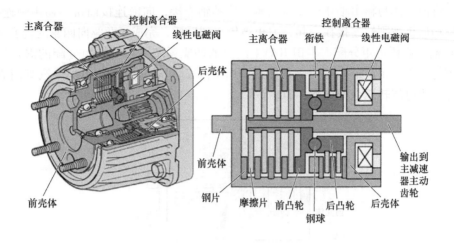

图 5-28　丰田 RAV4 汽车四驱系统电控离合器的结构

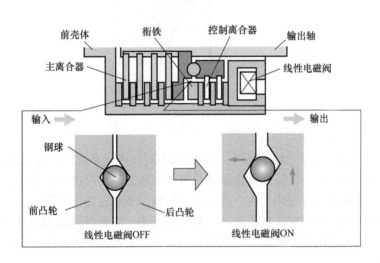

图 5-29　丰田 RAV4 汽车四驱系统电控离合器的工作原理图

（1）两驱状态　车辆正常行驶时，前、后桥之间并无差速，前壳体与传动轴相连，与前桥速度相同，输出轴通向后桥，与后桥速度相同。与前壳体连接的钢片和与输出轴连接的摩擦片之间的转速相同，之间存在间隙。钢球在前凸轮和后凸轮的凹槽中。前凸轮与输出轴沿轴向滑动连接，输出轴带动前凸轮转动，前凸轮带动钢球转动，后凸轮因将钢球在槽中的作用被连带转动。

（2）四驱状态　当前桥出现打滑时，前桥转速高于车速，也高于后桥转速。在四驱电控 ECU 控制下，线性电磁阀根据实际转矩分配的需要，产生一定大小的电流，对衔铁产生一定吸力，衔铁向右压向控制离合器，使其产生一定的接合压力。控制离合器的钢片与前壳体连接，与前桥转速相同，控制离合器接合后使后凸轮转速与前壳体转速趋同。前凸轮与输出轴转速相同，因前桥打滑，后凸轮的转速高于前凸轮，前凸轮与后凸轮之间的转速差导致前、后凸轮发生相对旋转错位。钢球对前凸轮产生向左的推力，使主离合器钢片与摩擦片夹紧接合,将前壳体与输出轴相连。前壳体与传动轴连接,向前连接前桥,输出轴连接后桥,最终前桥和后桥被刚性连接在一起,力矩被传送到后桥,完成了两驱向四驱的转换过程。

(3)前、后桥力矩分配 丰田 RAV4 汽车的四驱系统可根据转矩分配的需要将一定比例的转矩传送给后桥,最多可向后桥传送 50% 的发动机转矩。丰田 RAV4 汽车四驱系统的电控离合器小电流转矩分配如图 5-30 所示。

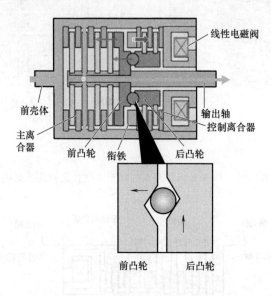

图 5-30 丰田 RAV4 汽车四驱系统的电控离合器小电流转矩分配

1)小电流低转矩分配。当前、后桥转速差较小时,四驱系统 ECU 控制线性电磁阀输出小电流,对衔铁的吸力较小,控制离合器钢片与摩擦片之间的摩擦力也较小。当前、后桥出现速度差时,后凸轮因与前壳体相连,速度超过与输出轴相连的前凸轮,前、后凸轮本应与后桥和前桥速度一致,但因衔铁对控制离合器压力较小,导致控制离合器处于一定的打滑状态。后凸轮与前凸轮之间的距离增大的程度较小,主离合器夹紧力较小,则从传动轴传输到后桥的力矩较小。

2)大电流高转矩分配。当前、后桥转速差较大时,四驱系统 ECU 控制线性电磁阀输出大电流,对衔铁的吸力较大,控制离合器钢片和摩擦片之间的摩擦力较大。当前、后桥转速差较大时,后凸轮因与前壳体相连,速度超过与输出轴相连的前凸轮很多,前、后凸轮与后桥和前桥的速度一致,因控制电流较大,衔铁对控制离合器压力较大,导致控制离合器处于夹紧状态。后凸轮与前凸轮之间的距离因钢球胀开而产生较大间距,主离合器夹紧力很大,有一半的动力从传动轴传输到后桥。

**四驱车辆牵引注意事项**

不恰当的牵引方法会使车辆传动系统损坏。四驱系统结构复杂,种类繁多,对牵引车辆的方法有特殊要求。四驱车辆牵引注意事项见表 5-1。

表 5-1　四驱车辆牵引注意事项

| 牵引方法 | 条件 | | | | |
| --- | --- | --- | --- | --- | --- |
| | 驻车制动 | 变速杆位置 | 分动器位置 LAND CRUSIER | 中央差速器控制开关 | 中央差速器 |
| A.平板车 B.车轮提升型卡车 来自前端 来自后端 | 施加 | MT：任何位置 AT："P" 位 | "H" 位置 | "OFF" 或 "AUTO" | 正常行驶条件 |
| C.用缆绳牵引 | 释放 | MT：空档 AT："N" 位 | "N" 位置 | "OFF" | 正常行驶条件 |
| D.钩锁，带台车 | 施加 | MT：任何位置 AT："P" 位 | "H" 位置 | "OFF" 或 "AUTO" | — |
| E.钩锁 | 释放 | MT：空档 AT："N" 位 | "N" 位置 | "OFF" | — |
| F. | | | | | |

　　牵引车辆推荐采用 A、B、C 的方式，如果底盘和传动系统有故障，可采用 A 方式或 B 方式。当采用 C 方式时，如果车辆配备的是自动变速器，则最大牵引速度不得超过 30km/h，最大牵引距离不得超过 80km。

　　某些车辆采用 D 或 E 的方式牵引时有可能损坏保险杠、发动机下护板和空调冷凝器等，因而最好不要采用。

　　F 所示的牵引方式最危险，因而禁止使用。此方式有使传动系统变热和损坏的风险或导致前轮滑离平衡架，使车辆摔下。

### 一、四驱系统故障分析

**1. 故障分析**

当四驱系统故障时，可能的故障原因如图 5-31 所示。故障原因有四驱控制 ECU 故障、四驱锁止模式开关故障、电气电路故障、线性电磁阀故障、主离合器烧蚀、控制离合器烧蚀等。

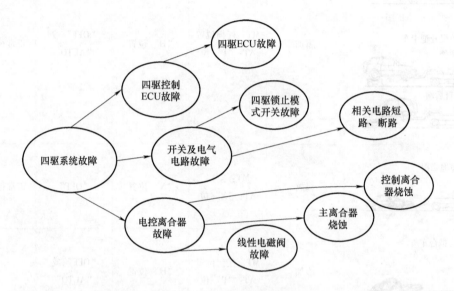

图 5-31　四驱系统故障原因

**2. 故障现象**

两驱模式转换四驱模式故障时，车辆会出现车辆无法脱困、转向困难、换档冲击和加速困难等现象，如图 5-32 所示。

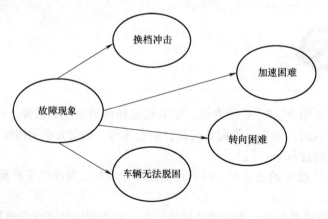

图 5-32　四驱系统故障现象

## 二、四驱系统故障检修

下面以丰田 RAV4 汽车的主动转矩控制四驱系统为例，讲述四驱系统故障诊断过程。

**1. 连接丰田专用诊断仪 IT2**

连接丰田专用诊断仪 IT2 至车辆诊断座，读取故障码，如图 5-33 所示。

根据故障码提示分析故障范围，判断故障分布在 CAN 总线通信系统、相关电气电路还是电控离合器。四驱控制 ECU 的 CAN 总线通信如图 5-34 所示。

各控制单元在车身上的位置如图 5-35所示。

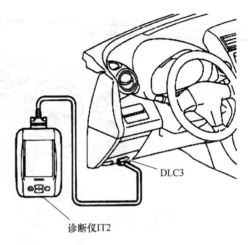

图 5-33　检测故障码

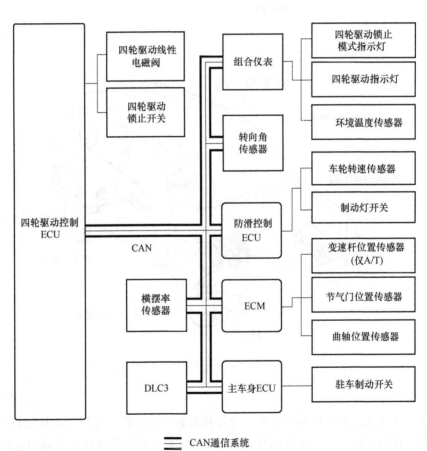

图 5-34　四驱控制 ECU 的 CAN 总线通信

各相关传感器在车身上的位置如图 5-36 所示。

根据故障码判断故障存在的部位，排查各 ECU、传感器和电气电路。

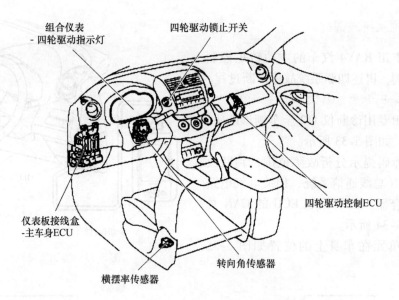

图 5-35　各控制单元在车身上的位置

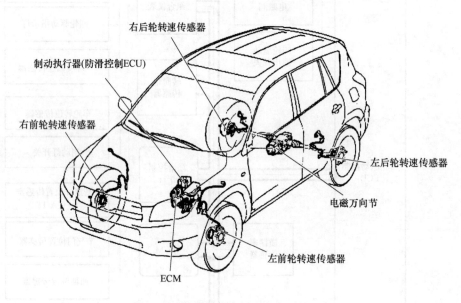

图 5-36　各相关传感器在车身上的位置

**2. 检查电控离合器**

主动测试无需拆下任何零件即可操作开关和其他项目。将智能诊断仪 IT2 连接到 DL3 诊断接口，进行主动测试，将点火开关置于 ON 位置，根据诊断仪上的显示进行主动测试。控制四驱指示灯亮起、熄灭和取消四驱控制。如果不能完成主动测试，则相应部件存在故障，应维修和更换。四驱控制 ECU 与线性电磁阀连接电路如图 5-37 所示。

**3. 检查电控离合器**

将电控离合器和差速器从后桥上拆下，如图 5-38 所示，检查电控离合器。

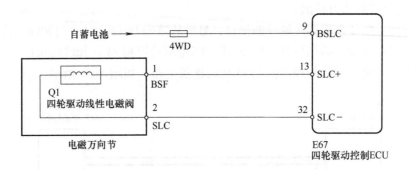

图 5-37　四驱控制 ECU 与线性电磁阀连接电路

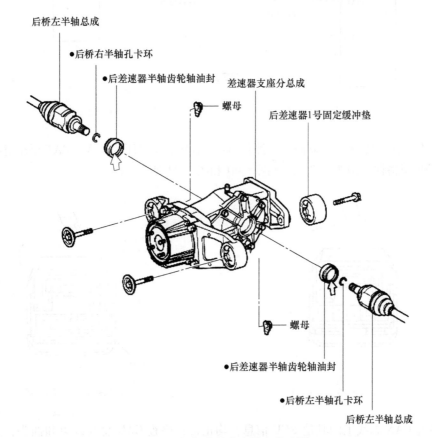

图 5-38　拆卸电控离合器和差速器

**1. 故障现象**

一辆丰田 RAV4 汽车，装备主动转矩控制四驱系统。该车在泥泞道路行驶过程中，当前桥打滑时，后桥无法获得足够的转矩脱困。

**2. 故障诊断与排除**

1）验证该车故障现象：前桥在打滑路面、后桥在干燥路面时，前桥持续出现滑转，后桥没有被分配足够的动力脱困。

2）将智能诊断仪连接到车辆诊断接口，显示故障码 U0126/84（与转向角传感器模块失去通信）。可能存在故障的部位是 CAN 总线、四轮驱动控制 ECU 和转向角传感器。

3）检查转向角传感器与四驱控制 ECU 的连接电路，如图 5-39 所示。

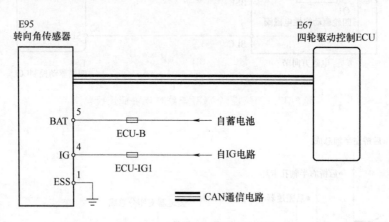

图 5-39　转向角传感器与四驱控制 ECU 的连接电路

4）检查转向角传感器线束插头，测量 IG 至车身搭铁电压为 13V，BAT 至车身搭铁电压为 13V，ESS 至搭铁电阻为 0.3Ω，如图 5-40 和图 5-41 所示。

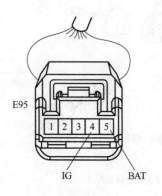
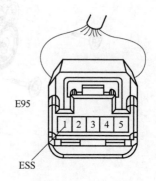

图 5-40　转向角传感器 IG 与 BAT 插头测量　　　　图 5-41　转向角传感器 ESS 插头测量

5）检查 CAN 总线上的其他 ECU 信息，均正常；检查 CAN 总线线束和插头，无断裂和腐蚀，状态正常，所以排除 CAN 总线故障。

6）更换四轮驱动控制 ECU，经试车，两驱模式向四驱模式转换恢复正常，后桥可以被分配足够的转矩。

**3. 故障原因分析**

四轮驱动控制 ECU 根据来自转向角传感器的信号确定车辆正在转向，该信号通过 CAN 总线发送到四驱控制 ECU，再由该 ECU 检测转向盘转动量根据转动量来进行"车辆起步时的打滑控制"以及"打滑控制"，以确保较高的转向性能。该信号出现故障时，车辆将失去两驱模式向四驱模式转换的能力。

**学习小结**

1）四驱系统主要分为分时四驱、适时四驱和全时四驱。

2）四驱控制 ECU 需要获得信号的传感器和开关有节气门位置传感器、曲轴位置传感器、转速传感器、制动灯开关、环境温度传感器、驻车制动开关、四驱锁止开关、空档起动开关等。

3）丰田 RAV4 汽车的四驱系统可根据转矩分配的需要，将一定比例的转矩传送给后桥，最多可向后桥传送 50% 的发动机转矩。

# 学习情境六

## 传动系统异响与漏油故障检修

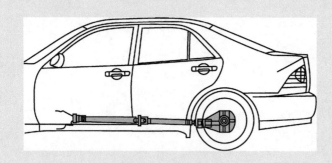

 学习单元一　传动系统异响故障检修

 **情境导入**

　　一辆丰田卡罗拉轿车，装备 U341 自动变速器。该车踩制动踏板、挂入前进档或倒档时，自动变速器异响明显，松开制动踏板后异响消失；平稳行驶时异响消失，急加速时异响尤为明显。更换液力变矩器后故障排除。

 **学习目标**

1. 能通过与客户交流、查阅相关维修技术资料等方式获取车辆信息。
2. 能根据故障现象制订正确的维修计划。
3. 能正确记录、分析各种检测结果并做出故障分析判断。
4. 能分析并排查传动系统异响故障。
5. 能按照正确操作规范进行传动系统异响的故障排除。

**理论知识**

### 一、传动系统简介

　　汽车的传动系统是指发动机与驱动轮之间的动力传动装置，它为汽车提供必要的牵引力和合理的车速，保证牵引力与车速之间的协调变化，最终保证汽车良好的动力性和燃油经济性；还应保证汽车能倒车，左、右驱动轮能适应差速的要求，使动力传递能根据需要而平稳地接合或彻底、迅速地分离。传动系统包括离合器、变速器、万向节、传动轴、主减速器和差速器等，如图 6-1 所示。

　　汽车在行驶过程中，传动系统性能会逐渐下降，判断汽车传动系统是否出现故障的主要依据是观察汽车是否存在异响。如果出现异响，则要对传动系统及时进行检测、诊断和维修，确保汽车安全行驶。

### 二、传动系统异响的概念

　　汽车响动是指汽车在工作状态下，各个系统振动发出的声音。汽车传动系统的响动根据性质不同，可分为正常响动和异常响动（异响）两大类。传动系统部件正常的振动声、换档时齿轮的冲击声、齿轮啮合声等均属于正常响声。传动系统异响是指汽车行驶过程中从传动系统各组成部件或机构中发出的不正常噪声、响声及振动声，如变速器显著的齿轮撞击声、半轴的强烈振动声等。

### 三、自动变速器异响

　　自动变速器异响的原因如下：

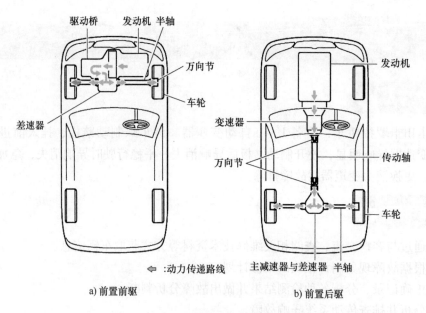

驱动桥 发动机 半轴

万向节

车轮

差速器

发动机

变速器

万向节

传动轴

车轮

⇦ :动力传递路线

主减速器与差速器 半轴

a) 前置前驱

b) 前置后驱

图 6-1 传动系统的组成

1）油泵因磨损过度或自动变速器油面位置过低、过高而产生异响。

油泵异响随压力变化而变化。把自动变速器的档位全部试完一遍，并相应改变发动机转速，如果自动变速器异响一直都存在，则油泵存在异响。

2）液力变矩器轴承、导轮、单向离合器损坏产生异响。在 P 位和 N 位时，泵轮、涡轮和导轮一起旋转，在这些档位里，异响可能不存在，但自动变速器挂入 D 位、2 档、L 位、R 位时，踩下制动踏板，车轮固定不转，变矩器的涡轮则固定不动，此时涡轮与变矩器壳之间的止推轴承将工作。如果异响在这些档位出现，但不存在于 N 位、P 位，则应该检查变矩器。另外，变矩器异响可能随车辆起步后慢慢变小，当行驶平稳时，变矩器内部元件相对运动很小，异响可能消失。变矩器推力轴承的位置如图 6-2 所示。

加速时，泵轮转速远超过涡轮转速，此时导轮被单向离

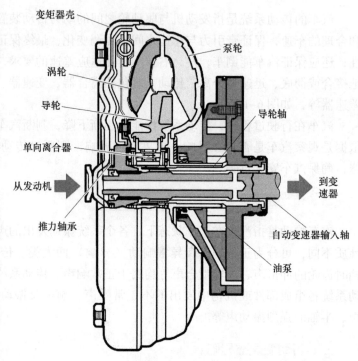

变矩器壳

泵轮

涡轮

导轮

导轮轴

单向离合器

从发动机

到变速器

推力轴承

自动变速器输入轴

油泵

图 6-2 变矩器推力轴承的位置（见彩插）

合器锁死而为涡轮产生推力，如果单向离合器损坏，轴承散架，则会产生异响。按照维修手册中的方法对变矩器单向离合器进行检查。

3）行星齿轮机构异响。行星齿轮机构的异响与档位有密切关系，不产生相对运动的元件不产生异响。当两个元件同方向、同速度运动时，它们之间没有相对运动，不会产生异响。

3档时，自动变速器传动比为1，整个行星齿轮机构没有相对运动，如果异响在3档时消失，而在1档、2档、4档时存在，则异响与行星齿轮机构有关，应检查行星齿轮机构是否存在掉齿、轴承损坏等现象。

### 捷达轿车半轴异响

**1. 故障现象**

一辆捷达轿车，装备 AT，车速在 20km/h 以上时车身底部前方发出"喱、喱"有节奏的异响，车速提高时节奏加快，车地板有明显振动感。

**2. 故障诊断过程**

举升车辆，用手晃动右侧半轴内侧万向节，存在径向间隙。更换右半轴内侧万向节后异响消失。

**3. 故障原因分析**

半轴万向节磨损后，在转动中会振动，转向时会发出"咯嘣"异响。万向节磨损是不可避免的，若能对破损了防尘套的万向节进行及时更换和加注润滑脂，则会延长万向节的使用寿命。一般右半轴万向节磨损大于左半轴，因为右半轴比左半轴长且粗，因此它的转动惯量大，磨损就快。另外右半轴万向节离排气管的距离近，万向节的润滑脂容易被烤干。

### 一、传动系统异响故障分析

**1. 故障分析**

当汽车传动系统产生异响时，可能的故障原因如图6-3所示。故障原因有离合器异响、变速器异响、传动轴异响、主减速器和差速器异响等。

**2. 故障现象**

传动系统产生异响后，车辆会出现踩下离合器、换档、转向、加减速时车身底部有异常响声，如图6-4所示。

### 二、传动系统异响故障检修

下面以丰田卡罗拉轿车为例，讲述传动系统异响故障诊断过程。

**1. 离合器异响的诊断**

车辆在行驶过程中，踩下离合器踏板时发出异响，放松踏板时异响消失；或踩下、放松离合器踏板时都有异响。停车让发动机怠速运转，拉紧驻车制动器手柄，手动变速器挂空档，慢慢踩下离合器踏板，仔细听响声变化，再缓缓放松离合器踏板，听响声变化。反复多次，如果均出现不正常响声，可以判断为离合器异响故障。

1）离合器在分离和接合时均有异响，且行驶时车辆伴有发抖现象，多为从动盘状况不佳，如摩擦片裂缺破损或铆钉外露，从动盘与花键套铆钉出现松动等。从动盘总成如图6-5所示。

2）当踩下离合器踏板后无明显异响，抬起时异响明显，大多数情况下是分离轴承出现故障。分离轴承异响有两种情况：一是分离轴承被卡死，会出现连续的"唧、唧"摩擦声；另一种是分离轴承缺油、松旷而引起的无节奏的"哗、哗"声。若踩下离合器踏板后出现少许异响，抬起时异响消失，则大多是轴承滚珠破碎或滚珠固定架损坏。若稍微踩下离合器踏板时出现"沙、沙"的响声，抬起踏板消失，则可以预判断故障为离合器轴承缺少润滑油润滑所致。检查分离轴承状态如图6-6所示。

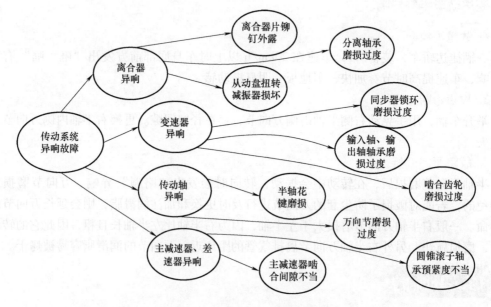

图6-3　传动系统异响故障原因

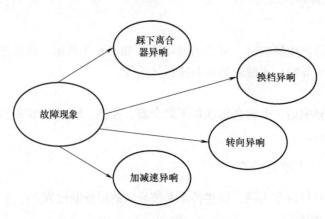

图6-4　传动系统异响故障现象

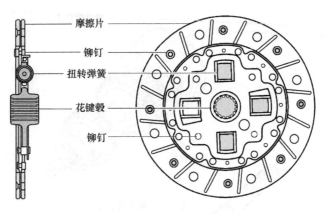

图6-5 从动盘总成

3) 车辆起步时，若在离合器接合时发出一次撞击声，则可能是扭转减振器的减振弹簧折断，如图6-7所示。

图6-6 检查分离轴承状态

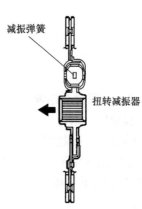

图6-7 扭转减振器减振弹簧

**2. 手动变速器异响诊断**

手动变速器异响主要来自过度磨损或损坏的轴承与不能正常啮合的齿轮副。变速器与离合器的异响声源在感官上很难区分，辨别两者的方法是：使发动机怠速运转，将变速器挂入空档，拉紧驻车制动器手柄，此时若踩下离合器踏板时异响依旧，则说明异响来自离合器。变速器自身能产生异响的部位较多，异响也较为复杂。

从结构方面分析，空档时异响多与常啮合齿轮有关；只在某档出现异响，多与该档齿轮齿面磨损超限或个别齿出现剥皮、断齿等有关。若各档都有不同程度异响，往往是常啮合齿轮磨损严重或存在机械损伤，也可能是变速器缺油所致（这种情况下变速器会发热）。从异响的声响和音质来看，有以下几种情况：

（1）齿轮啮合（图6-8）异响 异响声音一般与道路条件有关，发出的声音是"哐啷、哐啷"相互撞击声。当车速相对稳定时，响声减弱或消失；在变速器温度升高、齿轮油较稀时响声较为严重。前者的原因是油底壳内机油黏稠可填充过大齿隙，故在路面平缓、速度稳定、变速器温度低时，异响会减弱或消失。

（2）滚珠轴承异响 滚珠轴承疲劳剥落破损、磨蚀松旷及润滑不良等原因，均会产生

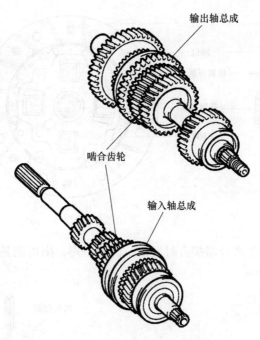

图6-8　啮合齿轮

"哗啦啦"的响声，同时会影响齿轮的正常啮合，齿轮异响随之产生，其响声随车速改变而改变。发动机起动后，未挂档就听到无节奏的"呼隆、呼隆"声，踩下离合器踏板响声消失，多为输入轴轴承磨损超限、径向间隙过大所致。行驶中挂各个前进档都有异响，而只有空档时不响，是输出轴轴承故障。若在变换车速时才能听到轴承异响，多为输出轴后轴承产生异响，输出轴前轴承异响在发动机起动后尚未挂档时就可听到。变速器轴承如图6-9所示。

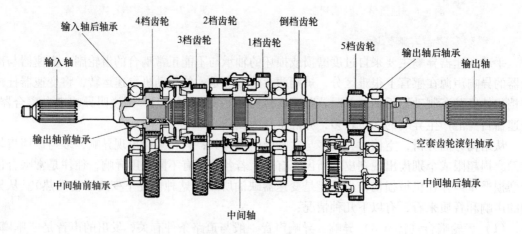

图6-9　变速器轴承

（3）变速器拨叉、接合套凹槽异响　汽车行驶中时有时无，尤其在不平路面行驶时，变速杆摆动发出较为沉闷、无节奏的声音，握住变速杆时响声消失，可判断是变速器拨叉与接合套凹槽接合部位因变形产生的异响。

（4）其他异响 金属干摩擦声及齿轮折断、变速器内异物造成的异响，应解体手动变速器进行检查。

**3. 传动轴异响**

车辆起步、转弯或突然改变车速行驶时，车辆底部传来异响。检查半轴齿轮与半轴之间的花键配合是否松旷，万向节传动钢球与球笼套是否磨损过度，如图 6-10 所示。

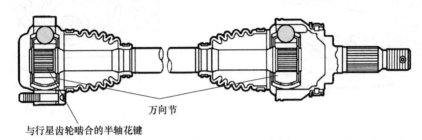

与行星齿轮啮合的半轴花键 万向节

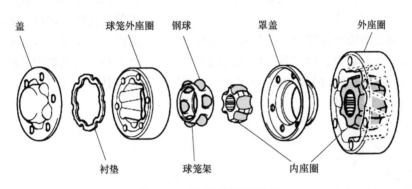

盖 球笼外座圈 钢球 罩盖 外座圈

衬垫 球笼架 内座圈

图 6-10 检查半轴及万向节

**4. 主减速器、差速器异响**

驱动桥内部异响可分为驱动时发出的异响、滑行时发出的异响和转弯时发出的异响。当车辆起步、转弯或突然改变车速行驶时，驱动桥内发出较大响声；当直行、滑行或低速行驶时，响声减弱或消失。异响的原因主要如下：

1）驱动桥内润滑不良。

2）圆锥滚子轴承预紧度调整不当。

3）圆锥或圆柱主、从动齿轮，行星齿轮和半轴齿轮等啮合间隙过大或过小。

4）主减速器齿面磨损严重，齿轮折断、变形或啮合印痕不符合要求。

5）差速器壳与十字轴配合松旷或行星齿轮孔与十字轴配合松旷。

6）主减速器主动齿轮紧固螺母或从动齿轮联接螺栓松动或主减速器壳体变形等。

故障部位如图 6-11 ~ 图 6-13 所示。

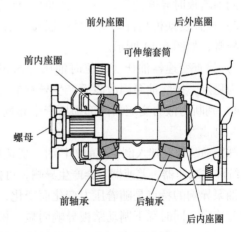

前外座圈 后外座圈
前内座圈 可伸缩套筒
螺母
前轴承 后轴承
后内座圈

图 6-11 检查主减速器轴承

**271**

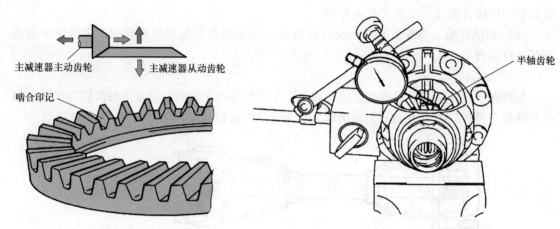

图 6-12　检查主减速器啮合印记　　　　图 6-13　检查差速器各齿轮啮合间隙

当传动系统出现异响时，首先应通过路试，检测异响的特征及出现的条件。然后将车辆举升，放松驻车制动器手柄，起动发动机，使驱动系统空转并变化驱动速度，来检测传动系统异响情况，判清故障所在部位。之后将发动机关闭置于空档，在车身下扳动传动系统各相关部件，并用手小心触摸，感觉各部件之间的发热情况，判别各部件间隙中的润滑状况。最后根据上述检测结果，拆卸判定的故障部位并进行检查，观察其内部磨损、损坏情况，更换产生缺陷和损毁的零部件。

 情境分析

**1. 故障现象**

一辆丰田卡罗拉轿车，装备 U341 自动变速器。该车踩制动踏板、挂入前进档或倒档时，自动变速器异响明显；松开制动踏板后异响消失，平稳行驶时异响消失，急加速时异响尤为明显。

**2. 故障诊断与排除**

1）验证该车故障现象：踩制动踏板，挂入前进档或倒档时，自动变速器有较大异响，松开制动踏板时异响消失，平稳行驶时异响消失，急加速时异响明显。

2）检查发动机与自动变速器的联接螺栓、液力变矩器与飞轮的联接螺栓和减振机座，没有异常，如图 6-14 所示。

3）检查变速器油压。D 位时油压为 3.5bar（1bar = $10^5$Pa），R 位时油压为 5.4bar。油压较为稳定，排除油泵因故障而产生异响的可能。

4）判断为液力变矩器内部损坏产生异响，更换变矩器后异响消失，故障排除。

**3. 故障原因分析**

踩制动踏板，挂入倒档或前进档时，变速器的行星齿轮和主减速器没有相对运动，行星齿轮系统和主减速器、差速器不会产生异响，可排除行星齿轮系统和主减速器、差速器异响。

油泵异响的特点是随着压力变化而变化，对该变速器油压测量时，D 位怠速和倒档时油压非常稳定，同时踩下制动踏板异响明显，松开制动踏板后异响消失，而踩制动踏板和松开制动踏板时，油泵的功率不变，这种异响不符合油泵异响的特点，可排除油泵异响的可能。

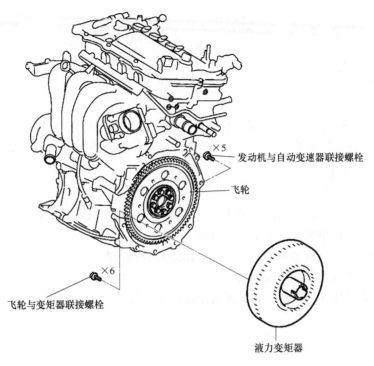

×5 发动机与自动变速器联接螺栓

飞轮

×6

飞轮与变矩器联接螺栓

液力变矩器

图 6-14 检查变矩器与发动机的连接状况

在发动机工作过程中，踩下制动踏板或急加速使泵轮与涡轮转速差变大，此时异响最大，所以判断是由于液力变矩器内部损坏而产生的异响。

1）手动变速器异响主要来自过度磨损或损坏的轴承与不能正常啮合的齿轮副。

2）车辆起步、转弯或突然改变车速行驶时，车辆底部传来异响。检查半轴齿轮与半轴之间的花键配合是否松旷，万向节传动钢球与球笼套是否磨损过度。

3）驱动桥内部异响可分为驱动时发出的异响、滑行时发出的异响和转弯时发出的异响。

 学习单元二　传动系统漏油故障检修

 情境导入

　　一辆丰田卡罗拉轿车，装备 C50 手动变速器。该车换档感觉较为干涩，车辆在行驶中噪声较原来大。更换放油螺塞及垫片，重新加注适量的变速器齿轮油后故障排除。

 学习目标

　　1. 能通过与客户交流、查阅相关维修技术资料等方式获取车辆信息。
　　2. 能根据故障现象制订正确的维修计划。
　　3. 能正确记录、分析各种检测结果并做出故障分析判断。
　　4. 能分析并排查传动系统漏油故障。
　　5. 能按照正确操作规范进行传动系统漏油故障的排除。

理论知识

### 一、传动系统漏油的危害

**1. 传动系统过热**

　　前置前驱汽车如丰田卡罗拉轿车等，其主减速器与变速器在一个总成中，如果变速器漏油引起油位明显下降会导致变速器壳体发烫，发热部位在轴承处或在整个主减速器壳体上。

**2. 传动系统异响**

　　传动系统漏油较严重时，会急速加剧啮合齿轮、轴承以及万向节的磨损，会从底盘部位传来异响，有明显的齿轮以及轴承摩擦声。

**3. 加速油封损坏**

　　变速器油封漏油后，灰尘、风沙会黏附在油封漏油处附近，随着半轴的旋转，沙尘进入旋转摩擦面，加速油封的损坏。

**4. 传动系统机械损坏**

　　变速器、主减速器以及半轴万向节球笼缺油，会导致各啮合或摩擦表面迅速破坏，造成零部件的报废。

### 二、自动变速器漏油故障

　　以丰田卡罗拉轿车 U341 自动变速器为例，自动变速器漏油会导致自动变速器出现油压下降、油液高度下降、换档打滑和换档延迟等故障现象。
　　自动变速器漏油的原因有以下几个。

**1. 半轴油封漏油**
　　检查半轴油封如图 6-15 所示。

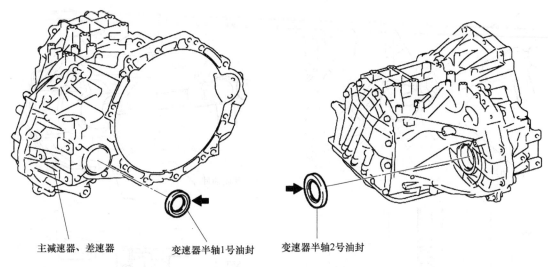

主减速器、差速器　　　　变速器半轴1号油封　　　　变速器半轴2号油封

图 6-15　检查半轴油封

如果自动变速器半轴油封漏油，应将该油封进行更换。使用专用工具 SST 09308-00010 从自动变速器壳体上拆下半轴油封，如图 6-16 所示。

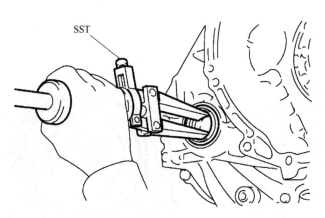

图 6-16　拆卸半轴油封

安装自动变速器半轴油封时，应使用专用工具 SST 09387-00010 和锤子将 1 号新油封安装至自动变速器外壳上，如图 6-17 所示。油封安装的标准深度为 $-0.5 \sim 0.5$mm，在油封唇口上涂通用润滑脂。

使用专用工具 SST 09726-27012 和锤子将 2 号新油封安装至自动变速器壳上，如图 6-18 所示，油封安装的标准深度为 $2.2 \sim 3.2$mm，在油封唇口上涂通用润滑脂。

**2. 液力变矩器轴颈漏油**

自动变速器与发动机连接处出现漏油时，可能是液力变矩器轴颈处油封损坏漏油或油泵壳体连接处漏油。将自动变速器与发动机拆卸开，如图 6-19 所示。

飞轮法兰盘的变形失圆会使液力变矩器转动时产生跳动，引起液力变矩器轴颈漏油。使用游标卡尺测量飞轮法兰盘与发动机壳体之间的尺寸 $A$，如图 6-20 所示。

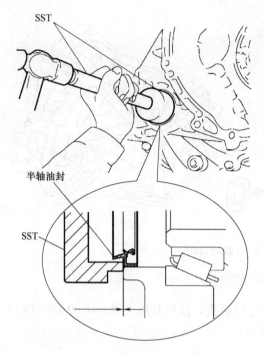

图 6-17  安装半轴 1 号新油封

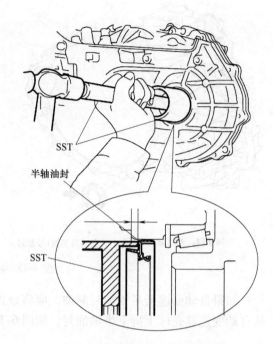

图 6-18  安装半轴 2 号新油封

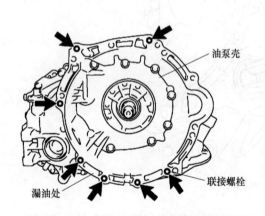

图 6-19  拆开自动变速器与发动机

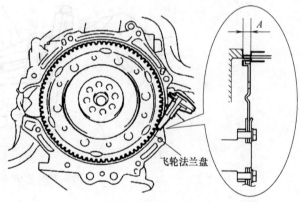

图 6-20  测量飞轮法兰盘与发动机壳体之间的尺寸 A

检查液力变矩器轴颈处是否漏油，如图 6-21 所示。如果漏油，应更换液力变矩器轴颈衬套。

**3. 自动变速器后盖密封衬垫漏油**

如果自动变速器后盖密封衬垫漏油，应拆下后盖，铲掉密封垫与密封胶，在自动变速器后盖处重新涂抹密封胶，更换该衬垫，如图 6-22 所示。

**4. 油底壳漏油、放油螺塞漏油**

如果油底壳边缘处漏油，应拆卸油底壳，在安装位置涂抹密封胶，更换油底壳密封圈；如果放油螺塞处漏油，应更换新的放油螺塞密封圈，如图 6-23 所示。

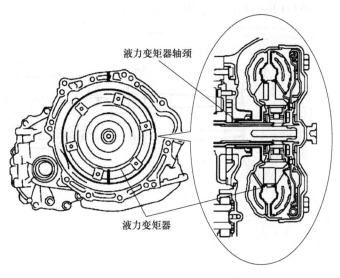

图 6-21　检查液力变矩器轴颈

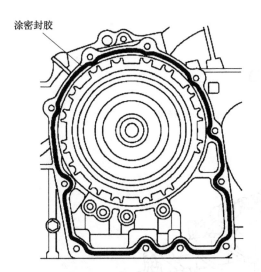

图 6-22　更换后盖密封衬垫

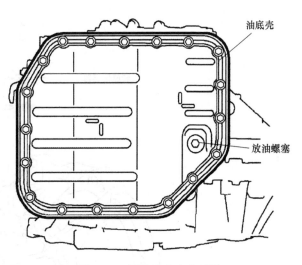

图 6-23　更换油底壳密封圈

**5. 油泵漏油**

（1）油泵泵体与自动变速器连接处漏油　应拆卸油泵，在新的 O 形密封圈上涂 ATF，更换油泵 O 形密封圈，如图 6-24 所示。

（2）油泵导轮轴油封处漏油　应使用专用工具 SST 09308-00010 从油泵体上拆下油泵油封，如图 6-25 所示。

**6. 转速传感器处漏油**

应拆卸转速传感器，在新的 O 形密封

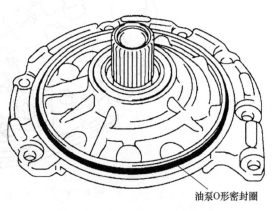

图 6-24　更换油泵 O 形密封圈

圈上涂抹 ATF，更换新的 O 形密封圈，如图 6-26 所示。

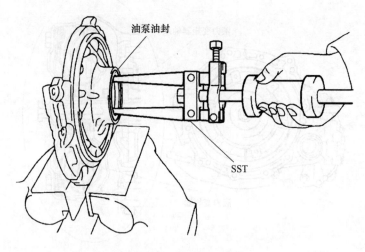

图 6-25　更换油泵油封

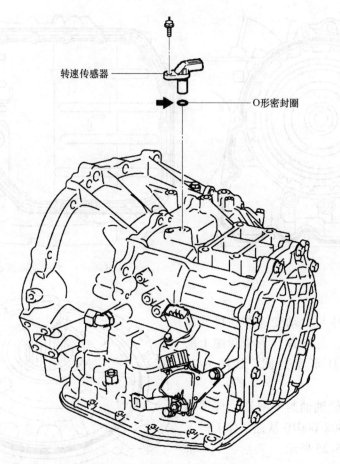

图 6-26　更换转速传感器 O 形密封圈

### 丰田普瑞维亚汽车自动变速器油泵漏油

**1. 故障现象**

一辆 2010 年款的丰田普瑞维亚汽车底部滴油。

**2. 故障诊断过程**

1）将车辆举升，发现漏油部位处于自动变速器与发动机接合部位。用手接下几滴油液嗅闻，是 ATF 而不是机油。

2）先将液力变矩器与飞轮螺栓拆掉，将自动变速器从发动机连接处拆下，发现油泵油封处有油迹，发动机曲轴后油封处是干燥的，无机油渗漏。

3）判断为油泵油封漏油。使用专用工具撬下油泵油封，清洗油污，换上新油封，将自动变速器装车，充注适量的 ATF。试车几分钟后发现自动变速器与发动机接合缝隙处又有 ATF 渗漏。

4）用清洗剂反复喷洗，用气枪吹干，没过多久油液又渗漏出来。

5）重新拆下液力变矩器，用游标卡尺测量液力变矩器的轴颈直径，直径在标准范围内且轴颈表面光亮、磨损极小；用百分表检查轴套的径向圆跳动，只有 0.01mm，在正常范围内。

6）重新更换油封，在新油封内圈涂抹一层薄润滑脂，小心压入油泵内，装车实验，仍然漏油且较严重。

7）拆下液力变矩器，检查油泵外观，没有裂纹和破损，用手指伸入油封内，里面的铜套可以转动，而其他车辆油泵的铜套是不能旋转的。判断油泵存在问题。

更换新油泵，经路试后检查确认，不再漏油，故障排除。

**3. 故障原因分析**

查看维修手册，油泵的铜套是套在液力变矩器轴颈上的轴承，它是固定不转动的，类似曲轴的轴瓦。如果该铜套松动，会造成液力变矩器和油泵的油倒灌至油封处，存积的油过多，油封封不住而引起漏油。

### 一、传动系统漏油故障分析

**1. 故障分析**

当汽车传动系统发生漏油故障时，可能的故障原因如图 6-27 所示。故障原因有变速器漏油、半轴漏油和万向节漏油等。

**2. 故障现象**

出现传动系统漏油故障后，车辆会出现行驶噪声、换档困难、变速器发烫和油耗升高等现象，如图 6-28 所示。

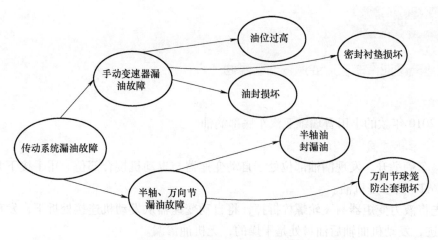

图 6-27  传动系统漏油故障原因

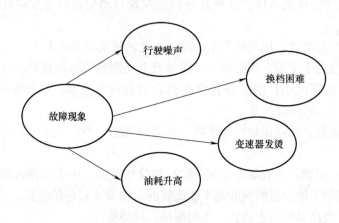

图 6-28  传动系统漏油故障现象

## 二、传动系统漏油故障检修

下面以丰田卡罗拉轿车为例，讲述传动系统漏油故障诊断过程。

**1. 手动变速器漏油的诊断**

（1）检查手动变速器油位  拆下手动变速器注油螺塞和衬垫，检查确认油面在变速器注油螺塞开口以下 5mm 以内。如果油位过高，齿轮油会被剧烈搅动，齿轮油在变速器壳内到处飞溅，使大量齿轮油集聚在油封和接合面处，导致漏油。

（2）差速器油封漏油  差速器油封漏油时，应更换差速器油封，如图 6-29 所示。

使用专用工具 SST 09308-00010 拆卸差速器油封，如图 6-30 所示。

在新油封唇口上涂抹通用润滑脂，用专用工具 SST 09950-70010 和锤子敲入 1 号油封，1 号油封标准深度为 9.6 ~ 10.2mm，如图 6-31 所示。

使用专用工具 SST 09636-20010 安装差速器 2 号油封，油封安装深度为 1.6 ~ 2.2mm，如图 6-32 所示。

（3）放油螺塞漏油  如果放油螺塞处漏油，则更换放油螺塞的衬垫，如图 6-33 所示。

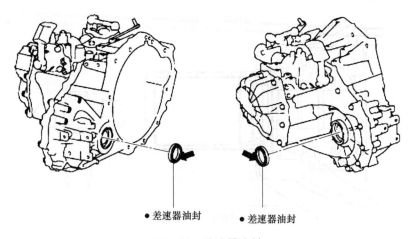

图 6-29　差速器油封

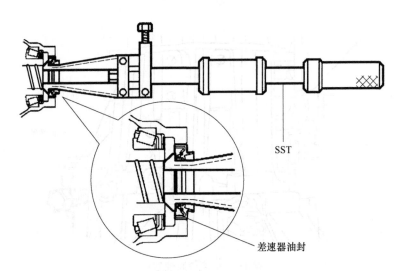

图 6-30　拆卸差速器油封

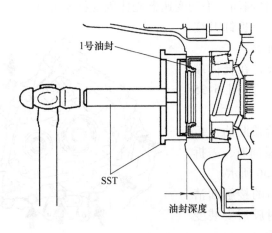

图 6-31　安装差速器 1 号油封

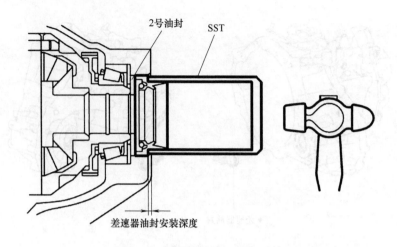

图 6-32　安装差速器 2 号油封

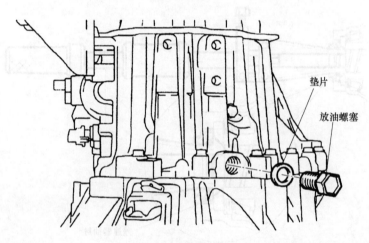

图 6-33　更换放油螺塞衬垫

（4）手动变速器壳体漏油　手动变速器壳体因受撞击而变形，或壳体之间的密封胶垫损坏会导致壳体漏油，应拆卸开变速器壳体，如图 6-34 所示。

清理残余的密封胶，在壳体端面重新涂抹密封胶，如图 6-35 所示。

（5）手动变速器后盖漏油　后盖和变速器壳体之间漏油时，需拆卸变速器后盖，如图 6-36 所示。

将后盖与壳体之间的接触面清理干净，重新涂抹密封胶后安装变速器后盖，如图 6-37 所示。

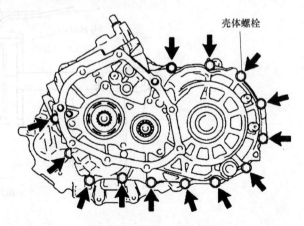

图 6-34　拆卸变速器壳体

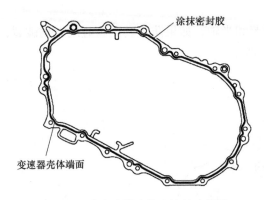

图 6-35　在变速器壳体上涂抹密封胶

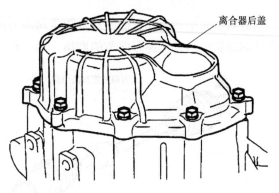

图 6-36　拆卸变速器后盖

（6）换档轴与变速器壳体之间漏油　拆卸换档轴，如图 6-38 所示。使用专用工具 SST 09950-60010 和锤子将新的换档轴油封安装至轴罩内，油封嵌入深度为 0.2 ~ 1.2mm，如图 6-39 所示。

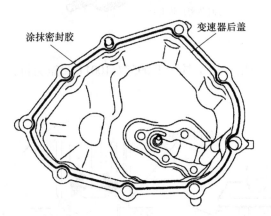

图 6-37　变速器后盖涂抹密封胶

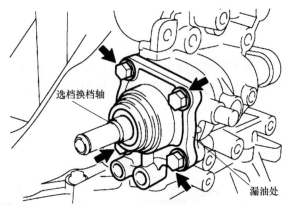

图 6-38　拆卸换档轴

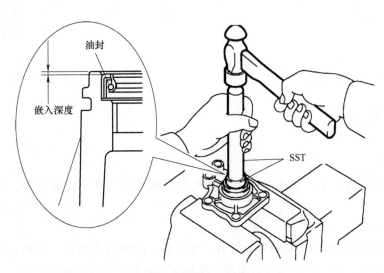

图 6-39　安装换档轴油封

**2. 半轴、万向节漏油的诊断**

万向节防尘套内存有润滑脂，用来润滑万向节和半轴，如果防尘套因磕碰或老化破裂，会使润滑脂溢出，加速万向节的磨损，如图6-40所示。

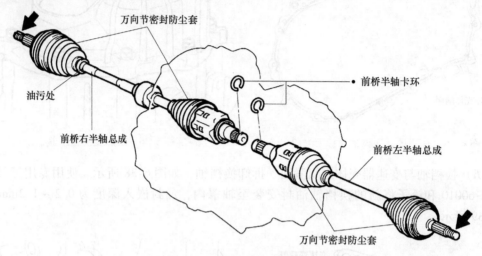

图6-40　前桥万向节防尘套

拆下万向节防尘套的卡夹，如图6-41所示。使用专用工具 SST 09527-10011 和压力机，压进一个新的万向节防尘套，如图6-42所示。

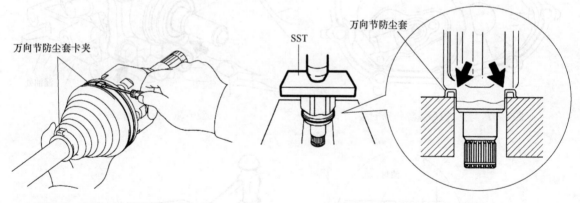

图6-41　拆卸万向节防尘套的卡夹　　　　图6-42　压进新的万向节防尘套

**1. 故障现象**

一辆丰田卡罗拉轿车，装备 C50 手动变速器。该车换档感觉较为滞涩，车辆行驶中噪声较大。

**2. 故障诊断与排除**

1）验证该车故障现象，起动发动机后，挂1档，感觉较为费劲，入档不顺畅，阻力较大，行车过程中每个档位换档都较为滞涩，车辆底部有较明显的"嗡嗡"声。

2）将车辆举升，观察车辆底部，发现变速器放油螺塞处有油滴。将放油螺塞擦干净，重新紧固放油螺塞，经过一段时间又出现滴漏变速器油的现象。

3）拧开放油螺塞，更换新的垫片，重新紧固放油螺塞到合适的力矩。给变速器加注适量的变速器齿轮油，进行试车，换档较为顺畅，来自车辆底部的行驶噪声明显减小，故障排除。

**3. 故障原因分析**

放油螺塞处滴漏变速器齿轮油，造成变速器油位过低，换档操纵机构处润滑不良，换档感觉滞涩，不顺畅；行车中变速器齿轮传动机构得不到足够的润滑，齿轮啮合噪声较大。

 学习小结

1）前置前驱汽车如丰田卡罗拉轿车等，其主减速器与变速器是在一个总成中。如果变速器漏油引起油位明显下降会导致变速器壳体发烫，发热部位在轴承处或在整个主减速器壳体上。

2）传动系统漏油较严重时，会急速加剧啮合齿轮、轴承以及万向节的磨损，会从底盘部位传来异响，明显的齿轮以及轴承摩擦声。

3）变速器油封漏油后，灰尘、风沙会黏附在油封漏油处附近，随着半轴的旋转，沙尘进入旋转摩擦面，加速油封的损坏。

# 参 考 文 献

[1] 董长兴，李明清. 汽车自动变速器构造与维修 [M]. 北京：机械工业出版社，2016.

[2] 郇延建. 汽车自动变速器原理与维修图解教程 [M]. 北京：机械工业出版社，2019.

[3] 邝艳芬，李明清. 汽车传动系统检修 [M]. 北京：机械工业出版社，2018.